O ELOGIO DA PEDAGOGIA

Leitura indicada

Aristóteles e a educação
A. Hourdakis

Auto-estima do professor
F. Voli

Freud e a pedagogia
M. Cifali e F. Imbert

Pedagogia atual
G. Avanzini

Psicologia para professores
D. Fontana

Luiz Gonzaga Teixeira

O ELOGIO DA PEDAGOGIA

Edições Loyola

Direção
Pe. Fidel García Rodríguez, SJ

Preparação
Renato Rocha

Diagramação
Miriam de Melo Francisco

Revisão
Maurício Balthazar Leal

Edições Loyola
Rua 1822 nº 347 – Ipiranga
04216-000 São Paulo, SP
Caixa Postal 42.335 – 04218-970 – São Paulo, SP
: (0**11) 6914-1922
: (0**11) 6163-4275
Home page e vendas: www.loyola.com.br
Editorial: loyola@loyola.com.br
Vendas: vendas@loyola.com.br

ISBN: 85-15-02337-7

Sumário

Apresentação 9
Explicações e convenções 17

CAPÍTULO 1: A FUGA UTÓPICA 29
INTRODUÇÃO 29
A fuga como algo consistente que vale por si 29
A busca de um mirante: o controle epistemológico .. 31
FUGA PARA O INÍCIO, PARA O PONTO ZERO 33
O ponto zero 33
O problema sou eu: utopia e iluminismo 35
Ascese 41
O recomeço sistemático 43
O ínfimo e o absoluto 44
O sentido 47
FUGA DO PALIATIVO, A MORAL UTÓPICA 49
Um parêntese: o bom e o mau 49
O iminente e o fundamento 51
Deixar o torto torto 55
PREPARAÇÃO 68
Falta de preparação: a "maldita" inocência 69
Mínima moral e crueldade 71

CAPÍTULO 2: FEDERAÇÃO 77
FEDERAÇÃO: CONCEITO 77

Introdução 77
A situação de federação 79
O "não", e depois, sob certas condições, o "sim" .. 81
Procedimentos e ideologias 83
Amizade e caridade 85
Pedagogia e federação 88
A fuga para as beiradas e a pedagogia 89
Federação e ideologização 89
A academia 90
Tradução e cooperação 92
A educação como lugar 94
Revolução pedagógica e paternalismo 97
INDEPENDENTIDADE E FUGA 99
Solidão, idealismo 106
Expressão 112
Natureza 115
A CONFIANÇA 122
O brilho nos olhos 123
A confiança em mim, pela sinceridade 126
A confiança nos outros 129
Esperança e pessimismo 129
Na sociedade 132
No movimento 134
No humano 136
O currículo 139
No conhecimento 141

CAPÍTULO 3: O IDEAL 143
IDEAL E TROCA 143
O ideal 143
Burgueses e liberais 146
Ideal e sentido, e o fracasso 151
Aliança, ideal e sacrifício 154
A alegria e a educação 157
A troca 160
Troca e convivência 160

A troca e o magistério 164
Troca e vingança 167
Sonho e objetivo 174
O IDEAL E A MATÉRIA 177
Platão 180
A escola e o real 182
Conceito de amizade 182
A pessoa, depois o conteúdo cultural, ou o conteúdo cultural e depois a pessoa 183
Conquista e reconquista 187
A teoria da interdisciplinaridade 188
A escola real, em oposição ao ideal 191
O que é material? 194
O sangue e a cultura 197
O sangue 197
O lado positivo do sangue 197
A crítica e a aura 200
Cinismo e humor 205
A escola como lugar gerador de contestação 206
A cultura 207
As luzes 208
O envolvimento da escola com o sangue 211
A universidade como exigência física 213
Como a escola pretende se impor sobre o sangue ... 214

CAPÍTULO 4: A RELAÇÃO PEDAGÓGICA 219
SUBMISSÃO AO OBJETO 219
Conceito 219
Generalidades 219
Os diversos simplismos 221
A complexidade 222
Síntese 224
Marxismo, populismo e utopia 224
Submissão ao objeto/aluno 228
O OLHAR DO PROFESSOR, OU A COMPLEXIDADE ... 230
Introdução: a abordagem utópica 230

Convencimento 232
Simplismo, utopia e pedagogia 235
O físico é a simplicidade, a cultura é a complexidade 237
Hegel 240
A complexidade vista pelo professor: otimismo e pessimismo 241
A ciência e a escola/o mirante do professor 243
EU GOSTO DE VOCÊ 245
A posição romântica (conhecimento) 245
A construção da bondade (moral) 252
Platão, Hegel e a federação 254
Eu me quero e quero você adultos 257
Convivência universitária/contigüidade 259
O ideal e o humano 261
Eu me preocupo com você: socialismo 264
A safadeza humana 266

FECHO 271
OS UTÓPICOS E OS PEDAGOGOS PODEM ESTAR EQUIVOCADOS 271

BIBLIOGRAFIA 275

Apresentação

Iniciei o doutorado na Unicamp em 1995 com um projeto em que pretendia estudar como as propostas marxistas para a pedagogia, em sua maioria, se amenizaram durante o século XX, ou seja, como deixaram a posição mais ortodoxa de negar à educação qualquer participação na revolução. Amenização que pode ser exposta sob outro ângulo: marxismo e utopia diferem quanto ao papel da educação; o marxismo nega sua importância, a utopia a afirma. E durante o século XX o marxismo teria lenta e complexamente se afastado das posições mais ortodoxas e se aproximado aos poucos de uma ou outra posição utópica. Mas para um questionamento mais rigoroso tínhamos de passar primeiro por responder à pergunta: qual é a proposta utópica para a educação? Sem falar que eu deveria ainda, depois de vencida essa etapa, procurar explicitar a proposta marxista para a educação, embora essa seja bem mais conhecida, e ainda comparar as duas. E foi por aí que comecei. Estava desenvolvendo principalmente dois capítulos: um sobre a volta ao início, às bases, começar do zero, pelas margens etc., que é uma exigência metodológica da pedagogia utópica; e esse capítulo foi incorporado ao presente livro, perdendo apenas certas partes. E outro capítulo sobre a possibilidade, o futuro, o planejamento, o voluntarismo etc. Esse está abandonado por enquanto, apesar de relativamente desenvolvido. Mas aí a humildade aumentou, e uma questão muito menor começou a tomar conta das preocupações: como funciona não toda a utopia, nem toda a utopia pedagógica, mas apenas esse discurso que elogia a educação? E daí surgiu o presente livro. Por fim, acabei desanimando do doutorado em Educação, na Unicamp, e continuei apenas com o doutorado em História, na USP, com um tema muito diferente, as categorias topológicas do pensamento medieval; e do projeto inicial, de 95, da Unicamp, muito mais amplo, acabei ficando apenas com essa questão, mais humilde e muito mais precisa: como funciona o discurso que faz o elogio da pedagogia como solução universal. Aliás, nem pretendemos aqui expor o modo como funciona, mas apresentar esse discurso exatamente como se o estivéssemos pronunciando, com sua lógica, compreensível.

Assim como houve e há discursos que elogiam, e exageram, a importância de algumas especialidades universitárias (direito, história, matemática), aqui se apresenta o mesmo, com relação à pedagogia: é montado um discurso em que os pedagogos defendem uma visão de mundo que tem no centro a educação.

O discurso que faz o elogio da pedagogia já é um velho conhecido dos pedagogos. Com exceção de algumas propostas extremas, como a de Althusser, ou com menos certeza as de Bourdieu e Passeron, praticamente todos os autores e tendências em algum momento tocam ou transitam por esse discurso. Apesar disso, essa é a primeira vez que se faz um esforço para expor seus mecanismos.

Em princípio, não interessa muito se eu, o autor, sou a favor, neutro ou contra essas idéias. O importante é que esse discurso, ou ideologia, tão conhecido, combatido, às vezes adotado em suas grandes linhas, seja exposto e fique disponível, para críticos, analistas ou adeptos. Mas, independentemente disso, nossa atitude diante desse discurso será de simpatia, pois não conseguiríamos compreender esse objeto, ou qualquer outro, se nossa atitude fosse hostil.

A pedagogia aparece aqui como uma verdadeira panacéia: é um instrumento para melhor conhecer o mundo (epistemológica), é uma proposta para a relação com as outras pessoas, é uma postura e a raiz de uma proposta política (utopia), é um caminho para a verdade, e assim por diante.

O marxismo do século XX procurou formas muito variadas para mostrar que, afinal de contas, a pedagogia não é assim tão inútil, mas tem algumas vantagens, tem seu papel, se vista sob certo ângulo, em certas circunstâncias históricas etc. Mesmo assim, mesmo deixando bem claro que hoje vemos mesmo certas vantagens na pedagogia, nem por isso chegaríamos exatamente a afirmar o que se afirma complexamente neste livro: a pedagogia resolve todos os problemas, é a melhor visão de mundo, a melhor abordagem para os problemas sociais etc. Se este livro deixa subentendido que é importante conhecer melhor e por dentro esse discurso que elogia a pedagogia, nem por isso há necessidade de concordar com ele em todas as suas vírgulas. Quer dizer, tudo bem que algum leitor queira adotar em conjunto todas essas posições favoráveis à pedagogia, e pode ser que até eu, autor, adote, mas não é assim que o livro se apresenta. Principalmente, o elogio da pedagogia não nos deve fazer perder de vista algumas contribuições da pedagogia marxista, as dificuldades, a possibilidade de que a educação reproduza a ideologia capitalista etc.

O presente parágrafo pretende resumir todo o conteúdo deste livro, que, em linhas gerais, é muito simples. A utopia mais recente, do século XX, propõe uma sociedade baseada no diálogo, ou federação, em que cada elemento, tais como a pessoa, a instituição ou o grupo, tem ao mesmo tempo autonomia, com garantias contra a intromissão, e acesso aos recursos da sociedade. Mas o caminho para chegar a essa utopia é complexo e difícil. É preciso mergulhar num longo processo para construir uma sociedade e pessoas, sobretudo pessoas resistentes, capazes de dizer "não" e "sim", ativas etc. Em outras palavras, essa utopia passa pela educação. É na educação que se constrói a alteridade. Aliás, é preciso insistir: caminho muito difícil. Cheio de decepções e armadilhas. Nele há um estágio intermediário particularmente problemático, em que abrimos mão das vantagens da dependência, mas ainda não temos muitas das vantagens da federação. Um exemplo: as pessoas que não dependem de nós, e de quem não dependemos, antes nos davam uma falsa segurança. Mas, pelo menos psicologicamente, embora com uma base ilusória, nós nos sentíamos seguros: com pessoas sem cultura, malconstruídas psicologicamente, ideologicamente muito pobres, muitas vezes com sérios desequilíbrios... Mas ainda estamos muito longe, nesse estágio intermediário que afinal de contas é a própria educação[1], de ter essas pessoas independentes, que, além de serem independentes para gostar de qualquer outra pessoa ou de ninguém,

---

1. Ou seja, na educação encontramo-nos num processo em que as pessoas estão em algum ponto entre a dependência absoluta e a independência absoluta. Uma vez iniciado o processo educativo, mesmo com

e para fazer o que quiserem, acabam gostando exatamente de mim, e usam seu tempo também comigo. Essa fase intermediária é bastante desanimadora. Mas há chances de conseguir o que quero? Não seria melhor desistir das pessoas e me dedicar a um *hobbie*, como ler romances ou jogar xadrez ou jardinagem? De qualquer forma, é importante que a utopia da pedagogia seja uma ideologia que se ofereça com clareza, com um programa razoável, a quem se interessar, mesmo sabendo das dificuldades, mesmo conhecendo a safadeza humana. Enfim, vendo por um ângulo um pouco diferente, a sociedade que eu sonho só pode ser constituída com pessoas, como você. Aliás, o que me leva a sonhar com essa outra sociedade são em parte as dificuldades para conviver com as pessoas produzidas pelo sistema capitalista. E você só vai se constituir em um elemento adequado, nesse meu sonho, se for independente de mim e de qualquer outra pessoa ou coisa. E não só independente, mas se for alguém que vive e pensa coerentemente com suas raízes, e sabe se virar e se defender etc. E que a partir dessa independência busca o trabalho, a amizade etc. A construção dessa pessoa indispensável — que também estou longe de ser — se chama educação.

Este texto supõe do leitor algum conhecimento da literatura utópica; embora a utopia seja a ideologia que mais tem insistido no elogio da pedagogia[2] e possui mais afinida-

---

uma criança, a dependência começa a se desfazer. Mas, por outro lado, a independência, essa capacidade de formular, radicalmente etc., talvez nunca seja algo que se possa dizer que foi conseguido, totalmente. Antes, funciona como uma utopia, uma estrela que guia.

2. Fica convencionado, entre nós, o seguinte. O elogio da pedagogia constitui por si só uma ideologia, relativamente independente. Mas há duas grandes ideologias que estão muito próximas, ou, podemos preferir dizer desta forma, duas ideologias que têm mais facilidade ou

des com ele, essa suposição não é uma condição para a compreensão do texto. Este texto pretende até, pelo contrário, dar sua contribuição para um aprofundamento da utopia, pois aqui são trabalhados conceitos que só podem ser iluminados com a contribuição da reflexão pedagógica.

Os autores que propõem utopias, países imaginários ou teorias de alguma forma comprometidas com essas propostas, tradicionalmente — embora não todos — acreditam na educação. Por três vias principais: como a melhor forma de transformar a sociedade atual naquela pretendida, a utopia; como a melhor forma de conseguir adeptos para seu movimento, demonstrando aos alunos a excelência de suas idéias; e como eixo da própria utopia, ou seja, a educação seria no modelo político proposto a instituição que garante pessoas inteligentes, cultas, confiáveis etc. Quando Marx desencadeou a literatura pedagógica marxista, o ponto fundamental de sua proposta foi sua crítica à crença utópica no poder que a educação teria para mudar a sociedade. E até hoje a literatura pedagógica que tenha uma mínima influência do marxismo pretende ser crítica a esse respeito, e não ingênua no sentido de acreditar plenamente que a educação possa resolver todos os problemas da humanidade[3].

---

tendem para essas posições, o iluminismo/liberalismo e a utopia. Evidentemente, quando iluminismo ou liberalismo fazem o elogio da pedagogia, eles o fazem a seu modo. O modo que adotaremos aqui é o utópico. Tanto que diversas vezes deixaremos claras as diferenças entre as posições utópicas e as liberais ou iluministas.

3. Dermeval Saviani e sua tendência, que se autodenomina "crítica social dos conteúdos" ou "histórico-crítica", usa o termo "crítico" no sentido acima, e então a "pedagogia não-crítica" seria a que acredita no poder da educação. "Não-crítico" sendo sinônimo de ingênuo, especificamente ingênuo por acreditar no poder da educação, particularmente para resolver os problemas sociais. Contudo, essa denominação "põe no

Uma pequena parábola pode expor a essência da relação entre utopia e pedagogia:

Uma pessoa chega para outra e diz mais ou menos o seguinte: "Acho que não devemos ver isoladamente os diversos momentos da vida, mas ver a vida, desde o nascimento até a morte, como um todo, como se um dia devêssemos prestar conta. E eu não sei exatamente o que fazer, o que devo fazer etc. Mas acho que a melhor pista é a amizade. Eu gostaria de viver uma vida diferente, baseada na amizade. Inclusive, acho que a minha cabeça precisa se organizar melhor para isso. Mas, já adiantando, acredito que o mundo todo, todas as idéias, a sociedade, a natureza deveriam ser organizados para ser meios materiais em que nós pudéssemos ser amigos. Então, eu convido você para viver junto comigo, em comunidade, e empreender esse caminho difícil, desde organizar as nossas idéias

---

mesmo saco" utópicos e liberais de diversas tendências e colorações. Ora, tanto liberais como utópicos, chamados de "não-críticos" naquele sentido (do Saviani), procuram desenvolver em seus alunos a capacidade de crítica, fazem críticas à escola e, embora menos, à sociedade tradicional, e portanto não gostam de ser chamados de não-críticos". E — é aqui que pretendia chegar — a junção de utopia e pedagogia aqui apresentada, apesar de acreditar plenamente na educação para resolver todos os problemas da humanidade, ao mesmo tempo é pessimista, duvida dos resultados que pretende, tem como ritmo característico a cautela etc. Ou seja, chamar a junção utopia e pedagogia de não-crítica é algo duvidoso que sempre deve vir acompanhado de muitos reparos. Aliás, é duvidoso chamá-los de "não-críticos", e, ainda mais, de ingênuos. Apesar disso, é preciso reconhecer o direito de que os marxistas se utilizem dessa expressão internamente, uma vez que é importante para o marxismo marcar sua ideologia como crítica, no sentido de introduzirem uma análise das limitações da educação, principalmente porque reproduz a sociedade ideológica e fisicamente.

até organizar o mundo para vivermos melhor juntos. E ainda o convido para, dentro da sociedade, assumirmos um papel político socialista, militante etc." E a outra pessoa, ouvindo isso, responderia: "É praticamente a mesma coisa que eu venho pensando. Eu aceito sua idéia. E acho que devemos começar imediatamente a conversar e a tomar as providências para organizar as coisas materiais para esse fim". E daí para a frente tudo dá certo. Os dois não encontram nenhum obstáculo, principalmente dentro deles, que não consigam vencer. Muito bem. Nessa hipótese, essas pessoas têm a utopia, a posse da utopia, mesmo levando em conta que seu projeto funciona como um ideal mas não está ainda pronto.

Se isto acontecesse, a utopia não necessitaria da pedagogia. No entanto, essas pessoas assim prontas não existem e não podem ser encontradas. O diálogo que imaginamos acima, embora não seja impossível, provavelmente nunca aconteceu nem nunca acontecerá. E o utópico é obrigado a lançar a rede, como um pescador, quer dizer, instituir um meio em que ele processa as pessoas, levando-as para a construção de um universo de idéias, atitudes, conhecimentos etc., no rumo da utopia. Um meio onde todos são admitidos, e onde todos valem igualmente. E isso apesar de o utópico na verdade o utilizar para encontrar aqueles que procura, aqueles que dizem "sim" à sua proposta. Esse hiato entre as pessoas reais e essas já prontas, de coração aberto, sem grandes obstáculos herdados da ideologia do sistema etc. — que aliás não existem, não passam de uma abstração —, é preenchido pela pedagogia. A pedagogia é a utopia real. É pela pedagogia que a utopia atua sobre a política e a economia.

Explicações e convenções

Educação. Essa palavra tem aqui um significado um pouco diferente do usual. Normalmente "educação" significa humanidades e também ciências biológicas, exatas, físicas, e ainda atletismo, artes etc. E também educação para o trabalho, como fazer um móvel etc. Não é bem isso que se pretende aqui. O significado que pretendemos refere-se à participação do indivíduo na cultura humana e ("e" no mesmo nível, e não secundariamente) às transformações que esse processo faz na personalidade humana e nas relações entre as pessoas. Ou seja, nesse significado as ciências exatas, biológicas, físicas, bem como direito, administração etc., têm um peso menor, são secundários. O indivíduo educado a que nos referimos, então, não é exatamente um engenheiro ou um matemático, mas o indivíduo que se desenvolve em contato com a cultura humana e sente, pensa, se organiza nesse meio e com os recursos que aí se encontram de forma característica. Em outras palavras, a educação significa a capacidade de compreender textos, não textos de engenharia, matemática, mas textos de romances, filosofia, história; capacidade de produzir e participar das discussões produzidas por sua época; tudo isso a partir de um ponto de vista original, criativo, único, radical.

Ideologia. Conjunto de idéias que se oferecem às pessoas para que possam organizar as ações, a vida, as opiniões. Mas ideologia significa, também, algo um pouco diferente. Partimos do seguinte quadro: uma pessoa, grupo ou instituição produz uma fala, um texto, um objeto material ou mesmo um ato. Esse objeto produzido contém as marcas (pegadas, traços, pistas) de sua ideologia; ou seja, entre a ideologia e o objeto produzido há uma perda de coerência e de certos conteúdos. Nem tudo o que há em uma ideologia transparece no objeto produzido. Por exemplo, a historinha infantil da Branca de Neve mostra quanto o casamento é superior à vida comunitária que ela tinha com os anões no meio da floresta (embora a historinha não discuta, evidentemente, se realmente a vida comunitária seria inferior ao casamento). Ideologia, então, passa a ser também o projeto ou esforço de recuperar, de tornar claro e ou público o que o objeto oculta.

Utopia. É uma ideologia específica. O quadro que a define é um indivíduo que se afasta do burburinho que a vida lhe oferece e se retira para um lugar fora; geralmente esse lugar contém ou é contido pelo espaço interior, entre as paredes do crânio, ou a interioridade da reflexão, aqui mais o coração que o cérebro. E aí dentro passa a articular as idéias, que então tomam um formato que não é o mesmo do sistema de vida que se encontra do lado de fora. E as comparações são inevitáveis entre, de um lado, o universo produzido no cérebro, fantasia, reflexão, espiritualidade, e, do outro, o universo material dado, do sistema em que se vive concretamente. Isso produz algum tipo de atrito, de discrepância, tanto no nível das idéias como no dos atos.

Liberalismo. Ideologia e formação epistêmica (quer dizer, estrutura de pensamento) que tem na base o quadro do indivíduo que desmonta intelectualmente todos os objetos. Dessa desmontagem se chega ao próprio indivíduo, compreendido como seu corpo agregado à sua família e a suas propriedades. Tal concepção está relacionada com a crença de que o que vale na vida é o que a pessoa possui, come, seus prazeres, família. O indivíduo material, com corpo, sua família, propriedades, em sua vida material, comendo, produzindo e se reproduzindo. A filosofia deve ser prática, ou seja, um instrumento que proporcione uma vida proveitosa e tranqüila. A lógica do liberalismo é uma espécie de subtração: eu faço as coisas, dou, e isso é negativo; mas também recebo, ganho, e isso é positivo. O que eu recebo menos o que eu dou, lucro, vantagem, é critério para julgar todos os atos, pessoas, recursos etc. O *iluminismo* difere sutilmente do liberalismo, apesar de serem bastante semelhantes. O iluminismo mantém a primeira parte, exposta acima — ou seja, o método de tudo desmontar, analiticamente —, mas não apóia — aliás também não nega — a segunda parte, que é o conjunto de valores avesso ao fundamentalismo (ou seja, o iluminismo não inclui a aversão pelo idealismo, que é fundamental no liberalismo). Pelo contrário, o iluminismo antes dá margem a um conjunto de valores em que despontam a liberdade, a racionalidade, e também um espírito crítico que beira um elitismo intelectual sistematicamente destrutivo. Tanto liberalismo como iluminismo concordam em colocar no centro de suas idéias e propostas a justiça. Nesse sentido, inclinam-se a propor situações — particularmente uma sociedade — em que vale tudo, desde que sejam cumpridas as regras estabelecidas. Não importa, por exemplo, se o patrão é milionário e o empregado um miserável, o importante é o que reza o contrato de trabalho. Uma conseqüência disso é a pouca disposição para examinar a origem das desigualdades. Aliás, sua lógica pressupõe mesmo um pouco de desigualdade.

Burguês. Ou esquema[4] burguês. Consiste em buscar sempre a ação. O que se acumula é apenas um sinal ou prova

4. Utilizaremos diversas vezes este termo, "esquema". Significa um conjunto de procedimentos básicos, quer dizer, presentes sob ou-

de que o tempo foi consumido em ação. Apenas eventualmente a ação é um *hobby*, portanto, e deve ser preferencialmente construtiva. O prazer não o incomoda tanto quanto ao entesourador, que sofre com o prazer, porque o prazer dissipa suas riquezas. Mas o prazer não faz parte do esquema burguês. Este tem horror pelo tempo perdido, e por chegar a uma situação sem estar preparado, porque isso demonstra que ele perdeu tempo. Os grandes feitos devem ser o desenlace de pequenas ações, que tomem todos os minutos.

Marxismo. Do marxismo aparecem aqui duas idéias. *Uma*, de que a educação é um produto derivado, destinado a reproduzir a classe social dominante e sua ideologia. Ou seja, a pedagogia não é o lugar em que as mudanças possam ser geradas. *Segunda idéia*: (teoria das duas fases) não se pode lutar agora tendo em vista um sistema a ser instalado no futuro, ou utopia, mas sim se deve mergulhar nas contradições da situação atual e do mundo atual, para aí contribuir com as forças revolucionárias que lhe são próprias.

Utopia, marxismo e liberalismo (iluminismo) têm posições complexas dentro da pedagogia. A utopia se aproxima do marxismo ou do liberalismo, em cada questão, mas sempre é possível fazer a distinção; ou seja, mesmo quando a utopia se aproxima de um ou de outro, sua posição é sempre distinta.

Federação. Conjunto de partes que estejam bastante próximas para que tenham acesso umas às outras, e bastante distantes para que umas não interfiram nas outras.

---

tros. O conceito é bastante corrente na literatura acadêmica, mas seria necessário estudá-lo à parte e defini-lo melhor. Apenas para registrar um caso, Hans-Johan Glock, no *Dicionário Wittgenstein*, Rio de Janeiro, Jorge Zahar Editores, 1998, p. 370, se utiliza da expressão "'paradigma prototeórico' ou 'visão'" para designar algo muito parecido.

Idealismo. O idealismo filosófico consiste em dar precedência às idéias sobre a matéria. As idéias vêm primeiro; elas é que formam, e mudam, a matéria. E o idealismo, propriamente dito, consiste em organizar as ações e pensamentos a partir de um princípio, o mais genérico possível, ideal. Ideal que se articula conscientemente, formando uma ideologia. Tudo o que o indivíduo idealista faz deve ser deduzido de um princípio geral, o ideal, e para ele deve contribuir. Ele não admite, por exemplo, comer porque tem fome, dormir porque tem sono.

Humanismo. De Homero ou dos egípcios, ou seja, de algo bastante antigo, para cá, a cultura humana, principalmente ocidental, amealhou um conjunto de proposições razoavelmente consensuais, que, transformada em ideologia, costuma ser chamada de humanismo. Evidentemente, há um núcleo, mais consensual, e uma periferia, de proposições em processo, em discussão, para serem aceitas dentro do humanismo. Um exemplo do núcleo é a condenação de toda violência e a igualdade entre homem e mulher. Na periferia estariam, por exemplo, o vegetarianismo e o elogio de um indivíduo cínico e de bom humor. Uma sugestão, para ser a idéia básica do humanismo, é de que a convivência entre as pessoas pode obedecer a um plano racional, ou razoável, de forma que os interesses diversos, se estiverem em conflito, obedeçam a regras universais e estabelecidas de antemão, e que predominem os interesses que se somam, possibilitando a cooperação ou convivência. Além disso, sobretudo, há um modelo do ser humano, oposto ao animal feroz e egoísta. Segue-se uma lista, sem discussão e sem uma organização sistemática, das proposições geralmente incluídas no humanismo: condenação a toda violência, a toda diferença de classes, à diferença entre homem e mulher, à superioridade de uma cultura sobre a outra, direito de todo ser humano a toda a cultura, direito universal de defesa e de ser considerado sem culpa até prova em contrário, liberdade religiosa, ecologia, pluralismo, higiene.

Topologia. Nossa análise dos conceitos será predominantemente topológica. O que significa isso? A topologia é uma especialidade universitária cujo objeto são conceitos matemáticos e geométricos, geralmente não-quantitativos (a topologia não se interessa em calcular tamanho de ângulos ou segmentos). Alguns exemplos de conceitos que interessam à topologia são: espaço, tempo, caminho, meio, fim, retorno, repetição, ordem, classificações, sujeito, relação, antes e depois. O que justifica a topologia é que esses conceitos são utilizados abundantemente nas ciências humanas, de forma intuitiva, mas uma análise mais rigorosa mostra dificuldades ocultas, que podem levar a erros graves. Por exemplo. Poderíamos afirmar pura e simplesmente que os utópicos, como os liberais, procuram voltar sistematicamente ao início; sempre consideram que algo de errado ficou para trás e que é preciso recomeçar. Ora, isso é o mesmo que desmontar? O pensamento medieval também procurava religar as coisas. Não é a mesma coisa desmontar e religar? Basta ver esta pequena dificuldade: religar e desmontar se parecem, mas são coisas contrárias uma à outra, e não apenas a mesma coisa vista a partir do início ou a partir do fim. O ponto inicial que pretende o religar é o início do cosmos, a criação, e a fragmentação ocorreu uma vez só na história. O conhecimento está em conseguir a totalidade, em refazer em caminho inverso ao da fragmentação operada uma única vez sobre o universo. Já no esquema iluminista da desmontagem, o modelo, o ideal, o objetivo a atingir é a parte, e não o todo; não se trata, pois, de religar, e sim de chegar até uma peça. E tanto montar como desmontar podem ser feitos quantas vezes se quiser, arbitrariamente, por qualquer pessoa. Ou seja, para o esquema do *religare*, o mundo e a verdade eram um todo, que se fragmentou, e portanto a verdade está no todo e a mentira está no fragmento. Já para o esquema da desmontagem iluminista a verdade e o início estão na peça. O todo é o falso, e ele só revela sua verdade se desmontado. Uma conseqüência dessas diferenças é que o religar remete ao ambiente cósmico e religioso, e o ambiente apropriado para a desmontagem é o homem e o raciocínio.

"'Sim', responderam os espíritos, 'porque toda criatura humana pode criar um mundo imaterial habitado somente de criaturas imateriais, e povoado de súditos imateriais, como nós, e tudo isso dentro dos limites do cérebro ou do crânio; ou, dizendo melhor, não só isso, mas pode criar um mundo do modo que quiser, e com o governo que quiser, e, portanto, outorgar a outras figuras os movimentos, as formas, as cores, as percepções etc., que mais o agradem, e criar revoluções, luzes, pressões e reações etc., como lhe parecer melhor; mais ainda, pode criar um mundo cheio de veias, músculos e nervos, movidos todos eles por uma sacudida ou um golpe. Além disso, pode alterar esse mundo tão a miúdo quanto lhe agradar, ou transformá-lo em um mundo artificial, sendo um mundo natural. Pode criar um mundo de idéias, um mundo de átomos e um mundo de luzes, qualquer coisa que a fantasia o induza a criar...' 'Vocês me converteram', disse a Duquesa aos espíritos; 'vou seguir seu conselho, rechaçarei e depreciarei todos os mundos em que eu não esteja, e criarei um mundo próprio para mim'."[1]

1. Frank E. Manuel, no livro *Utopías y pensamiento útopico*, Madri, Espasa-Calpe, 1982, na página 103, citando um trecho do livro *"Descrição do Mundo Novo, chamado Mundo Ardente"*, de Margareth Cavendish, Duquesa de Newcastle, Londres, 1666, pp. 96-98.

"Dois versos de Ennius são suficientes para os [refere-se aos utópicos] definir maravilhosamente: *Qui semitam non sapiunt, alteri monstrant viam; Quibus divitias pollicentur, ab eis drachmam ipsi petunt.* Dito de outra forma, em bom português: Ignorantes do caminho para eles mesmos, eles mostram a estrada aos outros; só prometem a riqueza aos outros para lhes retirar um pedaço para eles mesmos."[2]

---

2. Charles Autran, *"Utopie" ou: du rationnel à l'humain,* Paris, Les Éditions d'Art e d'Histoire, 1983. Acho que essa citação exige uma observação, para que o leitor não seja enganado por um eventual descuido. Não seria honesto citar um trecho deslocando o sentido do que foi pretendido pelo autor, aliás pelos dois autores, Ennius e Charles Autran. Isso se justifica porque não teríamos outra forma de dizer a mesma coisa, e o texto ficaria empobrecido: ao contrário do que diz o senso comum, o utópico e o pedagogo são os que buscam caminhos e riquezas nos outros porque não os têm para si.

capítulo 1

A fuga utópica

INTRODUÇÃO[1]

A fuga como algo consistente que vale por si[2]

Quando todos começam a ficar muito unidos, e há um entusiasmo geral, ou ódio geral, e as coisas começam a dar

---

1. A fuga utópica é uma só, embora se desdobre em fuga para trás ou para o início, ou ainda para o ponto zero, fuga para as beiradas (lados, margens, franjas, laterais), fuga para dentro, de mim, e fuga para os fundamentos. Pode parecer uma contradição afirmar que a fuga para as margens e a fuga para dentro de mim constituam a mesma fuga, mas o dentro não se opõe, nesse sentido, às margens, pelo seguinte. Dentro de mim, logo fora do burburinho do mundo. Quer dizer, mesmo o dentro utópico e pedagógico significa fora, pois é nesta acepção que ele se apresenta. Interior e interioridade em oposição ao mundo de fora, exterioridade, material. E também profundidade em oposição ao lado de fora, na superfície. O dentro de mim está fora ou nas margens do grande mundo material.

2. Os propósitos e o formato deste livro não permitem que nos dediquemos com afinco a distinguir essas idéias, que são diferentes umas das outras: ponto zero (que tem tudo adiante); ponto zero (que não tem nada atrás); eu sou o problema; eu sou o ponto de partida; busca dos fundamentos; medo de ser controlado; medo do sufocamento; ponto de onde tudo se vê (mirante); exotopia etc.

certo, e todos sintonizam com uma só vontade, inclusive com a minha, é nesse momento que o utópico, com medo do sufocamento, se retira para si e para dentro, em busca da raiz.

Aí se pode perguntar: "mas o que é fundamental então? a fuga ou a raiz?", e neste segundo caso a fuga seria apenas um meio, secundário? Aqui estamos afirmando: o utópico não foge "para" atingir a raiz, no sentido de que é só por esse objetivo que foge, mas a fuga lhe interessa como algo que tem valor próprio. Ou por outro ângulo: estamos afirmando que seria errado pensar que o utópico apenas foge "de" algo e depois, secundariamente, se vê obrigado a trabalhar ali nas margens. Sua fuga vale por suas duas faces, como fuga *de* e como fuga *para*, e também como fuga que vale por si mesma.

É difícil dizer, e talvez seja sempre arbitrário dizer, se o verdadeiro motivo dessa fuga é o medo dessa sintonia sufocante, ou se o motivo é outro: o gosto pelo pequeno; o gosto pelo domínio, pelo controle, em oposição ao ser controlado; a exigência de fazer as coisas bem-feitas, desde o princípio; a covardia; o medo, mais específico, de tudo arriscar em uma única batalha; a exigência metodológica de resolver o que vem antes e/ou está mal resolvido (unindo estas duas últimas formulações: não é possível se arriscar em uma batalha se temos tantas dúvidas); insegurança; a opção cartesiana pela parte, sempre menor; a timidez, que sempre exige, estando na superfície, outro trabalho, longe dos olhos e das pressões dos outros; o planejamento também como atividade lúdica... Ou a busca das raízes, como acabamos de apontar. A fuga é um universo ideológico. Suas vantagens vêm depois[3] e não se apresentam isoladamente.

A fuga utópica é um ponto entre duas coisas, é alguém se movimentando, de um lugar mais sufocante, onde o objeto prepondera sobre o sujeito, para um lugar mais livre, onde o sujeito pode organizar as coisas de sua maneira, tanto enquanto arbitrariedade como enquanto radicalidade. De "sua" maneira, sem as regras dos outros, e a partir de dentro, de suas raízes.

A busca de um mirante: o controle epistemológico

Na obra clássica de Raymond Ruyer, o método utópico é identificado como "exploração das possibilidades laterais"[4]. O trecho de *Duquesa de Newcastle*, citado por Frank Manuel, e por nós na abertura deste livro, já sugere que a utopia tem como essencial a aversão por qualquer tipo de intromissão em conjunção com a utilização do espaço interno das paredes do crânio para exercitar essa liberdade. Para Gilles Lapouge, a essência do utópico está na forma quadrada, dura, na imposição da racionalidade dura sobre

3. Ou seja, toda a atividade utópica, reflexão, espiritualidade, elaboração, planejamento etc., não pode ser explicada apenas em função do resultado, das possibilidades, do que pode acontecer depois. Não fugimos em busca das vantagens posteriores, conseqüências de uma fuga bem-sucedida. Por exemplo: é agradável fazer um plano, quer venha a ser concretizado quer não, quer funcione quer não ("Quanto é melhor, quando há bruma,/Esperar por D. Sebastião,/quer venha ou não", Fernando Pessoa, "Liberdade", em *Poesia*, 7ª ed., organizado por Adolfo Casais Monteiro, Rio de Janeiro, Agir, 1977, p. 51).

4. "Exercício mental sobre as possibilidades laterais" *L'Utopie et les utopies*, Paris, PUF, 1950, p. 9.

as ambigüidades da natureza: são cabeças de mármore. Para Charles Autran, de forma bastante semelhante a Lapouge, a essência do utópico é o intelectualismo fanático. Todas as definições são parecidas, na medida em que ligam o utopismo a algum tipo de idealismo ou intelectualismo. Juntando Newcastle e Ruyer, o utópico seria aquele que explora as possibilidades, laterais, do pensamento, do universo contido no crânio. Mas só seria utópico se o fizesse obsessivamente, segundo Autran e Lapouge. O que não muda muito nossa formulação.

Aqui, sugiro mais uma idéia candidata a essência ou fundamento, entre tantas: a essência da utopia, como para Ruyer, estaria no método, só que no método da fuga, e não no da exploração das possibilidades laterais. O utópico, essencialmente, em face do objeto recua. Recusa a primeira afronta, o primeiro confronto. Qual o motivo? Um dos diversos motivos que apontaremos está em que na busca do todo o todo se fixa nas franjas, porque é ali que pode perder o pedacinho sem o qual não há todo.

Ou seja, todas as outras características do utópico derivariam dessa. O utópico seria lateral porque foge, cotidiano porque foge, e também intelectual, tecnológico, teimoso (duro, sem "jogo de cintura"), fundamentalista, idealista etc., e pedagógico porque usa esse método da fuga. Todos esses espaços onde são encontrados os utópicos são lugares por fora dos fatos centrais da sociedade e da história; o utópico seria aquele que, quando as coisas (importantes) acontecem, está em outro lugar (embora seja duvidoso acrescentar o que parece natural: alienado). O cérebro é então secundário. Primeiro, o utópico foge; o cérebro (ir se refugiar nele) é apenas a conseqüência mais natural.

Essa proposição nos aproxima, sem exageros, da de Ernst Bloch. Para ele, a utopia é um tipo de dialética, busca a possibilidade na carência[5]. Dialética, pois, como a de Hegel e Marx, que encontram as possibilidades revolucionárias não nas potencialidades, exatamente, e sim nas contradições e carências. Ou, visto de outra forma sutilmente diferente: as possibilidades revolucionárias não estariam no que o sujeito tem, positivo, mas no que ele não tem, no que lhe falta, nas carências. Porque as carências abrem para fora, para algo que só se encontra do lado de fora.

É por essa via, principalmente, que a utopia chega à educação. A fuga conduz a esses lugares marginais e de elaboração: cérebro, educação, espiritualidade, cotidiano. A educação é um lugar para onde o utópico vai, fugindo do confronto direto com a sociedade, e é também um lugar onde se trabalha sobre os fundamentos, a longo prazo, do jeito que o utópico gosta.

FUGA PARA O INÍCIO, PARA O PONTO ZERO

O ponto zero

O ponto zero significa que ninguém e nada deve ser dado (posto), que nada deve ficar nas nossas costas; tudo, daqui para a frente, sob os meus olhos. Mas o fulcro do ponto zero é a aversão pelas coisas mal resolvidas, dadas,

5. Muito interessante é a idéia expressa na p. 81 do *Dialética da esperança*, de Pierre Furter (Paz e Terra, 1974), sobre o pensamento de Bloch. A carência concreta da fome não produziria no homem exatamente a vontade de comer, mas uma utopia, um lugar onde se realiza a vontade de nunca mais ter fome.

aceitas como tal. E o absoluto difere um pouco do ponto zero: o problema já não é — como no ponto zero — ter algo dado, nas costas, mas — no absoluto — perder algo. Se algo está nas costas, então o que tenho na frente não é tudo, algo me escapou. O que são coisas diferentes, ainda que sutilmente.

E a religião: a busca do fundamento para que a vida toda, do nascimento à morte, apareça como um todo de que se dá conta ao Juiz.

A interioridade e a morte também podem servir como esse ponto (mirante) que, em oposição, permite a visão de tudo. Afastar-se, para dentro e para trás. Para o silêncio: tranqüilo, de onde se ouve, se vê e se reflete.

Mas, em comum com todas essas posições, o desejo de nada perder, de controlar tudo. Em oposição ao indivíduo mergulhado no momento, o utópico, como na espiritualidade católica medieval, busca ver a totalidade do mundo a partir de um ponto situado fora. O controle epistemológico. Antidialético, para Marx e Hegel, mas dialético no sentido de Bakhtin: em busca da exotopia[6].

---

6. "De dentro de mim mesmo também essa fé e essa esperança insensatas são minha última palavra dentro da vida, e diante do meu dado [do que me é dado] (ao qual só restam, em última instância, a prece e o arrependimento — e a última palavra que nos é dada vem de Deus: é a redenção ou a condenação). Minha última palavra é despojada de toda energia positiva suscetível de me dar minha razão de ser, meu acabamento, esteticamente ele é improdutivo. Através dele eu me viro para o lado de fora de mim mesmo e me remeto à graça do outro (esse é o sentido da confissão nos últimos sacramentos). Sei perfeitamente bem que há no outro esse mesmo princípio insensato de não-coincidência consigo mesmo, esse mesmo inacabamento da vida, mas, para mim, essa não é sua última palavra: eu me situo fora dele, e a última palavra,

Explico: para Marx e Hegel a dialética se opõe a essa tentativa de enxergar o objeto a partir de um ponto externo[7]. Tentativa ridicularizada por Michael Lowy, como sendo semelhante ao Barão de Münchhausen[8] quando pretendia arrancar a si mesmo e a seu cavalo do pântano puxando-se pelos cabelos. Ou seja, seria irracional e antidialética a tentativa de buscar um ponto de fora do mundo. Mas, para Bakhtin, enxergar a realidade em contraposição à visão de fora e do outro, exotopia, seria uma atitude dialética, que comunga com as estruturas do diálogo.

O problema sou eu: utopia e iluminismo

O esquema da desmontagem, que é o fundamento do iluminismo, pretende analisar os objetos, quer dizer, desmontar e depois montar, e então encontrar o fundo, o ponto zero, atrás do qual não há nada. Não deixar nada para trás, nas costas. Não aceitar nada dado, nada que eu tenha de aceitar no escuro porque foi outro que fez. Quem monta e

---

a palavra do acabamento, me pertence. Essa palavra é exigível da minha exotopia, uma exotopia no tempo, no espaço e na significação, em relação à vida do outro em seu todo (...)" (Mikhail Bakhtin, *Esthéthique de la création verbale*, Paris, Gallimard, 1984, p. 136).

7. É preciso anotar de passagem uma diferença entre o ponto externo utópico e o iluminista. O iluminismo pretende um ponto externo porque ele é indispensável à análise, mas a totalidade não lhe interessa. A totalidade aparece no pensamento mais antigo (no esquema do *religare* ou fragmentação). E também o encontro de um lugar de reflexão, de interioridade, não interessa primariamente, mas secundariamente ao iluminismo.

8. Michael Lowy, *As aventuras de Karl Marx contra o Barão de Münchhausen: Marxismo e positivismo na sociologia do conhecimento*, São Paulo, Busca Vida, 1988.

desmonta está em busca de algo consistente, quer dizer, indesmontável. Aliás, são dois processos, um espacial, o outro temporal. De passagem, um detalhe que diferencia os dois é que o processo espacial chega à peça, que é parte do todo, e o processo temporal chega ao ponto zero, que está antes. Um relógio desmontado não chega ao zero, mas o retrocesso de uma fita de vídeo chega a um ponto antes do filme, fora do filme[9]. Unindo as duas idéias (peças ou átomos da montagem, indesmontáveis, e o ponto com nada por trás, que controla) está o sentido metodológico da desmontagem: ir ao ponto em que o processo de análise tem seu começo. Tudo que eu penso sofre um processo de retrocesso, como nas fitas de vídeo, para que, chegando ao ponto zero, se recomece. Se o objeto foi montado por alguém, temporalmente, ele deve ser desmontado, porque ali, na peça — espaço —, estamos no início e podemos agora acompanhar o mesmo processo e assim compreender sua estrutura. Ou recompor o processo mentalmente, repetindo o que o autor tinha feito para chegar àquele resultado, sem deixar nada para trás[10], o que significa, aqui,

9. Outra diferença, também essencialmente topológica: a desmontagem é feita de fato, mas o retrocesso no tempo é necessariamente artificial. Embora se possa discutir se no caso de uma fita de vídeo o retrocesso não seria de fato, e não artificial. Outra diferença: a desmontagem, que é a montagem em sentido inverso, contém talvez mais significado, em termos de revelar a estrutura do objeto, que a própria montagem, mas o retrocesso nada significa, assim como nada significa, nada revela de um filme, vê-lo, assisti-lo, rodando a fita do fim para o começo. E, encerrando, a desmontagem exige uma atuação muito mais presente e importante do sujeito, de sua inteligência, enquanto o retrocesso no tempo desloca o interesse para a misteriosa constituição dos fundamentos do mundo.

10. "Sem deixar nada para trás" é um expediente metodológico que exigiria um estudo mais cuidadoso.

estar de posse do mesmo poder intelectual do autor, não aceitar dele nada que eu não compreenda e domine tanto quanto ele. Ou seja, a desmontagem é a repetição em sentido inverso, no tempo, de um processo espacial. Aqui, espaço e tempo se fundem.

O esquema utópico é também tecnológico. Todos os objetos do mundo são postos como instrumentos para construir a ponte que vai vencer o vazio entre* "eu" e o objeto? Essa é a pergunta tecnológica. Hegel[11], Marx e, com mais clareza, Lowy confundiram o iluminismo com o tecnológico. O iluminista não se pergunta: "como eu, sujeito, chego ao objeto, ao conhecimento?", no sentido de querer isolar os meios em que se dá o conhecimento. O que ele faz é tomar o conhecimento como uma totalidade e passar à sua desmontagem. Então, realmente, ele se faz a pergunta acima, mas o que pretende não é isolar o meio, como interpretou Hegel. No caso do processo psicológico do conhecimento é que há uma coincidência entre o meio e a desmontagem, o que origina a confusão. O iluminista pensa assim: como o objeto, penetrando pelos meus sentidos, chega até o meu cérebro ou à minha mente, para aí gerar o conhecimento? Entre "eu" e o objeto está um conjunto de meios, pelos quais se dá a relação da mente com

---

*Porque em filosofia e topologia há "eu" e não "mim", sacrifiquei a gramática.

11. Refiro-me principalmente à "Introdução" à *Fenomenologia do espírito*, quando Hegel critica a desconfiança do empiricismo e do criticismo, principalmente Kant, em relação ao conhecimento. Ou seja, critica que se possa atingir o conhecimento partindo de uma desconfiança no conhecimento (na ciência). Ali ele se utiliza com clareza dos termos "meio" e "instrumento" para designar o que nos separa do conhecimento, ciência ou verdade. Hegel, *A fenomenologia do espírito*, São Paulo, Abril, 1974, pp. 47-56, mas principalmente as primeiras dessas páginas.

o objeto. Eu é o presente, e o objeto, de onde se originou a emissão da mensagem, ou fenômeno, é o passado. Ou seja, em certo momento, no passado, o objeto emite uma mensagem, que depois se transforma em uma sensação, e depois em um conhecimento. Mas o iluminista pensa assim: "Eu, agora, tenho na mente um conhecimento. De onde ele veio? Onde, no passado, ele teve origem?" O iluminista ainda conserva esse expediente do pensamento medieval, buscar o conhecimento no passado. No esquema tecnológico ocorre o contrário. Eu, no presente, quero atingir um objeto no futuro, e então me pergunto: quais são os meios pelos quais posso partir daqui para chegar até lá?

O sujeito que age sobre o objeto e a peça resultante da desmontagem são apenas a mesma figura topológica em dois ambientes diferentes, pois as relações topológicas são sempre destes dois tipos: sujeito/meio/objeto e parte/todo. O primeiro caso sugere um caminho, por onde o sujeito se desloca até o objeto. No segundo caso, a peça se liga ao objeto por meio de composição, estrutura, projeto, articulação. O primeiro caso, que é o retrocesso, é espacial. E o segundo, a desmontagem propriamente dita, é temporal. O primeiro caso é como o retrocesso de uma fita de vídeo, e o segundo é como desmontar uma caixinha de música[12], um motor, um relógio. A grande diferença entre

12. Apesar de que uma criança que desmonta uma caixinha de música pode estar buscando outra coisa, a alma, aquilo que toca a música, o que é diferente de buscar uma compreensão do maquinismo, que explica como pode a caixinha tocar música. Este último, apenas, corresponde ao iluminismo. "Um dia deram-me de presente uma caixinha de música. Dava-se corda e ela cantava. Era sempre a mesma música, monótona e fina, como se a caixa insistisse em revelar um prodigioso segredo que ninguém até então decifrara. Não me contive. Quis ver o que

os dois casos é provavelmente que no primeiro o objeto é externo ao sujeito, é um outro em relação ao sujeito, e no segundo caso o objeto é um todo que contém o sujeito. Se fazemos um retrocesso em uma fita de vídeo, o ponto de partida é antes do filme, antes de ele começar, e esse ponto não faz parte do filme, necessariamente; mas, se desmontamos um relógio e chegamos a uma de suas peças, certamente essa peça faz parte do relógio. No primeiro caso estão causa/instrumento/efeito, sujeito/verbo/objeto, início/caminho/ponto final, e no segundo caso estão indivíduo/sociedade, caso/classificação, proposição/sistema. Geralmente se diz *sujeito* como sendo aquele que age na relação sujeito/verbo/objeto, e *indivíduo* como sendo parte do todo da sociedade.

O mesmo princípio topológico metodológico, a busca do ponto zero, aparece pois em dois processos diferentes.

---

a caixa tinha por dentro. Não que aquele desejo me viesse dum impulso precoce para a engenharia. Não. Não era a lógica das partes, o aspecto funcional que me interessava: era o puro e metafísico 'por dentro'. O fato de ser uma caixa cantante me parecia menos fascinante do que o fato de ser fechada. O que eu queria era atravessar a coisa, a sua essência, com um conhecimento direto e penetrante. Quando consegui violar o pequeno cofre de cedro tive uma grande exultação, de quem acha um tesouro enterrado, quando vi lá dentro uma mola enroscada e um pequeno pente de lâminas plangentes... e o pobre realejo quebrado ficou para o canto, esquecido" (Gustavo Corção, *Lições de abismo*, Rio de Janeiro, Agir, 1958, p. 241). Parecem-me corretos os termos "metafísico" e "engenharia", no texto de Gustavo Corção. Contudo, no esquema metafísico, aparentado com o *religare*, ou fragmentação, é fundamental que a caixinha fosse também a mensagem de alguém anterior, Deus ou o marceneiro que fez a caixinha. Além disso, no esquema metafísico mais primitivo ou puro, ele desmontaria a caixinha não em busca do "por dentro", e sim em busca de uma coisa específica que fosse a responsável pela música. O "por dentro" já é um passo no rumo do que ele chama de engenharia e lógica das partes, que também não são a mesma coisa.

Aparece na desmontagem: o sujeito ativo que, ao desmontar, produz a peça/objeto, totalmente passiva diante da atividade do sujeito. Aparece também no esquema da fuga: aqui o sujeito foge para fora de tudo, até de si mesmo, e se torna um sujeito abstrato e vazio, que põe todo o mundo, inclusive seus pensamentos e seu corpo, como instrumentos, meios, possíveis pontes entre ele e o objeto. E, se na desmontagem o sujeito é todo-poderoso, na fuga ele é muito humilde. No primeiro caso (iluminismo), o sujeito é certo e certo tudo o que ele constrói; no segundo caso (utopia e pedagogia, a pedagogia com menos convicção), todos os erros nascem do sujeito. Aparentemente, são resultados opostos, mas nos dois casos o sujeito é o único responsável[13]. Como isto se explica? Uma explicação mais cuidadosa não cabe aqui, mas não custa apontar o fato de que por trás do iluminismo esteja o esquema da desmontagem, cujo objetivo é chegar a algo que não se possa mais desmontar, e por trás da utopia/pedagogia está o modelo da federação, cujos elementos têm como papel ou desafio principal o diálogo. O sujeito indesmontável e ativo é sem dúvida diferente do sujeito capaz de dialogar.

O problema para o utópico não está lá fora, não são os outros. O problema sou eu, e somos nós. O problema está aqui, de cá, e não lá. Não exatamente porque eu seja melhor e os outros tortos. Mas porque para o utópico os problemas se organizam a partir desse problema principal que sou eu. O princípio metodológico é o mesmo do iluminismo, tem como ideal chegar ao ponto zero, mas — visto por um

13. Todas essas distinções, "primeiro caso", "segundo caso" etc., podem levar à seguinte vinculação: iluminismo com parte/todo, e utopia com sujeito/caminho/objeto. Seria um equívoco. Não parece ter qualquer justificativa, à primeira vista.

outro ângulo — é diametralmente o oposto: o iluminismo julga que o ponto zero é válido porque o indivíduo é a peça da sociedade, e porque dali se passa a construir, e ele é quem constrói. Assim, tudo o que ele constrói, a partir do ponto zero, é válido porque foi ele que construiu. Em outras palavras, tudo o que vem do mundo é duvidoso, mas o que ele mesmo — sujeito — constrói é bom e válido. O iluminista tem o sujeito como a única coisa boa; já a utopia e o elogio da pedagogia partem do contrário: eu, o sujeito, é que sou o eixo de todas as minhas desconfianças.

Mas, além de ver o sujeito como o ponto duvidoso, a utopia e a pedagogia (a pedagogia aqui afirma com mais convicção) encontram no sujeito uma falha, uma carência, cuja única solução (complemento) é o outro, o que exige o diálogo. Ou seja, encontram um sujeito que em desespero se abre para um ponto fora, para uma exotopia. O ponto final, o objetivo para onde aponta a reflexão iluminista, é o indivíduo; já a reflexão utópica aponta e aporta, no fim, no diálogo.

Ascese

A atitude utópica se pretende mais humilde que a jacobina. Para o jacobino, o mundo está errado; ele não é só certo, mas crítico e solução. O utópico não se arvora em solução, pondo como problema o mundo. Isto seria presunção. Não faz sentido imaginar o mundo como um problema, como se eu não fizesse parte do mundo. O problema do mundo pode ser um problema, mas não é um "problema para mim". Só o é no sentido de que eu o faço problema para mim. E porque eu o tomo para mim (o faço meu) é que eu o assumo. Sem nunca separar o problema do mundo do meu problema. Em outras palavras, a utopia e a pedagogia não se preocupam com o problema que seja objetivamente causa dos demais, mas com o que seja subjetivamente passível de uma atuação, um problema pelo qual eu possa fazer algo (Kierkegaard[14]).

Tudo o que posso fazer tem seu ponto de partida em um instrumento fundamental e geral: meu corpo. Dessa forma, uma postura técnica me faz pensar assim: antes da tarefa, a tarefa intermediária: preparar meu corpo. Assim, ponto zero é um ponto de onde eu, aí uma pura abstração, me proponho o problema de organizar o corpo.

Se o mundo é um problema para mim, isso começa com essa parte do mundo que é meu corpo. Quer dizer, há aí dois eus: um é o eu que está dentro do meu corpo e olha para meu corpo e até para meu próprio pensamento. O outro é o eu estendido (com corpo), principalmente meu corpo. O primeiro eu[15] sabe que praticamente todo o problema do mundo pelo qual se pode fazer algo, e que me toca, é o problema de que eu não sou como deveria ser. Os demais problemas se desdobram a partir desse, ou seja, somente se atingem na medida em que eu me faço melhor.

Na obra de Carl Rogers, em que essa figura do sujeito que olha para seu corpo aparece com profundidade e clare-

---

14. Kierkegaard, citado e apresentado por Michele Federico Sciacca, em *História da filosofia*, vol. III, São Paulo, Mestre Jou, 1968, p. 85.

15. Poderíamos discutir se esse eu que observa o corpo não seria apenas uma abstração, uma figura ou recurso intelectual, porque é um eu vazio, que não tem corpo. Ele tudo controla, e assim nada pode ser, nada pode ter de seu. Nossa resposta provisória, contudo, é de que não é vazio, mas efetivamente funciona, que tem um papel imprescindível no funcionamento da personalidade etc.

za, o sujeito, embora abstrato ou vazio, toma emprestada do corpo a capacidade de sentir, ou empatia. O eu vazio olha para o corpo carinhosamente e aceita seu funcionamento natural, inclusive suas falhas.

O recomeço sistemático

Se uma pessoa pretende estudar para passar em um concurso, esse estudo não é o tipo de pedagogia que interessa à utopia. Para a utopia, o problema não é o concurso, não é saber este ou aquele capítulo, saber aplicar certa fórmula matemática. Mas é a educação em geral e nos seus fundamentos. É dominar os processos do pensamento, da escrita, adquirir as estruturas da malícia e da interpretação etc. E isso se consegue sempre começando desde o começo. Renovadamente. O problema, então, não está lá fora. Nem exatamente aqui dentro. E sim mais para dentro, apontando para o mais dentro. Não em mim, mas no mais íntimo do meu eu. Não nisto ou naquilo, mas nos fundamentos, nas condições de possibilidade de qualquer sentimento ou raciocínio.

Para o iluminismo, o conhecimento começa com a sensação. Os dados vêm de fora, passam pelos sentidos, penetram em nosso cérebro e são processados com nossa aparelhagem intelectual/psicológica. A sensação, física, sem portanto ainda ter sido processada, é o ponto zero. Para a utopia, o ponto zero é mais parecido com o indivíduo primitivo de Rousseau — mais exatamente, a criança de Rousseau —; ou seja, o início é sempre o início do processo educativo ou da aculturação. O conhecimento não começaria, pois, na sensação, e sim na infância. A *tabula rasa* não é um plano em branco onde as sensações, ou mesmo os raciocínios, são inscritos, mas o plano em branco onde as influências e os processos sociais incidem para iniciar o processo de construção do indivíduo.

O conhecimento, para começar, pretende se postar em um ponto anterior ao próprio conhecimento. Hegel e Michael Lowy, como vimos, criticam essa pretensão. Mas essa crítica não incide exatamente sobre a pretensão pedagógica, que é a de um recomeço sistemático e continuado. Sem pretensões (no sentido de com isso se atingir o conhecimento, por exemplo). Pretende-se apenas, com esse expediente, um princípio, um norte ao qual se recorre sempre que é necessário organizar a ação.

O ínfimo e o absoluto

Jerzy Szachi afirma que o utópico nunca pergunta pelo melhor, e sim pelo bom absoluto. Se um grupo de pessoas pensa em inventar a vela, o utópico já sonha com a eletrificação universal[16]. Certo, mas também o contrário, o absoluto em sentido inverso. Quando todos afirmam que se deve aprender a somar antes do cálculo, o utópico afirma que o importante não é aprender a somar, mas algo ainda mais fundamental, que pode ser o fundamento de amar a descoberta, a abertura para o desconhecido, a ideologia que valoriza a reflexão ou o esforço. Sempre antes. Sempre é preciso dar um passo atrás, em busca de um método, de uma escola e de

16. Jerzy Szachi, *Utopias, ou A felicidade imaginada*, Rio de Janeiro, Paz e Terra, 1972, p. 13.

uma aprendizagem do sentido da vida. Ou das atitudes. Ou das estruturas topológicas do pensamento[17].

Mas aqui, quando nosso objetivo não é estudar a religião, e sim a pedagogia, o que interessa é mostrar como em ambos os casos aparece a tendência utópica de buscar o absoluto nos fundamentos, no passo atrás. Porque, se prosseguimos daqui para a frente, algo ficou mal resolvido; é dando um passo atrás, sempre, que se põe como problema o absoluto.

Além disso, esse problema absoluto[18], atrás, por dentro, nas beiradas, ou por baixo, nunca é o outro[19], o fora,

---

17. Por exemplo, o homem medieval não se dedicava — isto só vai acontecer plenamente depois, no iluminismo — a desmontar ou analisar um objeto. Pelo contrário, cada objeto deveria ser recomposto em sua totalidade originária. O homem medieval tinha como estrutura topológica o esquema do *religare*: o mundo teria passado por um trauma, que teria gerado confusão e fragmentação, sendo que então a moral e o conhecimento só poderiam encontrar a Verdade (virtude, para a moral, mas ambos sempre ligados) atravessando da frente para trás esse evento traumático, em busca do princípio e do todo.

18. Refiro-me, aqui, a uma idéia de Hegel, ou, mais precisamente, uma idéia de Hegel na interpretação discutível mas curiosa de Bertrand Russell. "A lógica, tal como Hegel entende essa palavra, é por ele considerada como sendo o mesmo que a metafísica; é algo completamente diferente do que comumente se chama lógica. Sua opinião é de que qualquer predicado ordinário, se tomado como qualificando o todo da Realidade, se torna contraditório. (...) Ou, então, vejamos outro exemplo, ainda mais grosseiro — grosseiro demais para ser usado por Hegel. Podemos dizer, sem contradição aparente, que Mr. A é um tio; mas, se disséssemos que o Universo é um tio, nos meteríamos em dificuldades. Um tio é um homem que tem um sobrinho, e o sobrinho é uma pessoa separada do tio, por conseguinte um tio não pode ser o todo da Realidade" (Bertrand Russell, *História da filosofia ocidental*, vol. IV, São Paulo, Companhia Editora Nacional, 1969, p. 285).

19. O outro pode ser o objeto, mas o outro e o problema não são a mesma coisa. Topologicamente, o problema pode ser um obstáculo entre o eu e o outro, por exemplo.

mas sou eu mesmo. Está em mim, ou em nós, quer dizer, do lado de cá, e não do lado de lá, nos outros. Essa vinculação, entre o absoluto e o meu, íntimo meu, não é gratuita. Isso vai ficar mais claro quando falarmos do ideal (*versus* sangue). Absoluto quer dizer: sentido, que faça sentido para mim. Problema absoluto quer dizer aquele problema cuja solução faça sentido para mim, é um problema pois da minha vida. Na mentalidade religiosa isso ficaria mais claro. A vida, para o religioso, é um todo, do qual se cobra, que põe um juiz hipotético. No fim da vida eu suponho que haverá uma cobrança. Ou seja, todos os problemas da minha vida são apenas partes desse único problema. Que é um todo e é íntimo meu. O utópico, como o religioso, quer organizar sua ação de modo que todos os atos menores sejam parte de um projeto único. Unificado e, portanto, meu.

A unidade na utopia não tem um valor claro, estabelecido, sempre reconhecido. Por exemplo, como o religioso, também o utópico vê sua vida e a vida social como um todo, mas ele aborda esse todo a partir de insignificâncias, migalhas. Aqui, o que mais interessa é que é a unidade que me permite dedicar todas as minhas forças a problemas ínfimos. O ideal, grande, deve servir em sua capacidade de me fazer enxergar melhor o pequeno. Por exemplo, o ideal deve me permitir enxergar melhor os pobrezinhos que passam fome, ou a flor à beira do caminho, ou, como nas danças orientais, deve me permitir compreender e fazer com consciência cada gesto do meu dedo, cada aspiração da frase que sai pela minha boca. Isso sim é do gosto do utópico; o pequeno, marginal, subterrâneo. Quanto menor, quanto menos significante na aparência, mais o utópico se vê justificado em seu esforço de buscar o todo a partir do outro lado, do detrás, da parte mínima, do resto. Talvez uma explicação seja a de que, ao abordar um problema importante, o utópico sempre se pergunta sobre a possibilidade de ter deixado para trás algo mais fundamental. Ou seja, ele só se sente bem com problemas ínfimos, porque ele sente que dali para a frente está tudo, o absoluto. Pode ser um erro estrutural. Uma pessoa que está no início já pensa no fim, pensa que está perto de 100, ou seja, que está em 96, 97, 98, 99, e então se angustia com os 4, 3, 2, 1 que faltam para 100. E, mesmo estando ainda no início, ela já fica angustiada com os pequenos obstáculos que a impedirão de atingir a totalidade. Principalmente porque ter 99 ou nada é a mesma coisa, pois apenas 100 é o sentido. A vida é tudo ou nada; como no futebol, de nada adianta quando a bola bate na trave.

O sentido

Entendemos aqui que o método cartesiano consiste na combinação de dois elementos, a montagem/desmontagem e o ponto zero[20]. Ou seja, o todo é desmontado e

20. Há pelo menos mais dois princípios no método cartesiano. O primeiro: dividir e só enfrentar uma parte de cada vez. O que pode ser considerado um sinônimo de racionalidade. Esse aspecto não é levado em conta neste livro. Contudo, em minha tese de doutorado, ele merece mais atenção. Há ali algum desenvolvimento da oposição entre os dois procedimentos intelectuais fundamentais, a divisão ou razão, e a contemplação, seguindo a clássica concepção de Platão. Além disso, no capítulo sobre o tempo é isolada uma parte do conceito de razão/divisão, que é o conceito de fragmentação da reta, em oposição à reta lisa ou fluida. E o segundo: refletir em duas frentes, o método e a aplicação do método, de forma que (variante desse princípio) o objeto do método, ou aplicação, seja sempre o mais restrito, de preferência unitário, e que

montado novamente; isso está ligado ao objetivo de chegar a uma situação em que todos os elementos estão no ponto zero, tudo a partir daqui. Por outro lado: nada já pronto, nada nas costas.

O que o utópico admite é outra coisa. O problema principal é provisoriamente abandonado, e em uma instância preparatória são selecionados problemas menores, progressivos. Esse exercício de paciência não impede que de quando em quando se façam experimentos, para ver se já não estaríamos em condições de resolver o problema real. Não seria técnico — e o utópico se revolta consigo mesmo quando age desta maneira — se angustiar ou ficar obstruído por um problema que nesse momento ainda não pode ser resolvido.

Nessa perspectiva, levada ao extremo, no mundo só há um problema, o problema absoluto. Sua solução corresponde à própria utopia. Aqui, contudo, não se trata exatamente de conseguir a felicidade, construir um lugar de felicidade, mas talvez de algo metafísico, do tipo do sistema de Teilhard de Chardin, o sentido, a harmonia cósmica, o absoluto de Schelling, ou o reencontro com Deus no juízo final. Algo como a harmonia do sentimento e do pensamento, em plenitude. Ou seja, o utópico concilia essa fixação constante em um problema absoluto, do qual todos os demais são apenas degraus, e uma tendência para se dedicar realmente, cotidianamente, a resolver problemas cada vez mais miúdos, menos importantes, mas também mais fundamentais.

Haveria, então, para o utópico, identificação, vinculação ou aproximação entre os problemas absoluto e ínfimo.

---

o método seja o mais amplo, incluindo, de preferência, todo o conhecimento humano. Ou seja, aplicar todo o conhecimento humano separadamente em um único e o mais simples possível dos objetos (de cada vez).

O problema real, do qual todos são apenas parte, se busca dando sempre um passo atrás. Isso lembra o fotógrafo que, quanto maior o objeto que pretende enfocar, mais é obrigado a andar para trás. Mas não pelo fato de que ele pretende um ponto de onde seja possível incluir na visão todo o objeto pretendido, e sim porque ele busca encontrar o sentido daquilo que vê. Por isso o fotógrafo, pelo mesmo motivo, vai para trás ou para diante, de modo que assim diminua seu campo de visão. Nesse contexto, utopia e metafísica significam a mesma coisa.

O cotidiano e a metafísica têm aqui uma relação parecida com outra que apontamos logo atrás entre o ideal e os pequenos objetos. Ou seja, o ideal deveria funcionar bem na função de trazer à tona, desvelar, fazer desabrochar o que é pequeno, sutil. Aqui o cotidiano é que é buscado pelo utópico, porque é ali que ele espera encontrar o metafísico, as grandes respostas.

A vida cotidiana é seu meio, mais que as grandes reflexões em um escritório fechado. É o meio, mas não o problema, pois o problema é o absoluto, que é ao mesmo tempo o sentido da vida e o do cosmo. Na utopia o meio não se confunde com o objeto. Já na pedagogia tudo são meios, inclusive o conteúdo e os objetivos.

FUGA DO PALIATIVO, A MORAL UTÓPICA

Um parêntese: o bom e o mau

Antes de iniciar este tópico, é preciso pelo menos apresentar uma discussão: o conceito de bom e mau, essencial para a moral utópica e, embora secundariamente, para a pedagogia. Primeiro, vamos rejeitar incisivamente a proposição de que o bom e o mau sejam opiniões, portanto conceitos sem consistência. Ou seja, vamos rejeitar já de início a proposição de que não vale a pena discutir sobre os conceitos de bom e mau — que são opiniões, valorativas —, e de que jamais chegaríamos a alguma conclusão. Ora, mesmo em um único indivíduo é possível confirmar quanto faz sentido rotular como mau um período (ou o indivíduo nesse período) de vícios, preguiça, desorientação, depressão afetiva, apuros econômicos etc., e bom um período de saúde, perspectivas, boas notícias, proximidade de pessoas queridas etc. O utópico acrescentaria ao período bom: talvez também idiotice. Ou seja, o utópico sempre desconfia que os períodos bons correspondem a alguma queda na capacidade crítica.

Aplicando esta última idéia a pessoas diferentes, temos: evidentemente, há pessoas melhores. E isso não depende da ideologia utópica nem de qualquer ideologia. É certo que alguns detalhes são discutíveis. Alguns podem considerar que alguém que fuma é o pior dos seres, mesmo que seja um monge dedicado ao estudo e à caridade. Outros não dão qualquer valor às qualidades intelectuais.

Além desses julgamentos — digamos — *a priori*, há outros *a posteriori*: jogador bom é aquele que uma vez submetido a um treinamento atinge certos estágios; aluno bom é aquele que consegue vencer as diversas etapas e exigências escolares etc. Bons, mesmo que às vezes todas as características apontassem outros como melhores. Outros pareciam melhores, mas, no processo, por razões diversas, não passaram de uma etapa à seguinte.

Genericamente, bom, para a utopia e a pedagogia, é o indivíduo envolvido em um processo contínuo de mudanças e atuação. Particularmente, mudanças que transparecem na capacidade de produzir um discurso ao mesmo tempo próprio e que se mantém na crista (da onda) da discussão dos problemas da humanidade, ou seja, capaz de incorporar e traduzir em um discurso próprio um extrato pessoal da produção intelectual da humanidade. Acrescente-se — ou melhor, saliente-se —: um extrato atualizado. Não basta, como acontece por exemplo com alguns católicos ou comunistas, organizar o pensamento segundo estruturas da escolástica, medieval, ou de acordo com o cientificismo do século XIX. E ainda: não só intelectualmente, mas esse indivíduo deve sentir, agir, viver, inclusive cotidianamente, imerso nesse processo.

Apesar disso, os conceitos de bom e mau só se aplicam em grandes linhas, nunca servindo como uma régua para medir ou comparar pessoas.

O iminente e o fundamento

Pode-se afirmar que a essência da utopia, particularmente na pedagogia, não estaria na fuga, mas em discordar de qual é o problema real. Discordar de que o imediato seja efetivamente real, e de que a fuga seja fuga. A essência da utopia estaria exatamente em se propor enfrentar o problema, em que aquilo que os outros chamam de lateral é para os utópicos o frontal, o enfrentar real do problema real. A essência, a questão, não estaria portanto no meio, mas na beirada.

Ou em outro rumo: a fuga apenas por suas vantagens metodológicas ou táticas.

Existem problemas agudos, mas que não podem ser resolvidos. Não por nós, pelo menos. É falso acreditar que os utópicos desejem o impossível apenas porque gostam do impossível. Não, o utópico deseja resolver o que é importante, seja possível ou não. Sua preferência pelo que é importante é que é responsável por essa sua fama de gostar do impossível. E ele aprecia a atividade constante. Ou seja, é muito mais importante resolver continuamente problemas que têm solução; assim os horizontes se afastam, e aquilo que em determinado momento parecia impossível pode — evidentemente isto é uma esperança, e de forma alguma uma certeza — tornar-se possível. São portanto dois princípios metodológicos. O primeiro, mais importante, é distinguir e atacar antes o de maior peso, e o segundo, o gosto pela atividade constante, sendo que dos dois princípios resulta que, não sendo possível atacar o que importa, é preciso fazer qualquer coisa, para que o horizonte se desloque, para que os objetivos se esclareçam.

Deve ser feita ainda uma distinção. O utópico não procura os problemas menores porque são possíveis, nem procura as margens (só) taticamente. Sua preocupação, que o leva a essa opção, está mais relacionada com a distinção entre o problema real e o secundário. Eventualmente, talvez mesmo muitas vezes, o real ou mais importante é aquilo que taticamente deve ser resolvido, mas nem por isso o real é a mesma coisa que o taticamente conveniente. Aí está uma distinção entre técnica e utopia. O utópico não se pergunta apenas pelo caminho que leva com mais segurança ao sucesso. O utópico é inimigo radical do oportunismo. O gosto pelos objetivos pequenos está sempre vinculado ao ideal e ao mais importante.

Quando um problema já está posto, quando já está em andamento — quando a bola já está rolando, como se diz com perfeição no futebol —, a pedagogia nada mais tem a fazer. No mundo há muitos crimes, injustiças, enchentes etc. E esses problemas, esses crimes de agora, já estão postos. Professores e alunos podem falar deles, mas nada podem fazer para corrigi-los, no âmbito da pedagogia. O que um professor desejaria, no calor de uma discussão, de uma campanha política seria chamar todo mundo para uma sala de aula e tratar não daqueles problemas, mas de outros muito mais básicos. As pessoas que fazem guerra sabem interpretar um texto? Sabem organizar o pensamento? Sabem organizar uma discussão em grupo? Mas, por acaso, a interpretação mais sofisticada de um texto acabaria com as guerras? Poderíamos até nos firmar em uma posição extrema, respondendo que sim. Houve um episódio em que um político brasileiro questionou a conveniência de continuar sendo mantido na USP um departamento de Sânscrito. Então, poderíamos afirmar que a pedagogia, que atua nos fundamentos e na cultura globalmente, procura acabar com as guerras ensinando Sânscrito. O Sânscrito é fundamental no funcionamento de uma faculdade de pesquisas em lingüística. A lingüística é fundamental na expressão. Etc. E chegamos à conclusão de que o Sânscrito está entre os primeiros passos e mais fundamentais na resolução da fome e da guerra. Talvez não, mas é só isso que pode a pedagogia. Os pedagogos, como pessoas, podem ajudar a resolver problemas em andamento, podem ajudar a salvar pontes que estão desabando no meio da enchente, mas não como pedagogos, pois como pedagogos eles só podem atuar sobre problemas diluídos, a longo prazo, futuros. *Os pedagogos não salvam pontes que já estão desabando.* Um pedagogo nada pode fazer com relação ao massacre no Pará, à chacina no Pavilhão 9 no Carandiru, nem mesmo pode atuar sobre o problema político do analfabetismo. Mas pode atuar sobre futuros massacres, embora muito indiretamente. Isto é, ensinando outras coisas que talvez, embora isto seja duvidoso, acabem com os massacres. E por outros motivos, não para evitar os massacres. Ou seja, os motivos da pedagogia são diluídos; mesmo que o pedagogo evite futuros massacres, seria falso dizer que esse é seu objetivo. O pedagogo nunca é paliativo nem superficial, ele atua sobre os fundamentos.

Às vezes, por outro lado, se confunde o método utópico com aquele que prefere o caminho mais longo. Isso não é muito correto. O utópico, como busca o problema real, não se importa com o fato de ser esse o que corresponde a um caminho mais longo ou mais curto. É bom que um caminho seja curto, mas não se escolhe um caminho porque é curto. A utopia busca a eficiência pelas beiradas, tecnicamente. Demore quanto for. Este procedimento técnico é o que deve ser, seja curto ou longo, nem mais nem menos, mas só o que deve ser. Além disso, o utópico tem obsessão pelo cem por cento, pelo absoluto (equivocadamente se diz: pela perfeição), então dificilmente dará uma tarefa por acabada, mas sempre encontrará um motivo para muitas vezes até dizer que o mais importante ainda está por fazer. Se há alguma preferência, entre o caminho longo ou curto, o utópico prefere mesmo é o caminho mais curto, a ponto de preferir tarefas menores, e, como no método cartesiano, dividir as grandes tarefas em tarefas menores, pequenas a ponto de poderem ser executadas sem susto ou angústia. Ou seja, a confusão toda, que leva a que se considere às vezes que a utopia gosta apenas do que é impossível, e outras de que gosta apenas das coisas pequenas e fáceis, está em que a utopia considera secundária essa questão.

Neste item, há uma diferença entre utopia e pedagogia. Não é tão correto afirmar "*a utopia* nada pode fazer por pontes que estão desabando" quanto "*a pedagogia* nada pode fazer por pontes que estão desabando". Essa característica é realmente utópica, mas só quando a utopia se aproxima da pedagogia; ou seja, originariamente é apenas uma característica da pedagogia, e não da utopia. Por outro lado, utopia e pedagogia estão de pleno acordo sobre essa seqüência de idéias que insistem em uma abordagem obsessiva, minuciosa, paciente, que aborda o problema pelas margens e pelas raízes. Os problemas mais urgentes devem ser cuidados, em sua urgência, mas utopia e pedagogia se recusam a cuidar deles apenas na medida e na metodologia do imediato, do oportuno. Se houvesse uma utopia bastante distante da pedagogia, ela se preocuparia sim pelos problemas imediatos. A utopia tem essa vocação para resolver tudo, dar uma solução para tudo, e portanto jamais deixaria de dar uma solução, inclusive para dar uma demonstração da excelência de suas propostas. Mas isso seria superficial. Assim, é na medida em que a utopia se aproxima da pedagogia que ela se encontra consigo mesma.

Deixar o torto torto

Uma pessoa tinha uma granja, mas as suas galinhas começaram a ficar doentes e a morrer em grande número. Centenas por dia. Ela cuidava das galinhas doentes, mas, mesmo assim, uma parte delas morria. E no dia seguinte muitas outras, até aí completamente sãs, ficavam doentes, em número maior do que aquelas que tinham ficado completamente curadas. Com medo de perder todas as suas galinhas, esta pessoa tomou uma decisão amarga, mas possivelmente necessária. Ele resolveu continuar cuidando das galinhas doentes, mas não o tempo todo; pelo contrário, decidiu que a maior parte do seu tempo e dos seus recursos seria canalizada para as galinhas sãs, para as mais sãs, exatamente para garantir que elas não adoeceriam.

Esta primeira idéia sugere que, em face desses problemas cumulativos, temos duas direções, com vantagens de lado a lado. Uma é nos fixarmos no problema que se oferece, no caso, as galinhas doentes, e a outra direção é dar a volta, e nos fixarmos sobre os problemas que podemos resolver, nos retirarmos para um lugar tranqüilo pensando em uma solução mais a longo prazo, que atue na base. Esta opção também pode ser posta da seguinte forma, significativamente diferente: ou atuamos sobre o problema imediato, resolvendo-o, ou atuamos sobre a própria solução, para que ela se amplie e engula o problema.

"O mundo não é melhor não porque os maus não são bons, e sim porque os bons não são santos" é uma idéia muito semelhante àquela que acabamos de expor. Os maus são os problemas que se apresentam imediatamente, são as galinhas doentes, mas os bons são também problemas, na medida em que eles, que poderiam corrigir o problema, estão de alguma forma aquém e de fora. Na verdade, não se trata da possibilidade de que os bons sejam corrompidos, como as maçãs podres. Mas esta bondade, assim passiva, revela um desequilíbrio, ou contradição: até mesmo podemos suspeitar de que a maldade dos maus seja apenas um reflexo desta bondade duvidosa.

A militância socialista da década de sessenta, principalmente, utilizava uma linguagem toda recheada de impropérios contra os Estados Unidos e os capitalistas em geral, contra os banqueiros internacionais e outros inimigos. Muito recentemente, na campanha de Lula para a presidência do Brasil, ainda vimos alguns reflexos desta atitude: todas as críticas eram dirigidas a Fernando Collor e na eleição seguinte a Fernando Henrique Cardoso e seus respectivos grupos. E agora, o socialismo caminha para outra atitude: o problema não são os capitalistas, somos nós[21]. Consideramos que o contrário seria como uma equipe de futebol dizer que o problema é a excelência do adversário. Que o problema de uma casa de comércio são os clientes. Só existe um problema no mundo, para o socialista utópico, e não são as guerras, chacinas, falcatruas políticas, nem o poderio dos cartéis etc., mas são exatamente os socialistas. Nós. Este é o único problema que interessa. Em nós, a nossa inocência. E incompetência.

Do ponto de vista da lógica, há uma pequena complicação quando se compara esta postura, utópica, com a marxista. Ou seja, o marxismo proporciona um expediente lógico que permite explicitar uma dificuldade desta proposta. Primeiro, o utópico se propõe a resolver os problemas do mundo atacando-os não diretamente, e sim dando a volta pela solução, ampliando a solução, quantitativa e qualitativamente. Isto produz, pelo menos aparentemente, uma educação arrogante e elitista. Segundo, principalmente pela via deste "qualitativamente", o utópico mostra que

21. É preciso distinguir duas idéias muito próximas. Uma coisa é o retorno cartesiano à origem e à raiz: eu sou o problema. Aqui eu não sou o bom em relação aos outros, que são maus. Eu difiro dos outros porque eu nada posso fazer para mudar os outros. Já na outra idéia eu sou o preferido para a ação porque seria um absurdo esperar uma mudança dos maus, e esta opção é elitista.

ela, a solução, é que é exatamente o problema, que ela só pode ser solução se ela se assumir como problema. Ela é que está errada, por não ser melhor. Parte do elitismo foi eliminada, mas, mesmo assim o utópico produziria uma ação totalmente voltada para o movimento, e nunca para a educação das massas.

Mas esta é apenas uma das faces do conflito desta postura utópica com a marxista. Mais fundamentalmente, topologicamente, o marxismo considera como dialética atacar o problema diretamente, mergulhar no problema. O proletariado é a contradição do sistema, e é adotando-o e atacando-o que se é dialético. O ponto de apoio para esta alavanca marxista é a ciência, representada filosoficamente pelo próprio marxismo. O cristianismo, assim como o marxismo, se comove e exerce a caridade diretamente sobre aqueles que necessitam, os próximos, aqueles cuja miséria estamos vendo. Apenas a utopia (logo a seguir falaremos daqueles liberais que possam estar interessados em ajudar os que sofrem) toma um outro rumo. E este rumo, ditado pelas proposições metodológicas de ir aos fundamentos, às margens, em busca de soluções globais e não paliativas, pode ser compreendido como: uma busca do movimento, ou seja, reunir-se com aqueles que embora não estejam entre os que mais sofrem e que por isso podem fazer algo, também têm sensibilidade; provar com um exemplo bem-sucedido que pode dar certo; expandir e articular experiências promissoras já em andamento; evitar a todo custo se tornar apenas mais um, engolido pelo sistema e cuja ação é até mesmo absorvida pelo mercado; desenvolver uma nova cultura, desde uma nova filosofia até as tecnologias alternativas, higienizada do liberalismo, e portanto capaz de preparar um novo homem e uma nova relação humana; enfim, corrigir esta falsa excelência para que ela se efetive como revolucionária e socialista.

Até aqui, tudo bem. Mas neste ponto é inevitável a questão: o que, em vista deste direcionamento, propõem utopia e pedagogia a respeito daqueles que não podem esperar, que neste momento passam fome, estão desesperados, à beira do suicídio, fora da escola, humilhados? Não está embutida mais na utopia, embora também um pouco na pedagogia, a proposição "deixar o torto torto"? Ou seja, vamos pôr os olhos sobre uma questão mais específica do (na verdade, do lado de lá, um desdobramento até desagradável) conjunto, coerente, apresentado.

Ou seja. A proposta de "deixar o torto torto" é diferente de algumas outras idéias bastante parecidas: da crítica da inocência; da tecnologia, no sentido de uma busca das raízes do erro em vez do acidente; ou da moral, no significado da preparação em oposição à tentação e ao repentino ato pecaminoso do catolicismo medieval. A semelhança é superficial: em todos os casos deixamos de lado a ponte caindo, o problema mais iminente, aceitamos que nada podemos fazer, e vamos em busca de soluções não paliativas. Na idéia de "deixar o torto torto", contudo, fica exposto um aspecto da proposta que estava encoberto nas outras formulações. É que a ponte caindo também são pessoas, seres humanos, os que mais sofrem, aquele cujo sofrimento nos tocou e nos fez socialistas, Digamos que a formulação "deixar o torto torto" expõe o aspecto moral e mais difícil, que nas outras formulações talvez fosse possível evitar, camuflar pelo menos, mas que na utopia e pedagogia emerge e tem de ser formulado de forma cristalina. Quando opto pela educação, pela ascese, pelo cooperativismo, pela comunidade, é inevitável — e não estaria inscrito na constituição da utopia nem da pedagogia esconder esta pergunta — se perguntar: e os outros? Ou seja, utópicos e pedagogos têm de enfrentar a possibilidade de que seja perversidade, sendo todos nós socialistas, deixar para depois os seres humanos-problema, que não têm acesso à escola, sofrem, passam fome etc. Mesmo nos consolando com a desculpa de que estamos agindo nas bases, evitando as soluções paliativas, ainda assim não nos agrada o fato de não poder fazer nada de efetivo por estas pessoas.

A atitude utópica, nesse sentido, tem pois duas faces, uma positiva e outra negativa. Tanto negativa e positiva no sentido moral quando no sentido da ação e não-ação. A positiva consiste em atacar as beiradas, o fundamento, o profundo, o efetivo, o problema real, e não aquele que nos é oferecido imediatamente. A face negativa, passiva, "deixar o torto torto" — esta capacidade de adiar o mais tocante para mais tarde — é que é suspeita de ser perversa. Ou melhor: colocar o imediato e agora mais importante em uma "pasta não prioritária", ou em segundo plano, como se diz na linguagem dos computadores. Quando o não prioritário são exatamente as pessoas que sofrem violência, fome etc. Dilema que ainda poderia ser posto como a disputa entre sensibilidade e a técnica ou eficiência, o que levantaria suspeitas a respeito de se a utopia seria realmente socialista; ou seja, a sensibilidade com as pessoas que sofrem definiria o socialismo, e a utopia, tomando o partido da técnica, deixaria de ser socialista. Evidentemente, isto é incorreto, mas dá a oportunidade de separar dois conceitos de socialismo, ambos direcionados para os necessitados que sofrem: o primeiro é a sensibilidade, e o segundo é a técnica eficiente. Duas exigências que deveriam estar sempre juntas, mas que em ocasiões especiais aparecem separadas e que podem até mesmo se opor. Este dilema, eficiência versus soluções imediatas, é sofrido intensamente por todo socialista. Se os utópicos são empurrados para uma das opções, pelos fundamentos da sua ideologia, esse é um risco calculado e assumido em face de muitos fatores. E esta atitude, principalmente o fato de deixarem em um segundo plano aqueles que mais necessitam, não é tomada tranqüilamente ou por gosto. Mas nem utópicos nem pedagogos vêem outro caminho. O que os consola é saber que não perderam de vista estes pobres, fracos etc. Os utópicos são socialistas, à sua maneira. E acreditam ser esta a melhor maneira, tanto que alguns chegam a afirmar que outro caminho, direto, é apenas heroísmo, egoísmo, pois quem o toma está mais pretendendo a satisfação pessoal; o caminho direto, não técnico, não é eficiente, pois heróico aqui toma a acepção (anômala) de "não eficiente". Apenas utópicos e pedagogos são eficientes, porque atacam o problema pelos fundamentos.

Não se deve confundir esta idéia utópica com uma outra, liberal, que pode ser rotulada com a fórmula: cada qual resolva o seu problema. Que é um pouco diferente de "cada um por si". Deixar o torto torto é uma proposta socialista, voltada para os problemas sociais. (Seria apenas uma desculpa para acalmar a consciência?) Ser feliz primeiro, aqui, não é definitivo, mas é um meio para ter o que dar, para depois levar os resultados aos demais. Já no liberalismo ser feliz é algo que se basta e, até, muitas vezes (nem todo liberalismo toma esta posição), é algo que só se mantém no confronto com os infelizes, ou seja, o liberal quer ser feliz no jogo, ao mesmo tempo que outros são infelizes. Os liberais que não tomam esta posição raciocinam da seguinte maneira: eu resolvo o meu problema e ajudo os outros a resolverem os seus problemas. Estico a mão para fora da minha situação para ajudá-los. Ao que se acrescenta às vezes o princípio comercial de que os miseráveis não poderão consumir nossos produtos enquanto permanecerem na miséria, além de poderem nos ameaçar com assaltos ou guerras. Ou seja, seria superficial aproximar ou identificar liberais e utópicos, como se "deixar o torto torto" fosse a mesma coisa que "cada um por si".

E aqui se abre um espaço para que se discuta a acusação feita à utopia, principalmente, mas principalmente à utopia que se aproxima da pedagogia: de ser, além de neoliberal, neojesuítica e neonazista. Utopia e pedagogia, fundidas, na tradição inaugurada por Comenius, não admitem que qualquer pessoa tenha nascido para os primeiros degraus da vida acadêmica, como está embutido na afirmação de que todos devem ser alfabetizados, por exemplo. Mas deseja que todas as pessoas tenham acesso à mais alta cultura. Não se pode pensar que há pessoas para a cultura popular, e outros, sofisticados, para Bach, Dostoiévski... Apesar disso, não é possível por um decreto ou pela força de espadas e canhões obrigar todas as pessoas a seguirem até a defesa de uma tese de doutorado, ou melhor, até o domínio instrumental de toda a cultura disponível. Cada qual que escolha, mas as diferenças culturais de hoje são principalmente de classe. De uma classe mais poderosa economicamente que obriga a ralé a consumir o lixo cultural. E que ela também, ao se afundar na guerra econômica, se degrada, se confina aos setores menos universitários da universidade (engenharia, administração, direito etc.). Ou seja, uma sociedade onde vencidos e vencedores se aviltam. A utopia pretende que removidas as diferenças sociais e econômicas, todos devem ter acesso à mais alta cultura.

Inclusive, ali, na alta cultura, também está o popular, embora não todo. Não exatamente porque a alta cultura seja mais saborosa que a cultura popular, que um concerto seja melhor que uma quermesse, e sim porque a federação não admite a fraqueza e a ingenuidade. O resto fica por conta da escolha de cada um, do mercado cultural. Utopia e pedagogia pressionam pessoas e identidades culturais para a alta cultura, como se suas idéias, erros, ideologia etc., fossem menos, erros. Supõem que modernidade e alta cultura é o melhor, para mim e para os outros. Esta é uma versão, inclusive, da caridade. Que ser caipira, índio, só faz sentido para quem for, além de caipira e índio, universitário. E afirmam que apenas depois de terem eliminados os privilégios, é que saberemos se algumas pessoas, mesmo tempo acesso a todo cultura, universidade, e vida cosmopolita, ainda vão preferir por exemplo a vida provinciana ou a cultura popular. A acusação de nazismo à dupla utopia e pedagogia só é possível se acompanhada de uma longa explicação sobre o complicado contexto em que se dá este tipo muito especial de nazismo. Tão especial que talvez não mereça este nome. Pode ser até mais profundo e pior que o nazismo ingênuo de Hitler, baseado no sangue, mas, sem dúvida, é muito diferente.

Vamos introduzir nesta discussão o conceito de movimento[22]. Ou seja, mais especificamente, vamos atacar o

---

22. O conceito de movimento, aqui, é contemplado apenas na sua face mais próxima do conceito que estamos enfocando: a opção pelos melhores. O que resulta: o movimento como um movimento dos melhores. O interesse da utopia pela formação de um movimento é tão grande que podemos arriscar a afirmação de que se deve suspeitar, sempre que a utopia se aproxima da pedagogia, de que o seu interesse tende para a catequese, que ela pretende utilizar a pedagogia apenas para conseguir pessoas para o movimento utópico.

seguinte problema: se pretendemos agir sobre e com os melhores, quem são eles? Quais são os seus traços para que eu possa distingui-los na multidão, ou no meio de outros alunos da mesma sala?

Uma pessoa se converte ao socialismo. Mas vê que sozinho nada pode fazer que seja efetivo, que realmente ajude as pessoas miseráveis, excluídas etc. Sozinho, poderia chegar a uma ação heróica, que satisfaria apenas o seu desejo de se consumir em um ideal, mas que adiantaria muito pouco às pessoas necessitadas propriamente ditas. Por isso, cogitou em uma decisão aparentemente contraditória. Antes de agir, ele procuraria formar um grupo, um movimento. Andou até tentando com os mais necessitados, mas não viu chance alguma, porque eles tinham um caminho muito longo para chegar a uma conversão socialista e mais longo ainda para enfrentarem o crisma: estudos, mudanças de hábitos etc. E não houve outro jeito que não fosse buscar esse grupo exatamente com as pessoas menos necessitadas, aquelas que o capitalismo, apesar de tudo, tinha feito melhores, mais críticas, mais sensíveis, mais persistentes. Juntos, eles poderiam fazer algo. Poderiam, mas se nenhuma providência fosse tomada, ele mesmo e todas essas outras pessoas, privilegiadas, se diluiriam no meio da sociedade, se tornariam no máximo bons professores, bons pais etc. E a sociedade continuaria sendo o que sempre foi. De certa forma, a sua bondade, caso houvesse, serviria para perpetuar o sistema capitalista, o mesmo responsável pelas misérias. A opção pelo movimento também pode ser vista como uma opção pelos melhores, ou seja, melhorar os melhores para juntos poderem fazer algo pelos piores.

Evidentemente, seria uma ingenuidade — julgando uma outra — supor que algum utópico não perceba a tensão, contradição ou perigo de afirmar que possam ser melhores os piores, que possam ser melhores os burgueses ou a cultura burguesa manchada de podridão e sangue. Os melhores, em princípio, dificilmente seriam aqueles que foram excluídos da escola, que viveram em lares desestruturados, que passam fome etc., mas não são também, exatamente, aqueles que vieram das melhores escolas, dos lares mais estruturados e que comeram mais etc. Quem são então os melhores para a utopia? Não é possível responder a esta questão sem um longo estágio na escola. É ali que se esclarece o que são e quem são os melhores. No entanto, jamais seriam também os "melhores" os mesmos privilegiados. Idéia que deve ser cruzada com outra que abordaremos logo mais: a safadeza humana. Ou seja, jamais a utopia seria tão ingênua de acreditar que os mais ricos, que tiveram mais escola, são os melhores. Todos nós, para a utopia, mesmo os que estudam, os religiosos, que não fumam, não matam, não passamos de safados, preguiçosos, corruptos etc. É interessante como um conjunto de idéias que aparentemente são justas, sinceras, que parecem até conduzir à eficiência, de repente mostram uma outra face: buscar soluções definitivas, os fundamentos, fugir do paliativo, agir pelo exemplo, provar que algo pode dar certo etc., mostra de repente que é preciso deixar o torto torto e optar pelos melhores. Que possivelmente não são os privilegiados bem como não seriam os oprimidos, mas exceções, aqueles que escaparam... E por enquanto não compreendemos direito porque o sistema capitalista não consegue atingir totalmente a todos, e alguns escapam. Não sem estragos.

A posição da pedagogia (em contraposição à utopia), a este respeito, não é tão clara. Realmente, no mais importante há acordo: também para a pedagogia o problema do mundo não são os outros, somos nós mesmos. O professor que pode se arvorar em dono da cultura e da verdade, que vai introduzir seus alunos na cultura e formá-los, roubando-os à barbárie, é um desvio, mas que pode ser reconduzido à pedagogia original se o lembrarmos de que antes de ensinar é preciso aprender, e que o magistério é uma forma de aprender. Mesmo no sentido de que se o problema são os outros, a única coisa que está ao nosso alcance é ser aquilo que gostaríamos que os outros fossem. E esperar que esta nossa mudança de alguma forma leve os outros também a mudar. A utopia procura criar um meio de mudanças fundamentais que, a partir de nós, atue também sobre os outros, por atuar nos fundamentos. Apesar disso, a pedagogia não tem preferência pelos melhores. Antes, digamos, há duas escolas, a fundamental, para os de baixo, crianças, analfabetos etc., e a pesquisa, alta cultura, academia, que é elitista. Mas, nem uma nem outra destas pedagogias é melhor. O que se pode suspeitar é de que a pedagogia fundamental procura preparar os ignorantes para o ambiente realmente pedagógico, a alta cultura. E ainda que sirva de um primeiro estágio na busca (pesca, lançar a rede). O mundo da escola tem seus valores, como não poderia deixar de ser. Felizmente, principalmente desde a incorporação da antropologia, primeiro, e agora do construtivismo, a escola se debruça com compreensão, quer dizer também que sem arrogância, sobre aqueles que pretende transformar, principalmente os incultos que vivem mergulhados na cultura popular, os provincianos e a criança. Suavemente, mas com firmeza.

Qual a solução teórica? Primeiro, uma solução mais paliativa que teórica, mas importante na prática: atacar as causas não significa abandonar o imediato. Encontrar a verdadeira causa de uma dor não significa deixar que o doente morra em conseqüência de uma cólica aguda. Pois, se não podemos ajudar como gostaríamos uma pessoa que sofre ou passa fome ou está doente agora, podemos ter caridade, cortesia, serviço. E podemos participar de outros movimentos socialistas, ou até mesmo assistencialistas. Nem utopia nem pedagogia descartam de antemão qualquer ser humano, nem por sua ideologia, nem por quais outras deficiências, intelectuais, físicas ou afetivas.

Mas, a seguir, apresentamos a solução mais séria, que toma o rumo da proposição: não saberemos jamais quem são os melhores. Por isso a utopia e a educação jamais correm o risco de abandonar os que mais necessitam.

Utópicos e pedagogos sabem que é muito difícil prejulgar, adivinhar quem será do movimento, quem será mais firme, ou quem se sairá melhor no processo educativo. Como na parábola de Cristo, muitos são convidados para o banquete, mas os que acabam aparecendo são os coxos, as prostitutas etc.[23]. Assim, bons são aqueles que depois do processo se revelam mais aptos, mais capazes, e não antes. Até mesmo faz sentido pensar que geralmente os que vão se revelar melhores depois são os piores antes. Como no futebol, quem tem muito talento no início dificilmente tem outras características que levam a atravessar de lado a lado

---

23. Na parábola de Cristo o momento em que as pessoas são julgadas como boas ou más é um início, do banquete, embora o fim do processo de busca. Esse aspecto da parábola é pouco esclarecedor. Como se vê logo a seguir, a utopia acaba preferindo julgar as pessoas sempre depois, nunca antes. Aliás, prefere utilizar esse julgamento mais como um modelo para guiar a ação do que exatamente como um critério para julgar pessoas. Isso realmente faz sentido, uma vez que, contraditoriamente, na aparência, os bons acabam julgando que eles é que são os piores.

todo o processo da aprendizagem. E estas qualidades somente se revelam durante o processo. A persistência, por exemplo. Além disso, as pessoas amáveis, inteligentes, bonitas, sociáveis, costumam ser muito bem aceitas pelo sistema, e apenas as rejeitadas, com problemas, com dificuldades no relacionamento humano, de personalidade fora do padrão etc., é que têm motivos para enfrentar o processo da educação e o processo do movimento, para formar uma comunidade, um partido político.

PREPARAÇÃO

De acordo com a atitude burguesa, a moral é essencialmente preparação. Suponhamos que uma jovem esteja em um apartamento com diversos amigos, e de repente todos saem e ela fica com apenas um deles. Ele tranca a porta e lhe propõe terem relações sexuais. Ela se decide pelo sim ou pelo não, e pode se arrepender em qualquer um dos casos. Aí está a moral: o importante não é ali, naquela hora, e sim o antes. Se ela erra, não erra ali, naquela hora. Errou antes, porque não se preparou. Ou porque cometeu algum erro mais amplo e fundamental, do qual o erro concreto, o ato, é apenas um desdobramento (fenômeno). Os torcedores, ao sair do estádio de futebol, lamentam aquele lance, aquele momento. Mas, na atitude burguesa, o problema está em uma reflexão sobre como foram os treinamentos, sobre as idéias que presidiram à formação da equipe[24].

---

24. Cristo propõe imagem semelhante, com as noivas que esperam pelo noivo mas não sabem a hora. Felizes as noivas que vigiam e mantêm suas lâmpadas acesas. O noivo é a hora de decidir.

Falta de preparação: a "maldita inocência"

Qual a raiz do pecado de Adão? Segundo alguns, a soberba, segundo outros o sexo, e segundo outros o desejo de conhecimento. De acordo com o que acabamos de ver, a razão do pecado de Adão, o verdadeiro pecado, aliás, é a inocência. Adão não estava bem preparado. As delícias do paraíso foram pura irresponsabilidade. Como se nada nunca pudesse acontecer que exigisse uma decisão. O ato de comer a maçã apenas revela, expõe, o pecado oculto. A expulsação do paraíso pode ser exposta na expressão: "maldita inocência"; vão para o mundo, vocês estão condenados à pedagogia.

É muito superficial a semelhança entre o paraíso e a escola. A escola é essencialmente preparação. Não uma preparação para a vida, como pensam os liberais, mas uma preparação ininterrupta para o ato. As decisões e os atos surgem, a educação continua. Como se nada tivesse acontecido. Mas ingerindo e processando cada evento, para reflexões.

Os socialistas de outros tempos sempre viram os maus derrotando os bons e se indignaram. E sonharam com um mundo sem maldades.

Sempre desejamos um mundo em que não houvesse raposas. Hoje, isso não interessa mais. Nossa visão mudou. O problema é posto de forma radicalmente diferente: desejamos um mundo onde não haja galinhas. Nada temos a criticar nas raposas, queremos antes um mundo só de raposas; nossas críticas não se dirigem mais a elas, e sim às galinhas. Não que as galinhas estejam erradas, mas não devem mais existir.

Todas essas idéias estão relacionadas porque, para a utopia, não interessam os outros. E, em nós, o que importa é acabar com a inocência. A inocência, entendida aqui como perda de tempo, pedagogicamente falando, é o próprio mal. Interessa então acabar com a inocência, com a minha inocência. E, em seguida, com a nossa inocência.

Mas eliminar a inocência é um objeto, um objetivo, portanto algo menos importante, uma conseqüência. O que importa mesmo é não perder um único momento. O grande pecado, na prática, então, não é a inocência[25], mas perder tempo. A utopia se aproxima das famosas teses de Franklin, não enquanto teses liberais, como equivocadamente afirma Weber[26], mas como teses burguesas.

Liberal, aqui, tem o significado — de forma muito resumida e simplista — de uma visão de mundo que concebe o indivíduo como átomo da sociedade, como uma unidade contábil, constituído portanto de uma propriedade que produz e entrega sua produção; dá, em troca de algo que recebe. Seu ideal é que a subtração do total que recebe menos o total que dá seja positiva e a maior possível. Já *burguês* significa, aqui, aquele cuja mentalidade está centrada na atividade ininterrupta e construtiva. Apenas duas diferenças entre o liberal e o burguês: o liberal valoriza muito mais o consumo e o prazer, enquanto o burguês consome e tem prazer apenas secundariamente, sendo que pode até

---

25. Nem utopia nem pedagogia negariam a importância processual da inocência. Do contrário cairíamos na metafísica, ou até mesmo em Parmênides, no endeusamento de uma malícia que não incorpora as fases mais iniciais.

26. Max Weber, *A ética protestante e o espírito do capitalismo*, 12ª ed., São Paulo, Pioneira, 1997, pp. 29ss.

mesmo considerá-los perda de tempo[27]; além disso, o liberal desaprova qualquer esforço muito continuado, obsessivo ou bem fundamentado, como faz o burguês, e prefere então atividades curtas, com respostas mais palpáveis.

Para o burguês, principalmente, o jogador não perdeu o jogo no momento em que errou o chute, mas também não exatamente porque não estivesse bem preparado, inocente, e sim no momento em que deveria ter treinado e não treinou.

Mínima moral e crueldade

Revisando, lado a lado temos duas idéias pelo menos na aparência contraditórias. Uma é a que valoriza o treino, a preparação, a construção ou o processo, que seriam mais importantes que o ato, a tentação, ou pecado. E outra idéia é a que distingue por exemplo a blasfêmia do assassinato.

Ao contrário do que pensava a Igreja católica medieval, o pior pecado não é o pensamento, nem o pensamento é tão pecado quanto o ato. A utopia valoriza o cérebro como um espaço de experimentação das possibilidades. O mal deve ser explorado, posto à luz do dia, a nu, desmontado. Disposto mentalmente em uma utopia em que se desdobrem todas as suas potencialidades. Não faz sentido a exploração da utopia como atividade mental se para ela há qualquer restrição, da

27. O liberal considera a perda de tempo também, mas em outro quadro. Naquele tempo perdido ele poderia estar fazendo algo agradável, tendo um prazer, ou, o que dá na mesma, poderia estar ganhando dinheiro para depois adquirir algo que lhe desse prazer.

lógica, da moral, do bom senso. Mas essa atividade deve ter muito claras as fronteiras do cérebro, de onde se passa da elaboração da fantasia (Huizinga[28]) ao ato.

De certa forma estamos discordando de Dante, para quem os que nada fizeram constituem talvez a parte mais podre do inferno, pois não merecem nem que falemos deles. A maldade é gestada na apatia, mas ela somente se completa quando a apatia gera o ato perverso, covarde, ou seja, num ato que altera o mundo ou que se esquiva da mesma forma incisiva.

A educação é um universo diferente da fantasia. Suas elaborações são contíguas ao real (enquanto as fantasias utópicas são voltadas para a realização[29]). Toda cautela é pouca. É possível defender a teoria de que todos os desastres dos últimos séculos foram gerados na universidade. Ou seja, a educação, em certo sentido, é o exercício mental institucionalizado, mas voltado ou tensionado para o ato.

---

28. "No entanto, nem essa fé nem essa arte são primitivas. Usando o termo 'primitivo' para designar os mestres do século XV, podemos cair num equívoco. Eles são primitivos num sentido puramente cronológico, visto que, para nós, são eles os primeiros a chegar e não conhecemos outras pinturas mais antigas. Mas se a essa designação atribuirmos o significado de espírito primitivo o nosso erro será profundo. Porque o espírito revelado por essa arte é o mesmo que observamos na vida religiosa: um espírito mais decadente do que primitivo, um espírito que implica profunda *elaboração, decomposição até, do pensamento religioso através da imaginação*" (Huizinga, *O declínio da Idade Média*, São Paulo, Edusp/Verbo, 1978, p. 236; grifos meus).

29. Digamos que eu projete um motor, estude as doenças do feijão etc. A escola exige que isso seja feito contiguamente ao real, mas não que o motor seja efetivamente realizado, nem que as doenças do feijão sejam efetivamente combatidas. Quem produz essa tensão é a utopia.

Podemos supor que o ser humano dispõe geralmente de um sexto sentido ou consciência, de um sinal vermelho, que avisa: este ato é o mal. Normalmente, esses atos são preparados e antecedidos por um dilema moral. Contudo, a ideologia pode disfarçar a crueldade. Uma das formas é a apontada por A. S. Neill: quando insistimos em que blasfemar e matar pessoas nos leva para o inferno estamos contribuindo para acabar com a blasfêmia no mundo, mas estamos também contribuindo para afirmar, subliminarmente, que o assassinato não é assim algo tão mau. No momento, na clareira, em que se gesta o ato, esse expediente consiste em dirigir a atenção para outro ponto. Por exemplo: se alguém diz uma blasfêmia, o que é um ato sem dúvida imoral, toda a atenção se concentra na ofensa, e assim aquele que revida a ofensa abstrata com uma violência concreta fica à sombra. É preciso estar atento para que nossa condenação dos pensamentos e das palavras não seja interpretada como um deslocamento da questão moral do ato para as intenções. Se o Estado condena à prisão o ladrão, muitas vezes não se julga a violência que se torna muito provável no ato de roubar; pode haver um crime, uma reação que leve à morte talvez do próprio ladrão, mas todos se concentram na imoralidade de lesar o direito de propriedade; e, ainda, poucas vezes alguém se lembra de perceber que apenas o Estado ou o capitalismo foi violento e, por isto, deve ser o grande culpado. A palavra "aborto" rodeia o assassinato de um feto com diversos argumentos de um lado e de outro, o que seria mais difícil se em vez de "aborto" fosse dito apenas "assassinato". Aliás, se essa idéia for levada até suas últimas conseqüências, quem diz, por exemplo, "interromper a gravidez", em vez de dizer "assassinato", é um assassino. Certas formas de racismo ou de religiosidade disfarçam o assassinato de pessoas de outro credo ou crença; não se vê aquele que é morto como um outro, não se vê o ato de matar como crueldade. As justificativas liberais da propriedade disfarçam o fato de que todos nós hoje vivos, que estudamos, que temos casa, um país, somos herdeiros de assassinatos em massa, de genocídios de nações inteiras, de grandes trapaças, de líderes de personalidade deformada. Nossos pais, avós, bisavós, provavelmente não venceram porque eram mais santos. A sobrevivência dos mais aptos, se é correta e aplicável neste caso, faz que suspeitemos de que de todos nós, os vivos, tenhamos sido selecionados pela ferocidade. E gozamos hoje de um conforto jamais visto, acesso à cultura, à tecnologia etc. como prêmio e herança do furor assassino de nossos antepassados.

Em resumo, o exercício mental, característico da utopia e da educação, não deve perder a noção do ato. A passagem da reflexão ao ato. A bondade tem este ponto de inflexão: não manchar as mãos. Estamos aqui graças aos assassinatos de nossos antepassados, mas nós não faremos como eles. Embora a educação nada faça diretamente para evitar o ato mau, ainda assim a educação é o que se pode fazer de efetivo contra o ato mau. A repressão (polícia, justiça) pode ser indispensável, mas jamais deixará de ser um paliativo. A utopia tem essa fronteira, ou melhor, essa alfândega: daqui para lá só passam os que têm as mãos limpas. Pedagogia e utopia têm dificuldade para trabalhar com essa questão. Sempre buscarão outros caminhos. Se agirem em face do imediato, particularmente com violência, terão de pedir férias, licença, de suas ideologias. Férias e licença pertinentes a essas ideologias, mas que abrem uma porta para fora; ou seja, essa violência e o imediato só poderão ser trabalhados fora da utopia e da pedagogia. O máximo que se pode levar (passar por essa alfândega) é algo próximo ao conceito trabalhado por Marcuse em *O fim da utopia*[30]: só agir a contragosto, fazendo a mínima violência, sem nunca admitir o prazer da vingança ou do sangue etc. E, ao gosto utópico, concentrar-se na violência dirigida para destruir idéias, atitudes, instituições. Eventualmente, mas já fugindo das preferências utópicas, e muito longe das pedagógicas, contra prédios, indústrias, estradas. E, colocando no último lugar dessa série a violência contra as pessoas, talvez haja mesmo situações em que não há como evitar esses tipos de violência que desagradam à utopia e à pedagogia, mas a reflexão utópico/pedagógica tudo fará para evitá-las, para encontrar uma forma de recomeçar, porque se chegamos aí foi porque antes perdemos nosso tempo etc. Ou seja, a necessidade de utilizar violência significa que é necessário voltar atrás.

A utopia, portanto, é a favor do cérebro e do pensamento como espaços de experimentação, mesmo do mal, ou, pelo contrário, revolve as ideologias e os fundamentos

30. "Sobre esse assunto, não posso dizer senão o seguinte: uma das tarefas consiste, precisamente, em impedir, na medida do possível, tal transformação, ou seja, em demonstrar como a brutalidade e a crueldade pertencem ao sistema repressivo e como a luta da libertação não tem a menor necessidade dessa transformação do ódio em sentimentos tão deteriorados. Pode-se golpear, pode-se vencer um adversário, sem que para isso seja necessário cortar-lhe as orelhas ou as pernas ou torturá-lo" (Marcuse, *O fim da utopia*, Rio de Janeiro, Paz e Terra, 1969). Mas uma observação tem de ser feita a respeito desse trecho de Marcuse. Ele afirma, um pouco fora de foco, que a luta da libertação não tem a menor necessidade de lançar mão da violência ou, pelo menos, da perversidade. Como se os militantes do socialismo fossem violentos por gosto. Por gosto também, mas a luta e o confronto exigem a violência a todo momento, e é somente a vontade e um conjunto de medidas muito firmes, tomadas de antemão, que podem nos garantir que em hipótese alguma lançaremos mão da violência.

das mentalidades em busca das causas mais empedernidas dos problemas que hoje estão à mostra? As duas posições contraditórias seriam, uma, que não há mal algum em pensar e falar, mas sim é perigoso fazer qualquer restrição a esta exploração utópica da fantasia; e a outra, que: é exatamente ali, no pensar e falar que está a raiz de todo mal.

capítulo 2

Federação

FEDERAÇÃO: CONCEITO

Introdução

Vamos apresentar aqui o conceito de federação um pouco ligeiramente. Como se trata de um conceito que carrega uma série de curiosidades, é provável que o leitor se sinta atraído e desafiado. Infelizmente, aqui não há espaço para satisfazer a essa provocação e a essas dúvidas. Vamos renunciar a essas questões e apresentar apenas o essencial, encaminhando rapidamente o texto para o interesse da educação.

Neste parágrafo vou dar apenas uma vaga idéia dos problemas de que não daremos conta. E o fazemos principalmente porque de passagem às vezes nos referiremos a eles. Temos, matematicamente, na federação, um conjunto de diversos participantes. São geralmente pessoas, grupos, núcleos, regiões ou instituições. Eles estão relacionados uns com os outros. E têm portanto, de um lado, certa independência, mas, de outro, essa independência não é total, algumas coisas os relacionam com as outras partes. Mesmo considerando o globo terrestre, sabemos, hoje, que a natureza, o ar, certas doenças, a cultura humana não são elementos privados, mas mais ou menos globais. Só para dar um exemplo grosseiro, o papa não pode dinamitar a Capela Sistina, por mais que isso interesse à Igreja e ao Vaticano. Se pode, pelo menos isso vai suscitar muita discussão. A federação procura o máximo de independência e de acesso entre as partes. Ou seja, nem tanta independência que as partes se isolem, e nem tanto acesso que a privacidade, a autodeterminação etc. se vejam ameaçadas. Então, um problema já é este: o patrimônio cultural da humanidade. O que uma das partes pode fazer e o que não pode fazer com certos bens culturais e também naturais. Frouxamente relacionado com esse problema está o problema das pessoas, que não deixam de ser também um patrimônio da humanidade. Uma pessoa vive em um país, uma comunidade, e alguma prática desse lugar põe em risco sua saúde mental, física, sua vida etc. Ora, como essa pessoa poderia um dia sair dali e procurar outro lugar para viver, qualquer prejuízo mais grave imposto à sua pessoa diz respeito a toda a humanidade. Mas não é preciso exagerar, para que essa proteção não fira o direito à autodeterminação. Outro problema: certos recursos minerais e naturais. Se o Brasil fosse transformado em uma federação, no sentido que propomos aqui, as reservas de ferro, petróleo, diamante, níquel etc. talvez devessem ficar em regiões que fossem uma espécie de condomínio, e não propriedade particular de um ou outro Estado ou empresa. Um dos direitos fundamentais na federação é o de sair, ou seja, de desoptar. Uma pessoa pode sair quando quer. Mas como isso funcionaria? E se uma comunidade fizesse uma propaganda tão negativa das outras comunidades que na prática seus membros aterrorizados ficassem predispostos a sofrer todos os abusos, por medo de sair? Um último exemplo de problema: o aborto. O aborto não seria uma quebra do direito de sair? Ou seja, não seria o feto uma pessoa que, pelo aborto, perderia seu direito de ir morar em uma comunidade que proíbe o aborto?

A situação de federação

Antes de apresentar o conceito de federação mais detidamente, podemos imaginar uma situação, uma parábola, em que a questão seja menos teórica e mais visualizável. Um grupo de estudantes invade alguns prédios abandonados[1]. Depois de alguns desencontros, percebe-se que as propostas e os esquemas de vida são diferentes, as afinidades também, e assim resolvem dividir o espaço e o grupo, formando núcleos, comunidades. E assim a situação passa a ter o seguinte aspecto. São diversos grupos, núcleos, comunidades, pequenas instituições, que podemos chamar apenas de comunidades, para evitar o problema da nomenclatura, e dois tipos de problema: os problemas internos das comunidades, e os problemas das relações entre essas comunidades, que inclui o espaço comum. E assim são organizados dois níveis de reuniões: as reuniões gerais (constituinte), que tratam das relações entre as comunidades, e as reuniões internas de cada grupo (estatuintes), que tratam

1. De fato, como relata Paulo Kol, na revista *Vida e cultura alternativa*, número 20, de junho de 1986, em 1971 numerosos jovens ocupam uma área abandonada quase no centro de Copenhagem e a batizam de Christiania.

sobretudo do esquema de vida. No nível da federação, ou seja, das relações entre as comunidades, os problemas formam um conjunto muito articulado, caracterizando um problema técnico (assim como há um problema técnico para obturar um dente, plantar arroz, construir um submarino atômico): reduzir ao mínimo as proibições, mas fazer que o cumprimento seja efetivamente exigido, estabelecer regras para que as pessoas tenham acesso às comunidades e possam sair quando quiserem, estabelecer um conjunto de regras humanitárias, proteção ao patrimônio, restrições a atividades que implicam intromissão etc. Mas nossa fábula teria validade também se esse grupo de estudantes fosse reduzido a duas pessoas, por exemplo um casal que vive junto na mesma casa. Eles querem continuar vivendo juntos, mas pretendem preservar o máximo de privacidade. Assim, uma idéia que surge é dividir a casa em duas partes, uma para cada um. Ou mesmo em três partes, uma parte exclusiva para cada um, e uma parte da casa para os dois viverem juntos. Em resumo, essas são situações que levam para a problematização característica da federação (situação de federação): diversas pessoas formam núcleos, comunidades, ou instituições, preocupadas em preservar um espaço sem intromissões, mas também preocupadas com o acesso, para que as relações sejam possíveis sempre que de parte a parte houver intenção, e ainda preocupadas em facilitar as informações para que essas intenções de fato ocorram[2]. E a preocupação em proibir o menos possível.

A definição da federação exige, ainda, um espaço para as proibições ou limites. Pois, apesar de todo esforço

2. Aqui, podemos dizer que há uma intenção de facilitar as relações, os acessos. O que pode sugerir que haja dois níveis nas relações, as relações prévias, encontros, reconhecimento, informações, visitas, e as relações propriamente ditas.

para que os componentes sejam livres, algumas proibições são inevitáveis[3]. Estas proibições dizem respeito principalmente ao direito de sair, que é o mais importante, ao de entrar (entrar e sair das diversas comunidades, instituições, grupos, que compõem a federação, e também entrar na federação), e a algumas restrições a comportamentos que dizem respeito à violência, ao respeito pela vida humana, à ecologia, ao uso do ar (higiene e mau cheiro e som), e também a algumas restrições das quais a cultura naquele momento não pode abrir mão.

Tecnicamente a federação — constituída, genericamente, por indivíduos e instituições — é um esforço e um modelo que procura: garantir cada uma das partes contra intromissões; preparar os indivíduos para a opção; organizar as opções para que sejam baseadas em informações tecnicamente amplas, detalhadas, confiáveis etc.; fornecer elementos para que cada instituição, particularmente comunidades e cooperativas, seja forte, estável, que concretize efetivamente uma determinada proposta; estabelecer da melhor forma e depois vigiar para que os limites da liberdade dessas instituições sejam respeitados; garantir que cada indivíduo, uma vez feita uma opção, possa continuar a fazê-la repetidamente ou desoptar a qualquer momento.

O "não", e depois, sob certas condições, o "sim"

Em princípio, federação é um conceito matemático. Um conceito com duas faces complementares. Na primeira

3. Paulo Freire, em *Pedagogia da autonomia*, São Paulo, Paz e Terra, 1997, p. 66, apresenta a mesma questão sob outro ângulo: licenciosidade *versus* autoritarismo. Ou seja, tanto é transgressão dar liberdade demais, não respeitando os limites, como não dar.

face, a federação é a independência. E essa é a base. Cada um dos componentes da federação deve ser o mais livre possível. Ele deve estar distanciado dos outros elementos e do todo. E nenhuma restrição pode ser feita ao direito de se negar às relações com os outros elementos. Ou seja, ele só parte para uma relação com os demais quando isto é sua resolução. Nunca pode ser forçado. E deve poder interromper uma relação sempre que julga necessário. Digamos, essa é a face negativa, do "não". Mas há a outra face, positiva, do "sim". A federação deve procurar todas as facilidades (acessos) para que, havendo intenção, sejam possíveis as relações. Infelizmente, este livro não comporta uma análise mais detida do conceito e dos problemas técnicos específicos da federação. Assim, é provável que a idéia vá ficando mais clara na medida em que forem surgindo pormenores.

O ambiente da sexualidade permite um exemplo, uma situação, que expõe com crueza um aspecto fundamental da federação: a oposição entre o negativo e o positivo. A utopia sexual é, tecnicamente, o "não" (negativo). Essa capacidade de dizer não. Tudo o que pode ser construído nada vale se não tem na base a certeza mais segura de poder dizer "não". Contudo, evidentemente, o "não" é uma utopia formal, apenas técnica. O "sim" é que é a utopia sexual. Mas ela não é algo que se construa, e sim algo que *pode* acontecer desde que esteja garantido o "não". Ou seja, essa proposta, o "sim", não é, se não pode ser construída, exatamente uma utopia. Mas um sonho. Nós construímos, com todos os nossos esforços, o "não", mas sonhamos, e esse sonho nos ilumina, com o "sim". Nada podemos fazer pelo "sim", a não ser construir seu contrário, o "não". Mas podemos sonhá-lo.

Pode-se dizer também que a face negativa é o afastamento, e que a positiva é a proximidade. Ao que se deve acrescentar: a face negativa é o fundamento da face positiva. A liberdade é a condição e o fundamento do acesso. E não devemos deixar de observar ainda a semelhança (isomorfismo) entre a federação e a desmontagem, que busca o ponto zero. O zero da federação é o "não", ou seja, a federação desconstrói as relações humanas não para que deixem de existir, e sim para que passem a ter o fundamento do "não", da capacidade de dizer "não", e que a partir daí tudo seja efetivamente voluntário, não forçado.

Procedimentos e ideologias

Suponhamos que alguém sugira um cartaz de apoio ao Greenpeace; a ortodoxia da federação vai afirmar: não é possível fazer esse cartaz em nome da federação. Uma afirmação fortemente ideológica só pode ser feita por um único grupo ou por um conjunto de grupos, nunca pela federação como um todo. A federação apenas cuida das relações entre seus grupos. E, mesmo que todos, pessoas e grupos da federação, queiram esse cartaz, o conjunto de todos, nesse assunto, não é a mesma coisa que a federação.

Mesmo não querendo adentrar por questões mais técnicas, aqui é necessário fazer uma distinção entre os dois níveis, o geral e o comunitário. Vamos supor que, além de a federação ser adotada como uma proposta para o conjunto das comunidades, uma dessas comunidades resolva adotar a federação também como ideal e como a base ideológica para seu esquema de vida. Por outro ângulo: uma comunidade, além ou independentemente de se relacionar com as outras comunidades pelo esquema da federação, externamente, resolve adotar também a federação internamente, como forma de relação entre as pessoas que ali vivem. E aqui fica muito claro como a federação não é uma *ideologia* para o conjunto das comunidades. Pelo seguinte: a federação, para o conjunto das comunidades, é apenas um corpo de normas e/ou técnicas: *procedimentos*. Evidentemente, a federação pode ser tomada como um ideal, no mesmo nível do amor evangélico ou da liberdade. Mas um ideal restrito, conscientemente, a um setor muito específico dos problemas humanos. Por isso ela, nesse sentido, embora podendo ser um ideal, nunca é uma ideologia[4]. A federação não é uma ideologia porque, segundo a definição que adotamos, uma ideologia deve sempre pretender cobrir quase todos os aspectos da vida humana, e uma proposta ideológica ostensivamente restrita não pode ser considerada uma *ideologia em sentido pleno*. Restringir-se, voluntariamente, é uma contradição para uma ideologia. Mas, dentro de uma comunidade, a federação pode ser adotada como ideologia. E aí é possível retirar dela um conjunto de atitudes e estados emocionais: respeito pelas diferenças, autodeterminação, diálogo etc. Podemos dizer que em geral a federação é fria, mas pode ser quente se adotada dentro de uma comunidade, como base para um esquema de vida.

Mas esta exposição pode conduzir a um pequeno equívoco. Um militante de qualquer ideologia pode conviver tão intimamente com os símbolos de seu movimento que não mais perceba sensivelmente seu ideal. Bandeiras,

4. O liberalismo é uma ideologia sem ideal. A não ser em algumas acepções, em que o ideal pode ser a liberdade, a legalidade ou a democracia. E qualquer ideal pode ser assumido independentemente de qualquer ideologia. Uma pessoa pode assumir como ideal o carinho para com as crianças. Mas, normalmente, o ideal é o centro ou eixo do qual emanam ou se desdobram atitudes, idéias, formulações etc.

flâmulas, toalhas, palavras, métodos, procissões, greves, dinheiro, mesa, avaliações, tudo isso pode perder o significado mais sensível. Na Igreja católica, a pessoa que troca o entusiasmo do ideal cristão pela intimidade rotineira com os símbolos é chamada, pejorativamente, de *beata*. Mesmo assim, um monge pode viver cotidianamente o cristianismo como princípio que norteia seu esquema de vida. Nisso ele difere de uma pessoa como, por exemplo, um homem de negócios, que genericamente concorda com o ideal evangélico e até pode se emocionar com o espetáculo da pobreza ou com um filme sobre a vida de Cristo ou de são Francisco de Assis. Ou seja, é possível que um homem de negócios, capitalista, se emocione com o cristianismo, mas de forma alguma o viva materialmente como um monge, mesmo que esse monge tenha perdido toda emoção em relação a seu ideal. Há pois uma diferença entre uma concordância teórica e uma concordância vivencial. E há uma diferença entre o ideal prático e o ideal sensível. Adotar sensivelmente o comunismo ou o cristianismo, então, não pode ser confundido com a emoção eventual na leitura de um livro ou quando assistimos a um filme. Chamamos de ideal sensível a adoção voluntária de um ideal, seguida da tentativa continuada de viver tal ideal na prática, mesmo que permeada de esfriamentos e quedas.

Amizade e caridade

Há uma pequena diferença entre a federação e a caridade evangélica, caso sejam aplicadas às relações entre duas pessoas. É diferente se relacionar com uma pessoa segundo a federação ou segundo a caridade evangélica. Diferença sutil, que portanto não deve ser exagerada.

Topologicamente, a diferença é muito simples. A caridade evangélica exige (à primeira vista) que o outro seja menos. É impossível dar algo a alguém que não precise, e é impossível dar algo que eu não tenha, geralmente mais do que ele tem. Mesmo que haja igualdade, a caridade exige que em um ponto, em um momento que seja, haja um desnível a meu favor. Se a favor do outro, então ela exige de mim a humildade, que é a capacidade de receber. É o oposto da amizade — aqui com o significado de um diálogo, principalmente —, que exige essencialmente a igualdade. Na amizade, diálogo, e sobretudo na relação pedagógica, se há um desnível, a relação é bloqueada, e entramos então em uma espécie de situação de emergência, de exceção, para eliminar a diferença.

Pedagogia e utopia não admitem, a não ser provisoriamente, como exceção, situações em que um dos dois é um mendigo, ou seja, aquele que só pode receber, que não tem o que dar. Não se trata de poder trocar, mas de poder estabelecer o diálogo. Pode-se mesmo pensar que a pedagogia nada mais é que uma situação dessas, de emergência, e incômoda. Eu me submeto a ser professor para que o outro, rapidamente, se possível, possa dialogar comigo de igual para igual. Depois, como se sabe, e todos acabam descobrindo, o provisório se transforma em permanente. E chega-se mesmo a pensar que toda relação jamais é totalmente igual. Mas isso é outra história. O que fica, na estrutura, é a atitude. Ao contrário da caridade cristã, aqui na escola a desigualdade incomoda[5].

A amizade, como a federação, é uma relação, quer dizer, algo histórico, vivo, real, onde eu e você entramos, e estamos

---

5. Evidentemente, poderia ser sustentada uma teoria em que a pedagogia fosse como a caridade evangélica. Embora tensionada e incomodada pelo desnível, nessa teoria a pedagogia ainda assim teria sua

ali em situação de igualdade. E isso globalmente, embora se possa passar por períodos de desigualdade. O sexo, mais uma vez, permite apresentar o conceito com mais crueza. Fourier sugere substituir a caridade cristã pela caridade sexual. Ou seja, a caridade cristã consiste em dar ao outro o que quero dar, e a caridade sexual, a verdadeira caridade, portanto, consiste em dar ao outro o que o outro quer receber, o que é invariavelmente, para Fourier, sexo[6]. O que se opõe sem dúvida ao beijo que os santos medievais se forçavam a dar, e forçavam os leprosos a receber. Mas Fourier se equivoca, porque o sexo não admite a caridade. Todo ser humano tem o direito de entrar nas relações de carinho até o sexo genital em relação de absoluta igualdade. Ou, com mais certeza: ninguém deve estar reduzido à condição de mendigo, aquele que só pode receber. Assim como a utopia nega as relações de mendicância, com uma mão só: um só dá, e o outro só recebe. Para isso existem, e se complementam, socialismo e pedagogia. Para resgatar as pessoas que se encontram diminuídas em sua humanidade. Por causa de sua força física, de sua força econômica, por causa de sua capacidade de despertar interesse sexual, mas sobretudo por sua situação educacional: afetiva e intelectual. Ou seja, temos aqui apenas uma

---

essência na relação básica professor-aluno, em que um sabe mais que o outro. No ato amoroso de levar alguém pela mão até a cultura etc. Mas fica mantida aqui a opção pela outra, teoria em que o desnível é negativo, e positiva mesma é a amizade para onde a relação pedagógica está tensionada, e que é igual, diálogo e ação na cultura.

6. "Filantropia amorosa" (Fourier, citado por Simone Debout, em *L'utopie de Charles Fourier*, Paris, Payot, 1982, p. 43). E, na página seguinte do mesmo livro, a imagem da mitologia grega, em que Narciso e Psiquê, antes de se entregarem um ao outro, se sacrificavam cedendo favores amorosos a velhos. É preciso comentar que estes velhos e velhas talvez se sentissem felizes por terem relações com esses belos jovens, mas, mais profundamente, talvez preferissem uma relação em que o outro não se sentisse como se estivesse fazendo um favor.

reformulação, e não uma negação do ideal evangélico. Dar, para o outro que tem menos, teria na base resgatar sua humanidade, negar nele a humilhação de só poder receber, e assim trazê-lo para o diálogo.

Pedagogia e federação

O ideal da federação estabelece um direcionamento bastante claro para a pedagogia. A educação é a preparação do indivíduo para viver em federação. Tanto para a federação política como para relações a dois baseadas no modelo da federação[7]. Envolve a capacidade de ser independente, de procurar as relações criteriosamente e de respeitar os limites inevitáveis à liberdade. Os inimigos da federação, ou seja, os inimigos da liberdade[8], também buscam a educação, mas a buscam não por ela, e sim porque sabem e temem que ali se construa a independência.

Ou seja, estamos sustentando que a educação tendencialmente tem em sua base a federação, sempre, mesmo

---

7. Não cabe, aqui, levar muito adiante essa linha de reflexões, mas, mais no fundamento destas federações, política e da amizade, estão as relações federacionistas entre o indivíduo (eu) e os objetos em geral. No mundo, em geral, eu preciso dos objetos como eles são, e me relaciono com eles de forma que essas relações sirvam para que eu os ajude a ser como são, e que eles me ajudem a ser o que eu deveria ser. Ajuda, sem direito a intromissão. Relação centrada no objeto, submissão ao objeto.

8. Não generalizar. Os liberais são inimigos da federação, mas também defendem a liberdade, a sua concepção de liberdade. Discordam da federação porque as relações entre as partes da federação, para os liberais, deveria ser sempre de troca. Além de que para os liberais a liberdade e o indivíduo, e mais alguns princípios, acabam propondo não uma pluralidade de propostas comunitárias possíveis, pluralidade que é indispensável à federação, mas um único modelo, o capitalismo.

quando é organizada exatamente para que os professores destruam, dentro dos alunos, no ninho, na raiz, na semente, toda independência.

A fuga para as beiradas e a pedagogia

O fundamental, o ínfimo, é a pedagogia. Aqui, entre as carteiras, na escola, na sala, estamos cuidando do fundamental. Podemos estar estudando cálculo infinitesimal sem saber somar direito, mas voltaremos ao básico, estaremos voltando sempre, e para isso não precisamos sair daqui, porque aqui é o lugar. O mesmo não acontece, por exemplo, na família ou no partido político, porque ali são lugares de ação. Ali não cabe ficar voltando redundantemente ao fundamento. E a pedagogia é o fundamental por esta razão: ela incide sobre a formação do indivíduo, da independência. Na educação estamos criando as condições para que os alunos em certo momento nos dispensem. A criação dos filhos mostra mais claramente esse aspecto: hoje eles não sabem andar ou organizar seu discurso, e por isso enfrentamos um período de dependência provisória, com prazos, de uma dependência que aponta para a independência. Ou seja, a pedagogia, nesse terreno próximo da utopia, é onde se gestam indivíduos, ideologias e instituições capazes de constituir a federação, e que praticam e exigem independência e acesso.

Federação e ideologização

Há, nesse aspecto, um perigo de desvio: de que nos aproveitemos do período inicial da educação para implantar na alma do aluno a semente do que somos, para que eles, mesmo livres, permaneçam para sempre reféns de certas estruturas que muitas vezes eles nem perceberam que foram ali colocadas. O período da infância, sobretudo, tem essa propriedade de marcar a personalidade e a história pessoal de cada indivíduo. Tudo bem, desde que essas sejam as estruturas do saber sentir, do saber pensar, da própria independência, dos limites — sobretudo dos limites impostos pelo humanismo (conjunto de regras que a humanidade decantou ao longo dos tempos). Quer dizer, tudo bem, desde que as estruturas que implantamos na alma do aluno sejam as da própria independência. Inevitavelmente, a educação se constrói com relações humanas, e além da estrutura podem ficar músicas, citações, piadas, casos, os quais estão também carregados de ideologia. E isto serão recursos aos quais o futuro indivíduo vai recorrer em sua forma de processar o mundo. Nesse sentido, a solução está em que esses instrumentos não tenham todos o mesmo fundo ideológico, ou que não formem um conjunto coordenado, uma proposta. Mas que sobre aquela base estrutural de liberdade sejam postos instrumentos variados, que se questionem uns aos outros. Propor que a educação, sobretudo a de crianças, tenha um eixo ideológico é uma coisa, muito diferente de propor uma educação monolítica, em que todos os elementos, como atividades, atitudes, formam um todo sem divergências.

A academia

O indivíduo pretendido pela pedagogia utópica é alguém que não precisa da defesa de outro. Não fisicamente. Fisicamente também, talvez, mas está incorporada na modernidade recente a idéia de que efetivamente, do ponto de vista físico, um indivíduo não pode se defender. Quem pode fazer isso é apenas a sociedade, por meio de corporações especializadas e profissionais. Estamos falando da defesa intelectual, acima de tudo. Insistiremos, mais adiante, que essa pedagogia pretende que cada pessoa tenha seu ideal. E aqui acrescentamos: e que saiba se defender. Que saiba compreender os textos, os métodos, as armadilhas e tudo o que for necessário para a sobrevivência na selva da academia.

Como vimos acima, a pedagogia utópica não admitiria um indivíduo que se dilui no meio dessas maldades, que transforma sua personalidade para vencer na disputa por cargos administrativos, questiúnculas metodológicas, honrarias acadêmicas, publicações, congressos etc., mas sim que, embora num meio adverso, saiba defender não exatamente a si, mas aquilo que antes chamamos de raízes, e seu ideal.

A utopia há de conservar sempre uma certa aversão pela academia, por um lado. Como se ali em certo sentido não fosse seu lugar. Embora de fato situado na academia, o utópico, aqui um u-tópico, ansiaria sempre por florestas, aventuras amorosas ou místicas, mares etc. Talvez peregrinasse intermitantemente entre esses ambientes e a escola, como faz o personagem Grande Meaulnes de *O bosque das ilusões perdidas* de Alain-Fournier[9]. Mas não há outro lugar onde possamos desenvolver as armas, os sentimentos, o raciocínio etc., para ser o forte que se pretende e que a federação exige. Se o indivíduo se afasta desse meio, o pri-

9. Alain-Fournier, *O bosque das ilusões perdidas*, São Paulo, Abril, 1985.

meiro comerciante, rádio, televisão, jornal, cinema, padre, professor[10], marido, que o encontrar será suficiente para toda sua pureza (e inocência) ficar perdida. Ou seja, efetivamente o indivíduo que se pretende construir é um acadêmico, na forma, e, na verdade, um acadêmico ideal, mesmo para as exigências da própria academia. Não no sentido pejorativo, o só acadêmico, mas o também acadêmico, capaz de revestir sua individualidade, sua criatividade, sua irreverência, sua sutileza etc. com as garras da academia. Só porque só há independência na força.

Tradução e cooperação

Um detalhe deve ser destacado no que se espera do acadêmico. É que os textos não têm um nível só, não são transparentes nem unívocos. Cada falante organiza seu discurso de uma forma que empresta a cada palavra ou frase um significado que extrapola o que significam isoladas ou em outros ambientes. Aliás, alguns textos perdem de tal forma sua significação original que, isolados, passam a significar objetivamente exatamente o contrário. Ou seja, o acadêmico não pode ser quem lê e compreende o que está escrito, o primeiro nível, mas também deve saber ler e compreender os outros níveis. Principalmente as instituições desenvolvem dialetos de difícil compreensão. Assim, o acadêmico deve ser sobretudo um "poliglota" (que fala e ou compreende as diversas "línguas" universitárias), ou seja,

---

10. O professor isolado é uma ameaça como todo profissional ou instituição especializada na manipulação do conhecimento. O que a utopia e a pedagogia preconizam não é o professor, e sim a escola, onde a perniciosidade de um ou outro professor se dilui no conjunto.

alguém que sabe perceber rapidamente quando o discurso é dito ou é ouvido em lugares diferentes, e quando o significado das palavras e das frases mudou. Enfim, ele jamais pode ter a ingenuidade de pensar que tudo é simples, que todas as pessoas são iguais. Jamais pode pronunciar frases do tipo: "Tudo o que dizem os padres católicos é a mesma coisa, e você pode compreender tudo lendo uns dois bons livros, como por exemplo o livro..."; "Esse partido é o que defende o pleno emprego com mais veemência, então o presidente e os governadores desse partido estão sendo incoerentes quando tomam diversas medidas que produzem desaquecimento da economia e desemprego". Evidentemente, uma conseqüência dessa exigência é que não se deve pretender o conhecimento de todas as línguas, o que leva o acadêmico a ser um especialista. Além disso, o intelectual não deve ter a pretensão de falar a fala universal, dirigida ao coração puro de todos os homens. Um exemplo interessante é o livro de Georges Snyders, *A alegria na escola*[11], que é uma obra que preconiza a alegria na escola, de fato, mas para quem sabe ler é um livro contra a idéia dos utópicos (não-diretivistas) de que a escola deve ser um lugar alegre. Snyders afirma que a escola deve ser um lugar alegre, mas não da alegria do recreio, e sim de outro tipo de alegria, a dos adultos e da cultura, a alegria de ouvir Beethoven, por exemplo. O acadêmico deve ser capaz de ler esse livro de Snyders e perceber as sutilezas do desenvolvimento marxista no século XX, de como Escola Nova e não-diretivismo desenvolvem o diálogo ideológico década após década.

A federação talvez fosse mais bem representada pela palavra "tradução". O indivíduo moderno, vivendo na univer-

11. Georges Snyders, *A alegria na escola*, São Paulo, Manole, 1988.

sidade, é também plural. Ele tem consciência de que o mundo não é uniforme, mas que a cada momento estamos em um lugar diferente do mundo, com sua língua. O que exige uma adaptação continuada. Não que ele se transforme em um camaleão ou lobisomem, pois apesar de todas essas mudanças ele deve permanecer sempre o mesmo. Os ouvintes mudam, a língua muda, mudam as exigências, mas permanece a mesma proposta que se desdobra em todas essas multiplicidades. Somente por isso é que é necessário saber compreender e traduzir.

A educação como lugar

Alguns conceitos elaborados pela pedagogia não-diretiva são próximos do nosso conceito de lugar. Que deve ser confrontado com a transitividade normalmente emprestada ao conceito de educação, principalmente em educar, ensinar, treinar. Quer dizer, normalmente se pensa que alguém educa alguém, alguém ensina alguém etc. Educar, nessa acepção, é um corredor, uma passagem. E para a utopia a escola é um lugar. O lugar central da sociedade. Dentro desse lugar estão professores e alunos, mas muitas vezes pessoas que não são nem professores nem alunos, como uma pessoa na biblioteca, dois amigos ouvindo uma música. Quer dizer, ali ninguém está educando ou preparando ninguém para coisa alguma.

A sociedade, em uma concepção federacionista, é constituída de diversos lugares, cada qual com seu ambiente, seu funcionamento; e devidamente instituído, quer dizer, um lugar que funciona como uma instituição. Essa multiplicidade, e o decorrente diálogo, é fundamental a uma concepção plural da sociedade e do ser humano. E a educação é um desses lugares, com a correspondente especificidade.

A educação busca formar pessoas consistentes, relações consistentes, instituições consistentes. A educação para a dependência — em que alguém forma alguém para que ele seja o que ele, professor, planejou, e para que em sua formação intelectual ele também passe a cultivar aquela dependência e que outras pessoas dependam dele etc. — é uma contradição; tal educação exige uma vigilância constante, pois a educação tende para a federação. Queiramos ou não. Evidentemente, a escola é a oportunidade mais perniciosa de pôr a mão (Proudhon) sobre a individualidade do outro, do poder portanto. Mesmo assim, continuamos a sustentar nossa tese. Essa oportunidade é ilusória tendencionalmente; manter alguém, na escola, seguindo pela trilha que eu professor ou escola lhe indiquei exige vigilância, esforço constante, violências diversas, e mesmo assim tem poucas chances de sucesso. A não ser que se crie um indivíduo debilitado, sem criatividade, sem força ou inteligência, sem humanidade.

Mais que a educação como lugar: cada lugar dentro da educação é um lugar. Não aprendemos a utilizar nossa língua para podermos, como se pensava antigamente — quando um dos objetivos principais dos estudos era encontrar empregos burocráticos —, saber redigir uma carta comercial, ou para não fazer feio nas festas ou recepções. A matemática não é um instrumento para a engenharia. A língua e a matemática são lugares.

E era exatamente a esse conceito de federação que pretendíamos chegar. A sociedade organizada como federação é um lugar de educação. Toda a sociedade se torna um campus universitário. É o que podemos chamar de *contigüidade*. Todas as atividades humanas estarão separadas da vida universitária por uma parede muito fina. Assim, toda vez que estivermos em um lugar dentro da sociedade, o que será a mesma coisa que estar em um lugar dentro da universidade, estaremos em um lugar com autonomia, com especificidade, com um andamento próprio. E é a educação quem deve e pode desenvolver essa sociedade assim plural, e solidamente plantada em cada um de seus pontos. Esse é o conceito utópico de democracia. Uma sociedade instituída. Democracia porque uma sociedade dotada de um tecido rico, de instituições, o que se confunde, na prática (embora sejam coisas diferentes, na teoria), com este outro conceito de democracia: uma sociedade dotada de um tecido *humano* rico, pessoas dotadas de idéias, passado, sentimentos próprios, sólidos etc. Mas, corrigindo, que não se pense nisso estaticamente, e sim como relações. Ou seja, há três conceitos, aqui, de democracia: uma sociedade dotada de um tecido rico de instituições, de pessoas, e de relações concretas, históricas, vivas. A federação ultrapassa o conceito de democracia no sentido de que integra, sintetiza, esses três conceitos.

Isso faz que nosso quadro passe a ter o seguinte aspecto. Essa sociedade federacionista deixa de ser uma estrutura com centro e ramificações. Cada lugar passa a ser seu centro. Se duas pessoas, ou mesmo uma pessoa e um objeto, que pode ser um objeto sentimento ou um objeto idéia, se desenvolve em um meio cultural, o atletismo por exemplo, então o atletismo é o centro. O atletismo é que proporciona essas relações. Não porque uma empresa patrocinou a corrida. Nem é uma prática no lazer de homens de negócio.

Esses motivos externos podem existir, mas serão tantos, que se anularão uns aos outros e nenhum prevalecerá.

Revolução pedagógica e paternalismo

O problema de localizar o lugar onde vai se dar, ou onde se daria, ou ainda o lugar onde se dá a revolução é um problema mais marxista que utópico. Ele é utópico da seguinte perspectiva: feitas diversas propostas, curiosamente se conclui mais facilmente *qual meio* do que *qual objetivo* se pretende. Todos os objetivos, embora de formas diferentes, passam mais ou menos por esse lugar, a escola. A escola é contraditória neste aspecto: tudo ali é confuso, difícil, emaranhado etc., mas é ali o lugar. Ou seja, apesar das dificuldades, não há como fugir. Qual revolução? Ora, uma vez educados, são vocês, alunos, que vão dizer, e não eu ou a escola. Aqui, de acordo com o esquema da federação, a escola gera uma revolução sem destino certo, como um cheque em branco.

Mas não é esse o aspecto mais importante. Utopia e pedagogia se encontram em um ponto, aliás um tanto senso comum, que é uma recusa em criar uma revolução para os outros. Qualquer revolução, principalmente a utópica, corre o risco de ser paternalista, inclusive porque o revolucionário responsável pelo projeto não é exatamente quem vai sofrer suas conseqüências, boas ou más[12]. Assim, esse

---

12. "Eu qualifico como paternalista toda organização no seio da qual alguém pode se habilitar a tomar decisões pelos outros, decisões cujas conseqüências serão suportadas unicamente pelos outros e não pelo que é responsável pela decisão" (Yona Friedman, *Utopies réalisables*. Paris, Union Générale d'Éditions: 10/18, 1975, p. 37). Evidentemente, a outra face da relação paternalista é quando o outro toma uma decisão

receio praticamente amarra as mãos do revolucionário utópico e pedagogo. Para convencer os outros a entrar em meu projeto, sempre receio estar dando respostas prontas, colocando as outras pessoas a reboque da minha educação. Ou então fui educado e me julgo capaz de dar respostas a serem engolidas por pessoas mais simples que eu (crítica marxista à utopia: empurrando-lhes nossos projetos goela abaixo como um pato assado). O que sobra desse preceito? A educação. Tudo o que digo está dirigido para criar no aluno senso crítico, independência, capacidade de se utilizar da educação que lhe é dada para se constituir, e então, independente, desprezar e reaproveitar, à sua maneira, tudo o que recebeu. Enfim, todos os instrumentos relacionados que existem no universo, tudo aquilo com que uma pessoa pode se relacionar com outra, como trabalho, carinho, palavras, objetos, são recusados na relação pedagógica, e o que sobra, o íntimo, não pode ser acessado. Pelo menos não diretamente. Em resumo, a formação daquele núcleo, do íntimo, do aluno, ali onde se dá a reflexão, não pode ser posto como um objetivo, nem da educação como um todo. Mas é o único objetivo válido, fluido, intocável, impronunciável. Línguas, exercícios físicos, trabalhos escolares, metodologia, datas, tudo são, nesse sentido, falsos objetivos. O aluno toca em tudo e depois se retira para sua intimidade, para ali equacionar sua posição diante do mundo. E isso não é objetivo da educação, porque esse reino é só dele. Por baixo de tudo. Só há então uma forma de não enfiar

---

com que eu não concordo e resolvo sofrer as conseqüências negativas dessa decisão. Dentro de certos limites, evidentemente. Posso aconselhar alguém a não comer um pedaço de bolo, que me parece estragado, e essa pessoa, assumindo sua liberdade, come e se sente mal. Dependendo das proporções desse mal-estar, não seria paternalista fazer-lhe o favor de procurar uma farmácia para comprar um remédio. Ou seja, há limites para que eu diga: você quis, agora assuma as conseqüências.

qualquer coisa como um pato assado goela abaixo da classe proletária, dos alunos, da criança: enfiar-lhes goela abaixo exatamente a educação. Força de expressão, evidentemente, porque a educação sempre invade os espaços onde é chamada, ela não se intromete. Mas, de qualquer forma, só ela pode tornar essas pobres vítimas, os inocentes, não mais passíveis de futuros patos assados. Este paradoxo: "Eu te ordeno, seja independente", tem solução, a escola.

INDEPENDENTIDADE E FUGA

Sugiro que a federação esteja norteada por um valor, a independentidade. A palavra "independentidade"[13] é proposta como sendo melhor que egoidade, porque o mais importante não é partir do eu, de que eu sou o problema, e sim elaborar uma ação que seja absolutamente minha, quer dizer, independente de qualquer outro ou de qualquer coisa, e que, pedagogicamente, procure transformar o outro também em alguém independente. A independentidade destaca do conceito de federação seu lado negativo (o positivo é a relação, o acesso, a comunidade, a convivência)[14].

---

13. Pode ser sugerido que a junção utopia e pedagogia se dá pela síntese entre estes dois conceitos: o interesse pelo outro e a independentidade. Daí uma suspeita: não seria então uma síntese entre socialismo e liberalismo, ou um liberalismo socialista? Sim e não. Não, porque o resultado final, embora profundamente socialista, é também profundamente antiliberal. Na estrutura, sim, há muito de liberalismo, mas o espírito, voltado para o outro, para mudanças humanas e sociais, revolucionário etc., não tem qualquer parentesco com o liberalismo.

14. Devemos anotar que o conceito é apresentado por Foucault em *História da sexualidade: o cuidado de si*, Rio de Janeiro, Graal, 1985, em torno da página 98. Sêneca teria identificado essa aversão por estar dependendo ou sob o poder de um outro: *potencia aliena* ou *vis potentiores*, em suas Cartas a Lucilius.

Vamos assinalar o vínculo entre o conceito atual, federação, e o anterior, fuga. Primeiro, o óbvio: a fuga para trás, ou para as margens, para encontrar ali o próprio eixo, para se preparar para uma ação efetivamente subjetiva. Ou seja, a atitude utópica nasce do medo de estar se diluindo na ação e no mundo, de estar perdendo a identidade ou subjetividade. O mundo exige de mim atitudes e ações diversas: físico, afeto, posição política, sobrevivência etc. E todas essas partes minhas podem ter certa independência umas em relação às outras. Assim, meu corpo físico se integra no mundo físico, o político em um partido, o trabalho em uma empresa etc. E eu sinto necessidade de encontrar o eixo que liga essas partes entre si, um eixo que dê a todas elas o meu toque pessoal, e o sentido. Tendo em vista o diálogo. Eu me afasto para me encontrar, para saber o que tenho a dizer, a mim e aos outros.

Mas também por outro motivo. Para encontrar nesses espaços mais retirados a oportunidade de ter um meio que não me exige num ritmo mais rápido que o meu, que não me atinge como uma avalanche, um meio onde eu, provavelmente debilitado em minha subjetividade, tenha diante de mim um conjunto de exigências que seja um adversário mais fraco, ou — pelo menos — mais à minha altura.

Nesse ponto a utopia e, secundariamente, a pedagogia divergem do catolicismo e do marxismo. O catolicismo não admite a busca da independentidade por receio da heresia (conforme Richard Morse[15] e Bréhier/

15. "Por isso podemos dizer que heróis da ciência moderna como Galileu e Descartes não foram simples céticos e empiristas mas 'profetas' por direito próprio, impacientes com as adaptações e contemporizações eclesiásticas, buscando arrancar a Palavra diretamente do Livro

Scotus[16]), que é a quebra da racionalidade. Qualquer pessoa que considera que pode ir diretamente às normas uni-

---

da Natureza e utilizando a prova matemática como fonte de evidência unívoca para o que era problemático no reino nebuloso da interpretação bíblica. O que os impelia não era agnosticismo nem falta de fé religiosa, mas o desejo de cimentar o conhecimento em bases totalmente demonstráveis. Não pretendiam negar o trabalho do Criador, mas apresentá-lo com maior efeito persuasivo. De forma análoga, os reformadores religiosos atacaram o probabilismo e a casuística movidos pela determinação de elevar a consciência de uma fonte aproximada de justa razão para um *acesso direto a normas universais da maior generalidade*. Esse era o problema. O que a Igreja atacou ao longo de todo o processo não foi o método experimental nem as opiniões inovadoras, mas a pretensão de conhecimento demonstrável — como certificado ou certeza — nos reinos físico e moral. O problema crítico, portanto, era a racionalidade dos pioneiros religiosos e científicos — Lutero, Calvino, Galileu, Descartes, Pascal — que surgiram dentro de áreas culturais católicas" (Richard Morse, *O espelho de próspero: Cultura e idéias nas Américas*, São Paulo, 1988, p. 35; grifos meus).

16. "Não é necessário, porque o raciocínio só vem depois da autoridade, pensar que a autoridade é anterior em natureza e dignidade; pelo contrário, a autoridade procede da verdadeira razão, mas jamais a razão da autoridade. Toda autoridade que não estiver apoiada sobre a verdadeira razão aparecerá como doente; mas *a verdadeira razão, se apoiando, fixa e inamovível, sobre sua própria virtude*, não tem a necessidade de ser reforçada por nenhuma autoridade. O emprego da razão se impõe também em outra questão: como os Santos Padres dão interpretações divergentes, somos forçados a escolher 'através unicamente da consideração da razão'. Os sentidos da Escritura são também tão múltiplos quanto as cores da cauda de um pavão; como há uma infinidade, está claro que se tem o direito de escolher 'aquele que melhor convém à discussão presente'. É mesmo ocioso acrescentar uma interpretação pessoal. Mas se trata em tudo isso de uma razão que interpreta a Escritura e julga as interpretações de outros. Da mesma forma que os físicos filósofos são uma espécie de intérpretes da natureza, que se estende diante de nós como se fosse um texto (...)" (Bréhier, *La philosophie du Moyen Âge*, Paris, Éditions Albin Michel, 1937, p. 49; grifos meus).

versais, ou que considera que a razão fornece um eixo cuja virtude se basta, está a um passo da irracionalidade.

A escola moderna é pressionada a assumir um desafio muito parecido com o da Igreja católica medieval: instituir a razão. Ou seja, se a racionalidade necessita da liberdade, de girar em torno de um eixo auto-suficiente, como pode ela ser instituída? Essa contradição pode também ser expressa da seguinte forma: a escola ordena a seus elementos que se afastem, que se bastem a si mesmos, e patrocina esse afastamento, de forma que quem se afastar, em busca de um eixo, no fundo não se afastará, mas se aproximará da própria escola. Fugir da escola é cair em seus braços. Mas a independência da utopia não se restringe ao uso das paredes do cérebro como um espaço de liberdade, de raciocínio; a utopia é mesmo uma técnica de se organizar por si, fora, independentemente, de articular um mundo que se basta. E a escola é nesse sentido nada mais que uma utopia, que os diversos sistemas, inclusive o capitalista, nunca conseguiram submeter totalmente; a escola persiste em se organizar fora. O mundo da cultura, base da escola, não são então apenas os raciocínios, mas os romances, poemas, quadros, músicas, filósofos, disciplinas.

Mas a utopia, aqui federação, também pode ser acusada justamente por um excesso de zelo na preservação da ortodoxia. Diversos autores acusam essa tendência utópica para a intransigência[17]. No combate às heresias. Mas quando

---

17. Por exemplo Gilles Lapouge em *Utopies et civilisation*, Paris, Flamarion, 1978, na primeira página: "E chegam também os grandes Reformadores — sapatos quadrados e saltos baixos, chapéu sem fivela nem cetim, e a capa com vinco reto, direto às escadas do porto: 'Que nos preparem, sobre os dois mares, novas baías para nossos filhos, e,

coerentes, utopia e pedagogia sempre separam a ortodoxia utópica da federacionista. Para nos explicar melhor, podemos voltar à nossa parábola dos estudantes que se instalam em um prédio. Eles constituem diversos grupos. A ortodoxia dentro de um desses grupos é uma coisa. E a ortodoxia na federação, ou geral, é outra coisa. A utopia é apenas um desses grupos da federação. Ser ortodoxo dentro do grupo utópico significa vegetarianismo, socialismo, intelectualismo, ecologismo e pacifismo, vida comunitária, tolerância etc. Ser ortodoxo dentro da federação significa tolerância, dureza na cobrança dos limites, radicalismo na defesa das diversas propostas ideológicas e esquemas de vida etc. Como já vimos, a utopia é uma ideologia, e é proposta como um ideal, sensível, algo em que se acredita etc. E a federação são procedimentos, técnicas. Jamais essa defesa da ortodoxia, tanto da utopia como da federação, pode significar o combate a um pensamento ou sentimento independentes. Seria uma contradição. A ortodoxia da federação sempre vai defender o direito de cada um pensar e viver do jeito que quiser, dentro daqueles limites inevitáveis. Federacionismo não é ideologia, porque sua proposta filosófica é restrita, e restrita conscientemente, com policiamento ostensivo dessa delimitação, ao conjunto de idéias que possibilitam a federação; inclusive porque, se a federação não se restringir, vai inevitavelmente entrar em choque com alguma das ideologias que a compõem.

Processo semelhante é o que conduz da caridade evangélica ao cristianismo, a ponto de se extrair repressão sexual

---

para nossas filhas de fronte direita e de tranças amarradas contra o mal, cidades claras com ruas retas abertas ao passo do justo'. Saint-John Perse (Vents)".

e inquisição do ideal evangélico. Ou, outro exemplo, o processo que leva da liberdade ao liberalismo e, assim, vincula a liberdade à troca e à propriedade. Ou seja, no processo de traduzir um ideal ou atitude em ideologia, em sentido pleno, corre-se o risco, aliás quase certo, de que, no esforço de dar resposta às questões em geral — o que é inevitável no processo da ideologia —, acabemos por introduzir corpos estranhos no ideal — ou atitude — originário. Mesmo aqui, neste livro, estamos diante dessa dificuldade. Utópicos podem ser, por exemplo, ingênuos ou se contentar com seus sonhos. Pedagogos podem pretender acima de tudo torcer os maus impulsos que a natureza embutiu nas crianças. Mas essa é nossa posição: esses são elementos estranhos — inconvenientemente, embora compreensivelmente — introduzidos no ideal mais originário. Repetindo, assim como o cristianismo agregou elementos estranhos ao Evangelho, agregou por exemplo a repressão sexual à caridade cristã; assim como o liberalismo agregou, ou mesmo sintetizou, troca, família e propriedade com liberdade, da mesma forma às vezes se agrega intransigência à utopia. Vamos aqui defender a idéia de que intransigência e mau humor são impróprios e inconvenientes à ideologia utópica. E sugerimos, ainda, que sejam feitas pesquisas para esclarecer como se dá este processo de incorporação de traços impróprios a uma ideologia qualquer.

Para o catolicismo, todo o processo de formação da subjetividade se dá no meio institucional, na Igreja. O processo gerado e encaminhado a esmo deve ser evitado, pois resulta quase certamente na barbárie, ou no pecado. Quebra da racionalidade, em suma. Não se justifica um período fora. E muito menos se admite que o período fora possa ser buscado de tempos em tempos. A reflexão deve ser, para o catolicismo, sempre um processo permeado da linguagem fornecida pela instituição, orientada, municiada de imagens retiradas da liturgia etc. Um monge católico que se retira para o convento ou para sua cela, ou ainda para dentro de si mesmo, não está ali afastado da Igreja, nem está procurando encontrar um ponto de apoio independente. Não está experimentando, nem jogando com as possibilidades laterais etc. Já o marxismo não admite a independentidade na fuga exatamente porque seu valor moral máximo é o situar-se, o combate à alienação. A ideologia, que para o marxismo tem como objetivo exatamente alienar, e se constitui em um processo consciente do sistema no sentido de falsificar a realidade, é o oposto da verdade, pois a verdade sempre tem como objetivo situar, devolver o indivíduo ao real. Ou vendo mais topologicamente: para o marxismo a ideologia leva para longe da verdade, falsifica, enquanto a verdade é ir para dentro do real. Em resumo, a utopia e a pedagogia se opõem ao cristianismo e ao marxismo, mais ao marxismo, porque elas propõem que cada pessoa gere seu próprio eixo, seu próprio universo, a partir de suas raízes etc., e a partir daí se construa, num segundo momento, o coletivo e o diálogo.

A utopia aqui se aproxima do liberalismo, seu maior inimigo, perigosamente. Ambos colocam o indivíduo em um primeiro nível e o coletivo em um segundo nível, que depende de interesse, consentimento etc. Com uma séria diferença. O liberalismo (aqui apenas iluminismo) propõe a retirada para dentro do cérebro, do raciocínio, de onde a relação sobre o mundo se faz pela análise e pela crítica. O local para onde a utopia propõe a retirada não é o cérebro, mas um ambiente mais amplo, onde o cérebro é apenas um dos conjuntos de recursos. Aliás, na utopia a busca da subjetividade aponta para o grande inimigo do liberalismo: a busca radical de uma ideologia, de um ideal. Ou seja, a subjetividade utópica está sempre se testando em relação a um candidato a ser "o meu ideal", que é buscado e testado radicalmente. O liberalismo, nesse ponto, está unido ao catolicismo e ao marxismo na rejeição ao idealismo. Catolicismo e marxismo valorizam o idealismo, evidentemente, desde que seja o idealismo católico e marxista. O próprio liberalismo admite o idealismo, como é o caso da defesa nacionalista dos escoceses diante da dominação inglesa, ou da luta da liberdade contra o nazismo, o idealismo da legalidade contra as agressões individuais de políticos corruptos, o idealismo da Revolução Francesa, dos movimentos republicanos, a modernização em muitos países do terceiro mundo. Mas apenas utopia e pedagogia defendem por princípio, sem restrições, a não ser os limites impostos pela convivência na federação, a busca do ideal, de qualquer ideal[18].

Solidão, idealismo

Seria um erro afirmar que ao assumir a federação como ideal não temos como fugir do individualismo. Ora, o in-

---

18. Não vamos entrar aqui em uma questão tecnicamente muito complicada para o formato deste livro. É que a utopia não admite, por exemplo, certos hábitos que considera bárbaros, como alguns índios que matam as mulheres velhas, e argelinos que amputam o clitóris das meninas, ou ainda árabes que amputam a mão de ladrões. Um motivo está circunscrito à federação, é que nosso horizonte cultural não consegue levar a tolerância ideológica até esse ponto, e considera esses hábitos barbárie. Mas há outro motivo mais discutível, é que a utopia só admite, a discutir, ideologias sofisticadas. Fica para outra ocasião, apesar da importância do assunto.

dividualismo puxa outras atitudes, tais como a aversão pela vida em comunidade, pela cooperação, pelo idealismo etc. O indivíduo pode ser o ponto (um dos pontos) de partida da federação, mas na federação o individualismo é a base para a vida comunitária, o idealismo nega a troca e fundamenta a cooperação etc. Ou seja, a independência é a base para relações humanas, e não exatamente para egoísmo e individualismo. Mas é correto por exemplo relacionar a federação com certo tipo de solidão, um dos conceitos normalmente vinculados ao individualismo. O diálogo pressupõe, se assenta nesse pilar, que são os dialogantes. Exigimos de nós mesmos o que normalmente a escola e os professores exigem dos alunos: que tenham vida interior, que dentro do coração e do cérebro façam o encontro de suas raízes e de seu pensamento com as experiências exteriores. E por isso, quase sempre, a vida e de certa forma o próprio indivíduo ficam divididos em dois momentos, separados por uma fronteira claramente perceptível: o momento da interioridade e o da exterioridade. O momento em que convivo comigo mesmo e o momento em que convivo com objetos e pessoas fora de mim. O primeiro momento vem necessariamente antes. E toda a vida exterior deve estar em interlocução contínua com o desenvolvimento dos processos da interioridade. Ou seja, eu tenho diversas experiências externas: ouço uma música, trabalho, tenho uma decepção, um amigo, um incidente etc. Esses são fatos externos. E tenho diversos fatos internos, o pecado, a infância, a morte, a dúvida, o mistério. Para algumas formulações filosóficas, sendo a mais notória o materialismo marxista, o sentido se dá sempre do exterior para o interior: a ação, a situação histórica e política, a luta pela sobrevivência são mais importantes e vêm antes dos fatos interiores; é por eles que me angustio, encho-me de esperança, duvido etc. Para a utopia, preferencialmente, é o contrário: são os fatos interiores, e não os exteriores, que devem ser os organizadores da minha vida, que devem aos poucos ir caminhando para uma clareza maior, capaz de se traduzir em uma postura prática, política etc. A interlocução é sempre nesse sentido, do interior para o exterior. Minha vida não se organiza em torno do emprego, por exemplo, ou da construção da minha casa. E não se trata apenas, para a utopia, de um ideal, um sonho, que as pessoas vivessem de acordo com suas idéias. Isto realmente acontece. É isto que acontece e é isto que deve acontecer, embora não aconteça talvez exatamente da forma como gostaria a ideologia utópica. O mundo de fora só muda quando dentro de nós mudam certas estruturas muito profundas do pensamento.

(Podemos, antes de seguir com esse raciocínio, dar um exemplo em que já tocamos. Em torno do século XVII continua a imperar uma exigência epistemológica: a busca da autoridade naquilo que é mais antigo, que vem antes. No entanto, no interior desse conceito ou princípio, que podemos identificar com a dupla autoridade/origem, há uma mudança significativa. Estamos falando principalmente de Hobbes e Descartes. Ao procurar entender um objeto, perguntamos de onde ele vem. Porque é sua origem que vai dizer se ele tem validade ou não. Muitos autores, que de forma alguma pensavam em questionar a autoridade, a questionaram metodicamente [Descartes] apenas para confirmá-la, para justificá-la melhor. Não se estava portanto negando, questionando, a autoridade, na busca de um ponto duro, mas se estava justificando a autoridade. Eles não estavam apenas em busca de uma origem dura, de um caroço, de algo que fosse origem de outras coisas, mas que ela mesma não tivesse origem, ou se originasse a si mesma. Essa busca de um ponto duro era própria da metafísica. Seus olhos estavam de fato analisando o método; ao percorrer um processo se perguntava "como estamos procedendo?", e o procedimento é que estava sendo discutido. Com isso, contudo, não se estava apenas selando a autoridade, mas a suspendendo; ela ficava dependendo de nosso processo de justificação. A autoridade assim se deslocou do cosmos para mim, indivíduo. E essa prática permanece ainda em Rousseau, quando ele busca identificar o homem primitivo. Em resumo, um conceito é mantido, mas sofre internamente uma fratura, uma reformulação. Ao buscar a origem, e ao colocar em dúvida a autoridade, se estava muito pelo contrário pretendendo confirmá-la. Ou seja, a mudança se dava no método, na forma, mas não no conteúdo, já que não havia a intenção explícita de questionar a autoridade. Exagerando, teríamos: por causa dessa mudança, evidentemente não-isolada, emergem impérios, outros afundam, surge uma nova concepção do empreendimento econômico, vai abaixo a Igreja católica como mantenedora do poder político etc. Não que a utopia proponha essa teoria. Mas a utopia está interessada em analisar essas teorias de fundo idealista. Porque essas teorias afirmam algo que lhe interessa: colocam em primeiro lugar o marginal, ínfimo, menor.)

A utopia, como o catolicismo, ao contrário das posturas materialistas, propõe que o lugar onde encontramos nossa individualidade é o eu do meu eu, a solidão, a reflexão. E não a ação, nem a luta pela sobrevivência, nem mesmo a leitura de textos. Embora a espiritualidade deva se nutrir destas experiências externas. Mas sempre mantendo o interior como o lugar de organização, de produção de sentido.

É preciso fazer um reparo com relação a algumas atividades externas, mas que dizem respeito de perto à interioridade. Quais seriam? São exemplos a leitura de romances e livros cujo conteúdo diz respeito muito de perto às questões da própria interioridade, como religião, política, algumas partes da filosofia, e outras atividades ainda: quais, isto não cabe discutir aqui, mas incluiriam por exemplo jardinagem, caminhadas. Estas são efetivamente atividades externas, ditadas e organizadas externamente, por um outro, mas que estão no limiar da exterioridade e da interioridade. São atividades fundamentais para instituir o hábito e o espaço da interioridade. A educação, nesse sentido, é o trânsito entre a ação e a experiência, é a interlocução entre as experiências externas e as internas, em busca da construção da personalidade, da ideologia, do sentido. A educação se dá nesse espaço, largo, entre a experiência externa e a experiência e a construção internas.

O mundo da espiritualidade, quer dizer, o mundo de dentro, tem suas regras, praxes, leis, seus andamentos, o que exige então um aprendizado. Mais que aprendizado, vivência, prática. A utopia e a pedagogia apontam para uma vida que se organiza nesse universo. O indivíduo, na medida em que prossegue por esse processo, deve apresentar um tipo de comportamento que tenha a marca da espiritualidade. Algo parecido com o seguinte: esperamos do indivíduo que emerge da espiritualidade que ele carregue as marcas do profissionalismo dessas coisas, de saber refletir, de saber organizar, de comparar sempre o que vem de fora com sua postura mais radical etc. Ao se manifestar, esse indivíduo deve apresentar um comportamento e uma linguagem que denotam sua origem, que denotam sua vivência e seu domínio das coisas da espiritualidade. O professor e a cultura, quer dizer, o que vem de fora, podem sugerir instrumentos, mas não podem retirar, roubar ao indivíduo a decisão mais íntima de ser, de decidir o que e como vai se apresentar para o lado de fora. Quem o ouve deve sentir a solidez de um outro, de um alguém que se posta, que ocupa um espaço seu e domina os problemas e técnicas da organização de idéias, ideal, palavras, sentimentos. Como a morte, a vida se decide na solidão. Se alguém nos acompanha nesse momento, é Deus, mas, mesmo entre os que acreditam em Deus, há os que afirmam que nesse momento Deus se retira nas pontas dos pés para nos deixar absolutamente sozinhos. A espiritualidade é uma opção de quem não admite ser pego de surpresa, mas quer enfrentar a solidão como um profissional. No significado aproximado de calejado. Primeiro, muito tempo de manipulação, depois os calos. Jamais a surpresa, jamais a inocência.

E qual a relação da pedagogia e da utopia com essa solidão da espiritualidade? O indivíduo que experimenta e se profissionaliza nesse ambiente interno, que desenvolve essa capacidade de sobrevivência nesse meio, como Robinson, aí dentro, somente se tornará utópico se descobrir, entre as delícias da auto-suficiência, da arte, da leitura, da natureza, da sensibilidade, também a carência do outro. A solidão tem dois significados complementares: estar só, apenas comigo, e também estar sem o outro, que faz falta. Aqui, concretamente, está a falta do outro. Não importa tanto se o outro é necessário ou se um apêndice. Quer dizer, não importa tanto se tenho um ideal, que me basta, e se equilibradamente esse ideal me ordena que parta em busca do outro, ou se eu sofro, me desequilibro, e não encontro meu sentido sem o outro[19]. O que importa de

19. Cito rapidamente uma idéia de meu livro *Utopia, manual do militante*, São Paulo, Ibrasa, 1983, p. 62. O sentido se perde se em um romance alguém rasga uma página ou todo um capítulo. Quem lê o romance afirma: este romance não tem sentido. Ou seja, eu posso ser sem você um romance sem sentido, que não se entende por faltar um pedaço.

fato é a opção para abrir mão da auto-suficiência, mas não da independentidade, para ir em busca de um modelo de vida que somente se realiza junto, na amizade ou em comunidade. Eu ajo em função de você, mas não dependo de você para agir (em função de você). A federação não seria possível se ao passar da liberdade à relação (compromisso) eu deixasse de ser livre. Independentidade e abertura para o outro, essa é a contradição cuja solução e cuja síntese explicam a utopia em sua junção com a pedagogia. Quando descubro que minha essência é a carência do outro, e que não posso ser feliz sozinho — por isso a utopia é socialista —, eu só tenho uma saída, a pedagogia. Sem socialismo não se completam nem utopia nem pedagogia. A ascese, sim, é possível sem socialismo, mas uma ascese que não encampa todo o universo da utopia e da pedagogia.

Em outras palavras, a utopia propõe soluções bem articuladas, complexas e razoáveis para relacionar o mundo da interioridade e o mundo externo, mas, mesmo assim, vive sempre — sem mitigar, sem disfarçar — as dificuldades dessa passagem problemática da interioridade para a exterioridade. Desta, digamos, ruptura. É melhor que utópicos e pedagogos, principalmente os utópicos, admitam que uma vez do lado de fora têm pela frente uma difícil adaptação. Eles vêm calejados pela vida das coisas de dentro e querem, uma vez de fora, agir como profissionais da interioridade, e então não há por que negar que fora têm dificuldades, se sentem estrangeiros.

Expressão

O processo pedagógico, quando dirigido para o ideal do modelo da federação, passa por este ideal intermediário: a capacidade de expressão. O indivíduo, para ser capaz de relações federacionistas, deve ser capaz de expressar sua experiência de vida e de pessoa, sem repetir outras. Duas coisas, uma expressão única e que realmente expressa sua pessoa (uma expressão aleatória poderia satisfazer a primeira exigência, mas não a segunda). E de uma forma que seja ela mesma, que seja a expressão e uma parte importante de seu processo de vida, e um desdobramento de seus processos de interioridade. Evidentemente, palavras, sintaxe, frases inteiras, figuras etc., as pessoas tomam de outras, de fatos, de livros, mas é preciso chegar a uma redação e a uma proposta que emprestem a todo esse material a marca única do indivíduo.

Cada indivíduo processa interiormente suas vivências. E, ao se apresentar fora, se mostra capaz, progressivamente, de se expressar, socialmente, por meio de uma linguagem compreensível, ou materialmente, por meio de atos que façam sentido, para ele e para a sociedade. Digamos, no papel e na vida.

Além de irrepetida, essa expressão deve ser também, como acabamos de falar, parte integrante de seu processo interior. Pois bem, isso, na prática, se traduz em uma expressão articulada, e não fragmentada. A própria vida exterior do indivíduo, feita de escrita, fala e ação, se torna sua personalidade social, a forma pela qual ele se apresenta ao mundo. Digamos, é seu fenômeno, no sentido kantiano. Assim, as relações que estabelece são compreensíveis, formam conjuntos de certa duração. De onde se conclui que só é possível expressar-se se realmente há por trás uma personalidade e uma vivência com as marcas da personalidade.

Todo o processo pedagógico, então, fica tensionado por esse propósito, de levar o indivíduo a dominar as técnicas da expressão. Nas relações pedagógicas se exige que ele seja alguém, que ele se apresente. E que seja criativo. Na verdade, esses conceitos, *criativo* e *criatividade*, por causa de seu uso, trazem algumas dificuldades, e é preciso ressaltar um aspecto que pretendemos que não fique oculto. Criar tem uma conotação, mais comum nas pequenas cidades do interior, que se deve acrescentar ao "criativo" da psicologia. Uma pessoa criativa é a que dá nascimento a uma coisa nova. Mas aí o conceito da psicologia abandona aquilo que foi criado. No interior se fala muito em criar, ou seja, cuidar de uma cria, leitão, frango, marreco, pato, carneiro. Ou mesmo de uma criança. Neste caso, embora também seja necessário dar nascimento, pôr em um local para ele viver cercado ou não, mas protegido, controlado talvez, o mais importante é que a cria tenha um acompanhamento até se tornar adulto, o que envolve, principalmente, cuidados com saúde, segurança e alimentação. Esse conceito é importante porque desloca parte do acento do puro ato genial para o trabalho e a persistência no trabalho.

A vida de interioridade é muito mais importante, pois a expressão não pode existir se não há nada que possa ser expresso. Isso, reunido com o que foi dito anteriormente, nos leva a quatro níveis de interlocução: uma vida externa e intelectual com as marcas da personalidade; a reflexão, que é a tradução dentro do que acontece fora; a interioridade, que é a vida dentro, segundo sua *démarche* própria; e a expressão, que é a apresentação do lado de fora daquilo que conseguimos internamente como sentido. Toda a pedagogia tem como objetivo primeiro a vida interior. Que haja vida interior. Ela é a base de tudo o que se deseja. Certo. Mas, uma vez atingido algum nível de interioridade, socialmente essa tensão, para a expressão, se torna um eixo organizador do processo. Não deve ocupar o centro de fato.

Seria uma distorção eu ter vida interior só porque a escola exige, só porque preciso disso para ser aceito em uma comunidade pedagógica.

Natureza

Apesar de todo encanto utópico pela cultura, a cultura, na utopia, é metodologicamente apenas a forma. O utópico não busca a escola exatamente como quem busca uma resposta, mas como quem já tem a resposta mas procura o meio de colocá-la para fora, com clareza. Mesmo levando em conta que essa forma reduz praticamente a natureza, que ela expressa, a zero. Mas, por enquanto, vamos nos deter na primeira parte, no fato de que a cultura é apenas meio.

A cultura, mesmo que não-sofisticada nem adquirida de forma intencional, na escola, acaba por soterrar de tal forma as raízes do indivíduo, que se torna tarefa da própria cultura recuperar essas raízes. Então, metodologicamente, a cultura utópica está movida por esse propósito de se reduzir a zero (expressão cunhada por Roland Barthes em *O grau zero da escritura*[20]) em termos de conteúdo, de ser apenas a expressão, neutra, o meio em que a natureza e de cada coisa e de cada pessoa se revela.

O professor tem diante de si dois objetivos. Um deles é que o aluno tenha algo, um *conteúdo*, individual, pessoal, irrepetido, para expressar. E outro objetivo é que seja capaz de tomar algo dado, possivelmente algo comum, e o

---

20. Roland Barthes, *Novos ensaios críticos, o grau zero da escritura,* São Paulo, Cultrix, 1974.

apresente de uma *forma* pessoal. Cada indivíduo tem uma natureza radical e única. Ter um conteúdo pessoal é o mais importante, sem dúvida. Mas, na prática, o que importa mesmo é que se expressem de forma pessoal: que expressem portanto a si mesmos seja qual for o conteúdo tomado. Não é pois em primeiro lugar o conteúdo que deve ser pessoal, mas a forma. O objetivo para onde aponta a escola pode ser o conteúdo, mas o instrumento onde de direito atua a escola é a forma. Acreditamos, e isto é um pressuposto da pedagogia, que encontrar ou desenvolver esse meio, a linguagem, a personalidade da linguagem, é um fato significativo para a vida pessoal.

Esse é um projeto que tem seu lado negativo, seu inimigo. E, se estávamos todos pensando em Rousseau, primeiro, mas também no não-diretivismo, agora isto fica mais claro. É que há todo um sistema de encobrimento das raízes, de repetição, superficialidade, repressão de traços de criatividade, insubmissão, e também de comportamentos condenados por sua irreverência, sexualidade, afetividade etc. Ou seja, na medida em que a pedagogia positivamente incorpora o projeto de trazer à realidade as raízes encobertas, negativamente ela se volta contra a repressão e reforça os mecanismos de resistência. Evidentemente, no entanto, não estamos com Rousseau no sentido de pôr a educação em eterna luta contra a sofisticação, do lado da natureza e contra a sofisticação, e sim, pelo contrário, estamos propondo uma escola voltada para o real e para a natureza, na e pela sofisticação. De qualquer forma, não se pode sustentar que a solução é simples. Em princípio, não parece haver motivo para que uma pessoa que segue o caminho da pedagogia, sofisticação adentro, perca o contato com a natureza ou perca a simplicidade. Mas na prática os deslizes ocorrem. Assim como aparentemente é muito simples pedir para que os alunos, em qualquer grau de escolaridade, tomem um texto, um objeto e façam um comentário pessoal, sem cópia etc. Mas na prática muitos alunos terão dificuldade, muitos foram treinados para esconder sua personalidade atrás de uma cópia, muitos professores não sabem valorizar o que é original e estimulam expressões estereotipadas.

Onde está essa raiz, esse núcleo (conteúdo, caroço) que se põe de fora da cultura? (Se tudo parece ser cultura, o que não é cultura?) Cada indivíduo nasce com certas particularidades, de personalidade, de inteligência, e desenvolve com o tempo também lembranças, formulações muito pessoais das idéias e do mundo. Se ao escrever eu mergulho, expresso, matizo, desdobro, por exemplo, um lado meu que pende para a nostalgia, eu tenho a oportunidade de me reproduzir, no papel, de uma forma muito mais complexa do que faria se ficasse calado. Desenvolver a nostalgia, que todas as pessoas têm, mas que eu tenho da minha forma, que é tanto mais particular quanto tenho a oportunidade de expressar, faz ficar mais claro, para nós, um eu que não é produzido pela cultura. Há elementos que a cultura revela, e talvez até elementos produzidos por ela, mas o processo, na medida em que é complexo, no todo não é reproduzido. A produção do texto, expressão, é muito complexa para que seja pura repetição. E ela me empurra para minha natureza. E a formulação global, no fim, acaba sendo muito particular. Além de conter certos elementos da minha infância, amizades, reflexões, incorporação de elementos de regionalismo, traços peculiares da minha família, junto com traços da minha personalidade etc. Esses são conteúdos que a forma da cultura revela.

Essa socialização da personalidade na educação tem seu lado terapêutico. Mas não é uma experiência fora da vida, como uma terapia, que nos permite depois retornar melhor à vida. A construção da personalidade que a pedagogia propõe, a partir das raízes, tem o objetivo de organizar toda a vida. E, para a utopia, nem tem o objetivo de ser também vida: a utopia pretende que a escola seja a parte mais substancial da vida, da qual o resto, como a família e a economia, sejam apenas exercícios.

Evidentemente, nem tudo o que a natureza põe é aceito. A violência ou o ciúme, por exemplo, podem ser naturais, mas não são aceitos. A natureza é inerte e se opõe ao dinamismo humano, como afirma Ernst Bloch[21]. E ficamos do lado da natureza ou do da cultura que seleciona? Uma saída é afirmar que tudo o que trazemos de mau da natureza é uma deformidade (natural) causada por uma deformidade cultural. Esse naturalismo está fora de moda desde o tempo do iluminismo. Não vamos nos deter mais nesse assunto, mas fiquemos com uma posição mais aceita (praticamente a proposta por Charles Fourier[22], e também pelo anarquismo): uma vez expressas, essas tendências más têm oportunidades de expressão relativamente muito menores do que teriam em meios onde prevalece, por exemplo, a força bruta. Ou seja, o mal deve definhar quando o meio nutritivo permite que ele, o mal, e também o bem se desenvolvam naturalmente. Ou, ainda, não há necessidade de

21. "A esperança não é natural. É uma insurreição humana contra o natural", nas palavras de Pierre Furter, *Dialética da esperança*, Rio de Janeiro, Paz e Terra, 1974, p. 49, apresentando o pensamento de Ernst Bloch.

22. Por exemplo: "A paixão só se cura por si mesma" (Fourier, citado por Simone Debout, em *L'utopie de Charles Fourier*, Paris, Payot, 1978, p. 229).

reprimir o mal, basta não reprimir o bem, basta fornecer um meio nutritivo equilibrado para que o mal definhe nesse jogo. Mas é preciso corrigir, para as exigências da federação: a repressão ao mal deve ser reduzida ao mínimo, mas deve permanecer. Aliás, o aluno fortalecido é capaz de reagir a doses saudáveis de repressão. A federação, ao contrário do anarquismo, não acredita apenas no desenvolvimento do bem e do mal em um único meio nutritivo; acredita que isto deve ser um objetivo, mas não abre mão da vigilância, para que os limites sejam garantidos. Radicalizando, podemos afirmar que para a dupla utopia-pedagogia a parte boa da natureza se mostra exatamente na escola, é boa a parte da natureza que não atrapalha mas estimula a vida escolar. A falta de higiene, por exemplo, é má, porque a vida na escola, sofisticada, contígua com a biologia, não é compatível com a falta de higiene. O mesmo se pode dizer da divisão da sociedade em classes, da repressão sexual, da violência, do machismo. São comportamentos que nascem de uma natureza bruta, o que significa exatamente: sem escola.

Agora retornemos, rapidamente, à outra face da relação cultura-natureza. Como vimos, esse princípio exposto atrás era apenas o lado metodológico. A cultura, embora tenha como propósito, ou mesmo única função, expressar o real, reduz o real na prática a mero pretexto. Mas um pretexto importante. A utopia, na pedagogia, constrói um indivíduo natural, puro, como Adão ou como Robinson Crusoé, que, embora viva e raciocine entre citações, rodapés, aspas, ditames metodológicos, termos complexos e variados, num ritmo alucinante de construção do conhecimento, tarefas sufocantes etc., nada mais é que aquele menino ou menina do interior ou de um bairro afastado, tímido, cheio de receios, simples etc. Ou seja, uma nova versão da fera de *A bela e a fera*, do ideal evangélico como um todo, em particular do Sermão da Montanha etc., manso e com sede de justiça, misto de pomba e serpente. Todas as suas armas são para defender seu tesouro dos maus e males do mundo. Pelo menos, tentamos nos convencer disso, apesar de todas as dificuldades que o intelectual encontra para saber onde, em que ponto do caminho, ficou sua inocência, sua infância, ou mesmo aquele bocado indispensável de sua maldade. O intelectual e utópico, embora externamente tenha essa aparência do trecho citado, de Lapouge, de uma aspereza pretensiosa, de uma bondade antipática, por dentro não seria nada disso.

A independentidade está assentada sobre as raízes. Que não são apenas o que o indivíduo recebe ao nascer, mas também sua história, a forma como ele, indivíduo mortal e animal, viveu num meio cultural sua realidade não-cultural: amizades, medos, sexualidade, fraquezas, desespero, alegria, inconveniência, carências etc. Raízes que não são apenas a natureza, mas que incorporam, durante sua vida individual (aqui já com a cultura), a forma pela qual aquele início natural se expressou. Esse caroço individual é um ponto inicial, e, na medida em que dialoga com o mundo cultural, constrói um universo de recursos que passam a constituir, junto com o outro lado natural e pessoal, um todo coeso, a tal ponto que essa personalidade cultural, às vezes acadêmica, não permite mais distinguir o que é conteúdo do que é forma. Eu afirmo, por exemplo, meu ideal, minha atitude ou preferência pela liberdade, de uma forma pessoal, minha, que desenvolvi desde minhas reações, na infância, às tentativas das pessoas e da cultura liberal do interior que recebi; mas eu o faço, por exemplo, me utilizando de figuras tomadas de Foucault, de Guimarães Rosa,

Kant, e da liberdade na música de Satie, e se, nesse ponto, alguém me perguntar: "mas o que, nesse produto final, é seu e o que é tomado dos outros?", eu não terei como responder. O caroço meu e natural se torna uma ficção, que só se manifesta apoiado nas figuras desses autores, práticas culturais, datas, expedientes metodológicos; sem elas a minha liberdade teria permanecido obscura, opaca, e teria se perdido. Para um grande número de ideologias e autores a escola é um meio para chegar ao real. O real está lá fora. A única pessoa dentro da escola que conhece o real, nessa proposta ideológica, é o faxineiro. Nosso século XX sabe que o faxineiro da escola é uma vítima inocente diante da ideologia liberal capitalista. A única realidade possível não está além nem aquém da universidade. Ela é representada. E apenas uma representação que se proponha atingir o grau zero, de Barthes, pode pretender o rótulo de real. E isto só pode ser conseguido, falando maduramente, na mais extrema sofisticação. Toda confiança utópica e pedagógica é confiança na natureza, de forma cultural, mas na natureza, quer dizer, uma confiança efetivamente apoiada na natureza. Confiar significa: a cultura e o indivíduo olham para o mundo, aqui sinônimo de natureza, e o aceitam, em sintonia, empaticamente. Esse olhar quer dizer: confiam. Apóiam. Tem de haver uma sintonia. A cultura e indivíduo de fato praticamente dizem tanto e tão a seu modo a natureza, que a natureza pode ser acusada de ser apenas o que é conforme, que é apenas o que é desejado pela cultura. Tudo bem, mas na economia interna da ideologia utópica não é assim que funciona, e sim como se cultura e indivíduo apenas abrissem o caminho e apresentassem uma natureza pura, pujante, expurgada das distorções etc.[23].

---

23. Cada um à sua maneira, é o que pensam Rousseau, Comenius, Froebel, Neill, Rogers, entre muitos outros.

A CONFIANÇA

O que entendemos aqui por confiança é o objetivo afetivo: eu, aqui, com fome, sozinho, incompreendido etc., ou nós, um povo oprimido etc., sonhamos com outro lugar, cuja característica principal é a confiança. Muitas vezes se confunde confiança com fim da luta, estagnação, mas isso não é exato. O fim de todas as lutas seria a confiança absoluta, concomitante em mim, nos outros, na sociedade etc. Fora disso, a confiança significa, no conjunto das figuras do pensamento utópico, ter vencido uma etapa, ter estabelecido um patamar de onde se passa, vencido um nível de problemas, a outro nível. Ou seja, a utopia vem premida por um conjunto de problemas, que em seu início chegam a questionar a efetiva humanidade do ser humano, na fome e na ausência de relações de amizade mínimas. O sonho de fugir, de emergir, de respirar acima desse desespero ameaçador se materializa no que, aqui, sugerimos como sendo a confiança.

Como na idéia já citada de Ernst Bloch, o utópico não deseja comer, e sim a utopia da fartura, nunca mais ter fome. Transportando essa idéia para o conceito mais genérico de confiança, temos: o utópico não deseja resolver esse problema de instabilidade, mesmo um conjunto de problemas, mas deseja a estabilidade absoluta, um lugar onde tudo seja confiável. No campo da pedagogia: onde principalmente as pessoas sejam confiáveis. A começar por mim mesmo.

Por outro lado, não menos fundamental, confiança é um conceito da constelação da federação. A federação é um conjunto confiável em cada uma de suas partes. Só pode haver independência na confiança. Mas como chegar à confiança tendo introjetado e generalizado o método da desconfiança? Buscar uma coisa por meio de seu contrário não seria inaceitável para a utopia? Ora, como em Descartes, parece que não há solução, uma vez enveredados por esse caminho; agora só teremos confiança apoiados na desconfiança, se examinarmos tudo minuciosamente.

A educação, secundariamente, ainda é importante, porque substitui pelo oposto um valor da dependência: estar confiante no outro. A confiança da federação pode até ser um estar confiante no outro, mas no sentido de que o outro é confiável porque é independente e capaz de entabular, comigo, o diálogo. Mantendo-se coerente e mantendo-se outro. E também porque se ele, tendo nas mãos a liberdade, a trocou pelo compromisso, pela relação comigo, de alguma forma tenho alguma confiança, alguma segurança, de um tipo diferente, certamente, porque ele continua a ter sua liberdade e continua a poder me abandonar a qualquer momento (o compromisso não destrói a liberdade).

O brilho nos olhos

É necessário fazer uma pequena observação. Utopia e pedagogia não concebem que se possa resolver o problema metafísico, da vida etc. sem o outro. Ou seja, preferem, às vezes sem muita convicção, e apesar das dificuldades, mas preferem, um projeto que envolve o outro. E perdem a possibilidade de abraçar hipóteses, esquemas, em que não haja essa contínua dependência, tais como de um ideal puro, de uma relação mística com Deus, jardinagem, *hobbies* etc. Apesar disso, o outro é rejeitado como inimigo, ou culpado, genericamente. Pois, como vimos, o outro não é o problema, mas eu, nós. Ao contrário de outras formulações, algumas esquerdistas e socialistas, é rejeitado o discurso crítico. Por exemplo: guerra aos burgueses, abaixo os norte-americanos, a ignorância, o racismo e o machismo, os corruptos. Há dificuldades em se erigir um discurso pedagógico fundado na crítica aos outros. É muito difícil imaginar um professor esbravejando contra pessoas que estão do lado de fora da sala, que não são nem ele nem os alunos. Quando utopia e pedagogia criticam os outros, é porque eles falham como candidatos a companheiros de movimento, amigos, namorados. Essa posição difere bastante, apesar das semelhanças, da franciscana, para quem todas as pessoas são criaturas de Deus. Utopia e pedagogia pretendem trabalhar com as pessoas, com os erros, mas com quem coopera. Os outros não são aí criaturas de Deus, mas um grande público neutro, do qual somente emergem aqui e ali pessoas interessadas, esforçadas. Flores de Lótus, nascidas e nutridas na lama. Ou seja, um grande grupo que interessa mas é, em princípio, problemático, defeituoso, carente. É o brilho nos olhos de quem me ouve que o distingue, como aluno verdadeiro, dos meros alunos. Ou, em outras palavras, você não existe como inimigo, é uma massa neutra enquanto um mero aluno, ouvinte, mas me interessa profundamente quando seus olhos brilham e você emerge para o diálogo. Utópicos e pedagogos podem até mesmo ser definidos não exatamente como profetas em busca de seguidores, isso seria um desvio, mas como falantes e ouvintes em busca de dialogantes.

O utópico, como ser humano, pode se iludir com as pessoas, e até mesmo pode iludir a si mesmo mais ou menos conscientemente. É preciso acreditar em alguma coisa. Esse brilho nos olhos pode não passar de uma ilusão, mais uma. O utópico pedagogo não pode viver sem algum tipo de crença em alguma pessoa. E não só por essa perspectiva que estou chamando de brilho nos olhos: a possibilidade de que você venha a estar lado a lado na mesma ideologia. Também por outros motivos. O mais sério é a amizade, mas pode ser por sinais nem sempre muito seguros de uma possível amizade. Até de carinho ou sexo, ter um ouvinte, ter um admirador. Mas a pedagogia, embora não destrua nenhuma ilusão, muito menos essa, exige o complemento, a maturidade: estar de seu lado me faz feliz, mas não ingênuo. Junto todas as minhas forças para fazer frente a todas as dificuldades, em todas as direções, para dessa forma enfrentar o projeto de efetivamente ser feliz a seu lado. Ou seja, não pretendo ser feliz a seu lado por causa da minha grande capacidade de não enxergar os problemas. Esse tipo de felicidade, baseado na estupidez, não se admite na pedagogia.

E assim o utópico abre mão, perde as vantagens, de diversas formulações ideológicas que não têm esse inconveniente de depender dos outros, como a leitura de romances, as orações, o jogo de xadrez. Como se explica isso se utopia e pedagogia têm na base a federação e portanto também a independência? Acontece que a utopia tem na independência apenas um primeiro momento, que praticamente nada significa se não dá lugar a um segundo momento: eu sou independente, e uso dessa independência para buscar o outro. Solidão e socialismo. O fulcro da utopia e da pedagogia está num ponto entre o "não" e o "sim", ao contrário do liberalismo, que se apóia na independência.

Mas é necessário lembrar que o brilho nos olhos está na interseção de outros temas, o que muda um pouco seu significado. Está dentro do tema do movimento, do socialismo e desse tema que estamos discutindo agora, a confiança. O brilho nos olhos basicamente significa que o outro aceitou meu apelo, que se interessou em participar do mesmo movimento de que eu participo. Mas, na educação, nem sempre essa sintonia nasce da identificação ou da proximidade ideológica, pode nascer, por exemplo, como frenesi, excitação, num espaço comum, do conhecimento e da amizade. E, o mais importante, dentro da ideologia, mas também em um espaço geral, comum a todas as ideologias, na perspectiva de participação. Ou seja, o frenesi mais específico da educação nasce com a perspectiva de transformar o mundo, e, sendo o mundo — como deve ser mesmo após uma revolução pedagógica, utópica e federacionista — um mundo problemático e defeituoso, o frenesi tem este rosto: o socialismo. A revolução socialista é o núcleo mais atraente, quando eu ofereço a você, na educação, a cultura humana.É essencialmente pela perspectiva da revolução socialista que, na educação, eu espero que seus olhos brilhem.

A confiança em mim, pela sinceridade

Santo Agostinho afirma que, quando alguém busca a Deus, já o encontrou[24].

Hegel afirma que na "etapa da consciência" buscamos a verdade em algum lugar, em algo. E depois, em uma etapa superior, na autoconsciência, sabemos que ao bus-

---

24. "'Tu não procurarias Deus se não o tivesses já encontrado'; o fato é que tu O procuras, mesmo se não O procuras, mesmo se não O possuas ainda; precisamente por isto, já O encontraste; caso contrário não O procurarias" (Sciacca, *História da filosofia*, São Paulo, Mestre Jou, 1968, p. 170, no capítulo sobre santo Agostinho).

car a verdade já a temos, a certeza[25]. Além de que o outro não é exatamente um outro, já que eu me reconheço nele, e percebo que ele se reconhece em mim.

Quando buscamos a verdade, de fato ela não está em algum lugar. E nesse sentido ela não pode ser encontrada. A verdade é algo em nós mesmos. Ou, pelo menos, seus rastros estão por aqui. No entanto, nem por isso já a encontramos. Ela está em nós mesmos, mas é mais difícil de ser encontrada do que se estivesse em algum lugar misterioso. Mesmo que aceitássemos que a sinceridade nos bastaria para ter a verdade, deveríamos nos perguntar: é fácil conseguir a sinceridade? Não seria até mais difícil de conseguir do que a própria verdade?

O conceito mais usual de sinceridade difere desse no sentido de que uma pessoa poderia ser sincera, na linguagem usual, mesmo com um único lampejo, ainda que inconseqüente. Aqui, pelo contrário, ela se define ainda mais na persistência. No contexto, então, se estamos dizendo "sinceridade", queremos dizer de fato sinceridade conseqüente, ou persistente.

O salmo 22 (23 na Bíblia protestante) afirma que o Senhor me conduz no meio de perigos até uma paisagem verdejante. Mas o que exige o Senhor de mim para que me tome pela mão? Ele não o faz gratuitamente. Mas, ao mesmo tempo, conseguir sua proteção não depende de nada, e não é ameaçado por nada externo. Deus, exista ou não, ele me garante, porque, como o Deus de santo Agostinho, só exige de mim a sinceridade. Ou, vendo por outro ângulo, eu tenho o Senhor me segurando pela mão, contra qualquer

---

25. Hegel, *Phénoménologie de l'esprit*, trad. de Jean Hypollite, Paris, Aubier, 1941, pp. 145ss.

coisa que esteja fora, se tenho a sinceridade, aqui dentro; e não dependo de nada fora, nem mesmo dependo de que o Senhor exista; ele existe se existe a sinceridade, porque ele é a própria manifestação da sinceridade. Aliás, embora pareça um pouco absurdo, o Senhor (sinceridade) me protege do maior dos perigos: que Deus não exista. Ou maior ainda, se proposto desta outra forma: que não exista o *sentido*.

Mas é necessário distinguir a sinceridade da confiança. No ambiente da independentidade, a sinceridade dá confiança. Essa é a única confiança que me interessa, básica, em mim. Mas não como um dado básico, e sim como um objetivo a ser conquistado e que se corre o risco de perder a cada momento.

Para o utópico, ao contrário de Hegel, contudo, a razão é totalmente secundária. Mesmo no ambiente da razão, o que importa ao utópico é a sinceridade (sinceridade que, no ambiente da razão, é o método[26]). No sentido afetivo de sinceridade. Quer dizer, mesmo quando estou pensando, o que importa, o que me garante, é que eu pense com sinceridade-afetiva. Os instrumentos intelectuais, lógicos, metodológicos, nada mais são que instrumentos de minha busca afetiva da verdade.

A utopia e a pedagogia se encontram em uma síntese perfeita nesta exigência. Eu preciso confiar em mim mesmo. E eu em princípio não confio em mim mesmo. A sinceridade, quer dizer, confiar nas minhas intenções, na retidão do meu caráter, é a base, mas não é tudo. Ela deve vir

---

26. No sentido do salmo 22: o senhor me conduz. O método e a sinceridade são a mão que conduz pelo vale das sombras, para que eu não me desvie do caminho.

guarnecida de aquisições mais materiais, mais técnicas, mais palpáveis: capacidade de trabalho, histórico, currículo etc. Geralmente concretizados em coisas pequenas que vão se avolumando através dos anos: aprendo a ler, deixo de fumar, amadureço meu afeto, afino minha sensibilidade para a poesia etc. Muitas e muitas pequenas conquistas, pequenos processos continuados. E, passando para a pedagogia, o lema "a culpa é minha" se transforma em "educar os outros sempre vem precedido de educar a mim mesmo". A construção de um mundo confiável começa mudando a mim mesmo. Paciente e continuadamente.

A confiança nos outros

Esperança e pessimismo

Aceitar o método da fuga como uma característica utópica nos permite compreender melhor, por exemplo, como na utopia pedagógica estão juntos esperança e pessimismo[27].

Fora da pedagogia esperança e pessimismo significam errar duas vezes: desconhecer as dificuldades e as possibilidades. O problema é o homem, aqui estão as dificuldades, e também as possibilidades. Por que se entusiasmar? Nada está perto ou fácil. A realização é uma luz distante, uma estrela, além de incerta. Mas, ao mesmo tempo, ela está toda aqui, presente (*nunc*, "agora" em latim, na expressão

27. Fred L. Polak, "Cambio y tarea persistente de la utopía" (originalmente in *The image of the future*), in *Utopía*, org. por Arnhelm Neusüss, Barcelona, Barral, 1971, p. 174. A expressão que ele sugere é "pessimismo existencial e otimismo volitivo".

de Ernst Bloch). Então, não há por que se desesperar, também. Efetivamente, não há nenhum conteúdo de nossa esperança que não esteja se realizando agora: a utopia é um processo, e tanto é um processo agora, que já começou, como daqui a muitos anos.

O trecho que citamos no início, de Autran, por sua vez citando Ennius, é uma possibilidade para compreender a relação entre o pessimismo e a dupla aparentemente otimista: utopia e pedagogia. O professor, tendo perdido todas as esperanças para si, não perdeu necessariamente todas as esperanças para os outros. Como são Pedro, nos Atos dos Apóstolos: "Eu não tenho nada, mas o que eu tenho eu te dou". Mas não seria então um engodo? Ou não seria mais um caso como o do Mister Morte, que tendo contraído Aids tentou transmiti-la a mais de mil pessoas? Não, por causa da segunda idéia contida na citação de Autran/Ennius. Eu não encontrei nada para mim, mas tenho a esperança de que na relação pedagógica você, aluno, encontre algo e o divida comigo. Quem sabe, mesmo, nós encontremos algo só possível na relação pedagógica, graças talvez mesmo ao fato de ter atingido a Noite Escura, quando nada mais quero para mim. Ou seja, talvez porque somente seja possível encontrar algo quando o pessimismo eliminou todo egoísmo.

Essa idéia tem semelhança com a caridade cristã, principalmente com a figura do Reino dos Céus e particularmente com o milagre da multiplicação dos pães. A escola, como o Reino dos Céus, e como o cesto milagroso, permite que se consiga mais na medida em que mais se perde. Mas não exatamente. Eu não recebo para mim depois, em retorno, por aquilo que dei ou perdi, mas ganho no ato mesmo de perder, ganho no outro, é no outro que meu tesouro vale e fica bem guardado. Ou, como os hipermétropes: só conseguimos enxergar bem um objeto, e nos apossar dele visualmente, se o afastamos de nós.

Nesse ponto a utopia se afasta sutilmente da pedagogia. A utopia é mais angustiada e intransigente, e a pedagogia compreende melhor as fraquezas humanas. A pedagogia não pretende eliminar as fraquezas, sobretudo as safadezas humanas, e sim trabalhar sobre elas. A utopia da pedagogia é mais aqui, na escola, que depois. E a pedagogia dos utópicos está voltada para algo mais determinado, a conversão total a uma ideologia. Algo que pode ser detectado, concreto. Os utópicos em geral, pedagógicos ou não, pretendem pessoas convertidas, determinadas, consumidas por um ideal. O que se consegue com data certa e é comprovável experimentalmente, digamos. Tudo bem para eles que nunca tenhamos chegado lá, mas jamais vamos aceitar a situação atual como desejável. Já para a pedagogia, aqui, entre as carteiras da escola, é o lugar e o agora, e estaremos sempre insatisfeitos. A safadeza humana é uma massa com a qual a pedagogia trabalha sem dificuldades, mas que amargura os utópicos.

Mas não é possível passar adiante sem assinalar que essa idéia está atrelada a uma outra, a independência. O indivíduo utópico não pode organizar sua vida a não ser contando consigo mesmo. Isso é o fundamental. Pessimismo em relação às outras pessoas? Não exatamente. Uma profunda necessidade dos outros. Um sonho, mas, se essa é uma metade, a mais importante, em nada ela interfere no voluntarismo e na ação. Eu não ajo porque conto com os outros. Ajo porque conto comigo. Buscando os outros. É assim que o utópico junta estas suas duas metades: a afetiva e a ativa. A responsabilidade deve independer de eventuais indisposições. Como o trabalhador que acorda pela segunda-feira de manhã. Vou para o trabalho. Uma metade do corpo não vê sentido nisso, quer continuar na cama. Prefere até fazer outra coisa. Mesmo assim, a responsabilidade me chama para o trabalho. São coisas, nesse sentido, independentes. Eu confio nas pessoas? Acredito que efetivamente a utopia é possível? Acredito efetivamente em Deus, na amizade, no sentido? Enquanto uma metade enfrenta essas dúvidas, a outra continua a agir.

Na sociedade

Atrás ficou subentendido que a independentidade significa uma ação independente de qualquer coisa. Não é totalmente verdade. Esse é apenas um primeiro momento do mecanismo utópico, mas que só se completa com os passos seguintes.

No primeiro momento, fundamental, devo ser absolutamente independente. Eu sei o que faço, e tudo depende unicamente de mim (utopia do "não"). Esse é também o nível interno. Há um erro nesse conceito de independência que diz respeito ao currículo. Mesmo internamente, dependo profundamente da cultura que recebo de fora, da sociedade. Devo ter sempre consciente que dependo acima (abaixo seria mais correto) de tudo de minha ideologia, e não sou eu quem forma minha ideologia sozinho. Ou seja, embora o currículo seja normalmente concebido como o conjunto de experiências externas, nosso instrumental interno e mesmo a postura do eu, que é em parte pelo menos ideológica, não independem do currículo. E isso se torna ainda mais verdade se nosso conceito de currículo é estendido: passando a ser o conjunto de experiências externas e internas. No entanto, é muito diferente essa dependência inicial e fundamental de outra dependência, permanente, em que eu deveria, por não saber o que pensar, ir até um guru, um livro, mesmo que um livro que eu decorei, para perguntar o que pensar, sentir ou fazer. Quer dizer, é possível que eu não dependa de nada externo, nada que seja um objeto físico, mas que o que tenho dentro de mim não seja propriamente meu, mas apenas um reflexo ou representante de algo externo. Mas também esse detalhe deve ser acrescentado, pois não dependo do currículo apenas fundamentalmente, mas a todo momento necessito de elementos que não tenho, de orientações, de *insights*, de experiências, de sugestões de pessoas com quem convivo ou de pessoas que viveram em outras épocas mas deixaram idéias nos livros etc.

Além disso, tenho, digamos, duas felicidades. A felicidade fundamental é a da sinceridade e da consciência: estou feliz porque estou sendo coerente, buscando tudo o que posso buscar, com todas as forças. O fundamental é isto, eu estou contente comigo mesmo. Se sou religioso, posso acrescentar que estou feliz porque assim Deus está comigo. Mas no outro nível, externo, posso estar feliz ou infeliz. Vou estar feliz se meu apelo recebe um "sim". Se fisicamente as coisas dão certo: se as plantas estão saudáveis e produzindo, se meus parentes e amigos estão com saúde etc. e tenho em torno de mim pessoas de quem eu gosto e que gostam de mim. E infeliz se estou sem dinheiro, se houve uma enchente, se fiquei gripado etc.; e cada vez que deparo com a dureza do coração das pessoas, com a morosidade das mudanças, com traições etc.

Quer dizer, não é que o utópico não dependa do mundo externo, nem que não dê importância ao que ocorre no mundo externo (*a posteriori*, nas coisas e nos outros), e sim que ele o busca como algo que vem sempre depois do mundo interno (em mim, e que depende de mim, embora não totalmente, mas sou eu que retomo, filtro etc. o que vem de fora). Internamente o utópico precisa do outro, como pessoa, e também para se organizar ideologicamente, para o diálogo, para a catequese etc. Se num primeiro momento o utópico é um revolucionário, político, num segundo momento ele é outro tipo de revolucionário: o professor. A confiança no outro passa, então, para a confiança intermediária do movimento: eu, "nós", o outro. E essa confiança no nós se assenta sobre a primeira, a confiança em si mesmo. O que caracteriza o utópico, poderíamos dizer, nesse aspecto, é um desdobramento cartesiano da confiança: primeiro a confiança em si mesmo, esse é ponto de chegada e de partida. O utópico deve estar feliz com o que vem fazendo com sua vida, apesar das injunções, dos fatos etc., e levando-os em conta. E depois ele também passa a se ocupar e a depender do que é externo. Mas, entre uma coisa e outra, uma separação, uma diferença de nível. Eu estou infeliz, por exemplo, porque estou desempregado ou porque sexualmente não estou bem, mas estou feliz porque venho dando um bom prosseguimento a diversas questões etc. Ou, por outro lado, estou feliz porque acertei diversas coisas, agüei as plantas do jardim, reboquei a sala, corrigi os trabalhos dos alunos, mas estou incomodado porque não retomo minhas leituras. E é assim, fazendo as coisas pacientemente, principalmente as que vão me fazer diferente, que pretendo mudar o mundo.

No movimento

O ideal utópico da independência, apesar de ser realmente um ideal, como vimos, é também uma postura prática, técnica. Não é que o utópico queira organizar sua ação só consigo, e sim que ele não quer depender de coisas e pessoas. Contudo, tão logo se organiza, ele se dirige imediatamente para organizar o mundo das coisas e das pessoas. Sobretudo das pessoas, pois elas são na própria utopia (projeto) o mais importante; quer dizer, o mais importante da utopia é que as pessoas sejam o que desejamos. Eu só poderei construir relações humanas utópicas (as relações que eu desejo, sobretudo a amizade) se o outro for independente "e" fizer sua parte. Porque, *primeiro*, o maior problema de viver hoje sob o capitalismo é que as pessoas são como são. Há utópicos engenheiros, e há utópicos ao mesmo tempo engenheiros e pedagogos, o que é uma combinação bastante perigosa, mas o utópico é mesmo tendencialmente pedagogo. E, *segundo*, porque é com as pessoas que se pode construir o movimento. essa utopia intermediária e para alguns (pois a utopia final é sempre para todos) é que pode ser construída desde já e é o instrumento prático e político para construir a outra utopia, definitiva (?) e para todos. Mais, eu mesmo, a construção do meu eu, pode ser considerada a construção do primeiro elemento do movimento.

O verdadeiro objetivo do utópico é formar um movimento. Tudo depende de termos as pessoas que queremos. O utópico sabe que sozinho não vai chegar a utopia alguma. A educação se dá no meio (caldo) da cultura (no sentido da "cultura de idéias"), e esse tipo de cultura se dá entre pessoas, é um produto e um uso social. Não faz sentido, a não ser como exceção, um projeto de vida individual só na cultura; como seria o caso de uma vida de leituras, de prática de xadrez ou piano, de reflexões filosóficas — que é praticamente independente de termos as pessoas que queremos. Por outro lado (na seqüência: eu, movimento, política), a política utópica é engolida pelo movimento. Não passa de um desdobramento do movimento. O utópico pensa desta maneira: se eu tiver pelo menos um companheiro no movimento, um companheiro na ideologia utópica, o resto será só parte da luta.

Só posso efetivamente confiar em uma pessoa que, além de cumprir o ideal utópico da pedagogia (independente, culta, séria, de moral estrita, criativa etc.), ainda, e principalmente, põe essas qualidades a serviço do próprio ideal da utopia. Aí sim estamos juntos. As pessoas que apenas cumprem o ideal pedagógico podem ser confiáveis mas podem não estar junto comigo. A utopia mesmo, o ideal do utópico, como dos crentes e militantes de outros movimentos, é o movimento. Não o movimento institucional e geral, mas o cerne, constituído dos que realmente se dedicam e acreditam. Utilizando uma linguagem católica, a utopia do cristão não é nem o paraíso nem a Igreja, e sim a comunhão dos santos, aquele grupo seleto marcado pela santidade. Com um ponto firme aí dentro, evidentemente, só para lembrar: com a condição de que eu seja santo. Utopia que se constrói só pedagogicamente, embora a partir de um núcleo dentro da pedagogia: a educação para a santidade. Que, genericamente, é chamada na linguagem católica de direção espiritual. Melhor seria "pedagogia espiritual".

No humano

Voltemos a nosso exemplo de uma ponte que ameaça desabar no meio de uma enchente. Como vimos, o pedagogo não se apresenta aí, ao menos como pedagogo, pois ele não trabalha sobre situações já definidas, ou quase. Ele preferencialmente procura o ponto anterior, quando os problemas ainda estão embrionários e mais fáceis, em termos, de resolver (resolver de fato). Mas não se trata apenas desse motivo, há outro, um pouco diferente.

Os pedagogos sabem que há problemas materiais no mundo. Há problemas de pessoas que passam fome, de pessoas que têm pela frente dezenas de anos em um presídio sujo e perigoso, e têm de encontrar um motivo para viver, de pessoas sem carinho, de pessoas que precisam de uma intervenção cirúrgica no coração etc. Por exemplo: uma pessoa não consegue estudar porque seus irmãos fazem muito barulho, a televisão fica ligada, a mãe não suporta vê-la sentada lendo um livro etc. Quem conseguir imaginar sua situação vai ver que esse é um problema para ela muito grave.

No entanto, a pedagogia nada tem a ver com esses problemas materiais. A pedagogia atua apenas sobre o humano. O pedagogo só atuaria sobre a ponte desabando indiretamente, sobre pessoas. E o pedagogo, além de atuar nas bases, renuncia a atuar sobre os fundamentos materiais da sociedade, ou mesmo sobre os fundamentos científicos: o que lhe interessa são os fundamentos humanos. Fundar, constituir, aquele grupo humano com o qual qualquer projeto futuro pode contar.

E o problema humano é o seguinte. Minha vida depende profundamente das pessoas que conheço, e também de pessoas que se relacionam pouco comigo, e até de pessoas que habitam países distantes. E, então, só tenho disponíveis dois caminhos: ou procuro essas pessoas que já estão prontas, embora escondidas em algum lugar, ou procuro formar essas pessoas. Evidentemente, há misturas entre esses caminhos. Quando procuro essas pessoas, pode ser que eu não as encontre ainda perfeitas, mas com grandes possibilidades. E, quando me proponho formá-las, isso não significa que acredite que possa transformar qualquer indivíduo, bandido, criança, velho, machista etc., naquilo que eu desejo; pode ser que eu pretenda encontrar algumas pessoas pedagogicamente já diferenciadas, menos difíceis.

Às vezes, o primeiro problema do utópico não é humano, mas tecnológico ou político. Mas para conseguir viver nessa sociedade, assim organizada, ou mesmo para conseguir as mudanças, ou para desencadear a revolução que deve nos levar até essa situação, é necessário convencer as pessoas, mudar, preparar, e formar as pessoas que vão lutar do meu lado.

Agora, é preciso mostrar como essa atitude se insere no fundamento epistemológico da utopia.

Tanto a postura tecnológica como a política e a humana se explicam pelo fato de que a utopia, para o utópico, não é exatamente um lugar, algo externo, mas é um sentir-se. O utópico não conhece outro mundo que aquele que rodeia seu coração e sua mente; o mundo externo só é considerado porque ele sabe que o que sente depende da política, da arquitetura, da natureza e, sobretudo, das pessoas. As pessoas, como vimos, são extensão do eu/pessoa. Eu conto unicamente comigo. Mas abro espaço para os que querem ser como eu e formar comigo um nós. Nunca isso acontecerá, efetivamente, pois continuo só confiando mesmo em mim. Mas atuo por esta via: eu, nós, o outro, formando o movimento, e daí a natureza, a sociedade etc. Evidentemente, faço coisas materiais, como pregar uma tábua, construir um dique, e sei que às vezes é mais sólido confiar em um dique ou em um prego do que em uma pessoa, mas não se trata disso, desse tipo de confiança. Nunca vou poder confiar em nada externo, sejam pregos ou pessoas. Confio em mim, no sentido de que eu, de uma forma ou de outra, dependo de um projeto meu, da minha ação, da minha ascese. E fora de mim nem no movimento das estrelas ou na fidelidade de uma montanha. Mas, incorporado o conceito de movimento ao de ascese, de uma certa forma eu posso sonhar com a possibilidade de vir a confiar em outras pessoas. E posso incluir as pessoas, apesar das dificuldades, que não me assustam, em um programa de transformação legitimamente utópico. Que passa pela pedagogia. Isso é sólido, num mundo em que o trabalho obedece ao critério da independentidade, que é o mundo da cultura. As pessoas me traem? Tudo bem, recomeço. Se eu traio, tudo bem, recomeço. Mas construo, e minha construção depende de meus próprios erros, e depois dos nossos erros, enquanto os pregos, diques etc. não satisfazem à independentidade porque, aja eu certo ou errado, nunca vou aí depender só de mim, do interno. Esse meio que é a matéria foge a meu controle. Não que seja mais difícil, pois não é nem mais fácil nem mais difícil, mas é mais difícil no sentido de que me foge.

O currículo

É quase inconcebível que fosse diferente. Pensemos, utopizemos. Primeiro, eu entendo que devo organizar toda a minha ação independentemente de qualquer coisa que aconteça fora, e de qualquer pessoa, sobretudo. Segundo, entendo que o problema básico do mundo, de meu mundo, sou eu, ou que esses problemas meus vêm antes dos problemas dos outros e do mundo. E, terceiro, resolvo fazer, tomo essa vida de uma ação absolutamente individual: para nunca depender de ninguém, eu me isolo dos outros, proponhe-me viver sozinho. Essa resolução poderia ser apenas psicológica: eu me proponho sentir-me sozinho, e não me isolar fisicamente das pessoas, retirando-me para um quarto ou um deserto. Mas aqui estamos nos referindo mais a esta segunda saída, que seria mais bem definida como busca de um currículo que depende ao máximo só de mim mesmo.

Saída muito difícil, psicologicamente custosa. O currículo é quase essencialmente o que depende dos outros. Um utópico só aceitaria ser eremita se renunciasse aos outros, às luzes, ao progresso. Se, para ser independente, renunciasse aos aspectos mais caros de seus desejos.

A saída correta é outra. Do eu se passa ao nós.

Em termos. O nós, o movimento, não substitui totalmente o eu. Eu não conto verdadeiramente com vocês, que partilham a minha ideologia, o mesmo projeto que eu. Eu conto só comigo. Mas aposto, arrisco-me a estar junto com vocês, enquanto vocês forem extensões ideológicas do meu eu. Digamos que vocês me traiam. Tudo bem, não traíram, porque eu só contava com vocês "enquanto utópicos", enquanto companheiros de meu movimento. Tranqüilamente, se vocês me traírem, recomeçarei do zero. Em outras palavras, o utópico não conta com pessoas vivas, com nome, concretas, mas conta com pessoas enquanto participantes de um movimento. E, se o João da Silva etc. pode trair, o membro do movimento não pode.

No conhecimento

Tanto utopia como pedagogia têm um interesse secundário pelo conhecimento. Apesar das aparências (a pedagogia busca o conhecimento, e a utopia tem como um de seus pilares o intelectualismo).

O conhecimento, no processo pedagógico, funciona apenas como forma, andaime, isto é, ele garante a construção, a continuidade, a firmeza com que as fases se somam etc. Mas ele mesmo, enquanto conteúdo, tem uma posição problemática no conteúdo. Não que esteja totalmente de fora.

Mas não é isto que nos ocupa agora. E sim o fato de que é essencial na utopia a confiança. Como vimos vendo. E a confiança externa (não estamos falando da confiança que mais importa, que é a que decorre da confiança em mim mesmo) na utopia poderia ser de diversos tipos, evidentemente: 1) econômica; 2) arquitetônica; 3) política; 4) institucional; 5) cultural; 6) pedagógica.

Talvez se possa dizer que a confiança utópica há de ser sempre complexa, composta por todos esses itens. Mas a confiança pedagógica é a menina dos olhos da utopia, sem dúvida.

Os argumentos que são a favor dessa posição se encontram facilmente.

A construção pedagógica é muito lenta. Tudo é muito difícil, interligado. As construções geralmente são muito amplas, envolvem processos disseminados por todo o conhecimento e toda a personalidade. No entanto, a dedução óbvia é igualmente verdadeira: aquilo que se constrói pedagogicamente não se desfaz facilmente. Mesmo que o indivíduo que se desenvolveu pela ação pedagógica venha a morrer, dificilmente ele não terá posto essa conclusão em outras construções pedagógicas de outras pessoas, ou transformado o mundo da natureza ou institucional etc.

Ou seja, uma das razões mais profundas por que os utópicos se interessam pela pedagogia é que eles têm sede de confiança. Aliás, poderíamos reformular todos os conceitos de fuga, para as margens e principalmente para o início, como sendo conseqüência da desconfiança ou da sede de confiança, de estabilidade. Não é exatamente a pessoa desconfiada que não deseja nada atrás de si? E, por outro lado, uma estrutura que garante a confiança em cada um de seus elementos — cada elemento é um pilar — é exatamente a federação. A utopia que eles pretendem construir deve ser a mais definitiva possível. Por isso, a construção deve se dar em um campo em que as dificuldades não são desprezadas, mas enfrentadas, e divididas em dificuldades menores, para que nenhuma escape. Ora, naturalmente um campo que se oferece com características desse tipo é a pedagogia.

Um pequeno balanço. Apresentamos até aqui os dois conceitos candidatos a fundamentos da educação utópica, ou seja, do encontro da utopia com a pedagogia, onde é gerado o discurso que faz o elogio da pedagogia. Em resumo, significam uma fuga para as margens, a fim de ali construir as bases sólidas da independência. E é pelas margens que se constrói lentamente um núcleo, um centro gerador, um ponto de onde se dê o diálogo, portanto independente desde as raízes, ou seja, onde são construídos os pilares da federação.

capítulo 3

O Ideal

IDEAL[1] E TROCA

O ideal

É perfeitamente cabível que alguém sustente que o idealismo compete, no sentido de ser mais básico, com a fuga para as margens e com a independentidade ou federação como o conceito mais importante na organização da utopia na educação.

Nosso objetivo, aqui, é expor o conceito de ideal na ideologia utópica. Vamos recorrer diversas vezes ao concei-

---

1. É necessário fazer à margem, para um desenvolvimento posterior mais detido, algumas observações de cunho topológico. A fuga para as margens é, evidentemente, uma opção metodológica pela parte, contra o todo. Apesar de, como vimos, não se tratar de uma opção pura e simples. Por exemplo, a fuga para o mínimo é uma forma de atingir o todo. A fuga para trás é tomar, na série sujeito-relação-verbo, o rumo do sujeito. A federação também é um esquema complexo da relação entre o todo e a parte, mas com uma sensível preferência pela parte. Já o ideal também, mas aqui a preferência é pelo todo, com a diferença de que a federação usa como ambiente a política, e o ambiente do ideal é o mundo das idéias.

to de troca, mas que aqui apenas nos serve de contraponto, como um instrumento secundário, para atingirmos nosso objetivo. Aqui, a troca é apresentada em duas faces. A troca propriamente dita, dar para receber algo, e a troca com o futuro, sacrificar-se agora para ter algo no futuro. E, depois, nosso tema se aproxima e por fim assume a tensão entre o ideal e o real, e, no fim, entre o ideal e o sangue.

A educação é, nesse caso, apenas o ambiente, um bom ambiente para se discutir e esclarecer a relação entre ideal e troca. Mas, ao mesmo tempo, essa é uma questão muito importante para estabelecer a utopia na educação ou, talvez melhor, a educação na utopia. Pois, de uma certa forma, a utopia se interessa pela educação porque ali é o melhor lugar para viver a vida do ideal, afastado da vida material da economia e da política.

De certa forma, até aqui apresentamos pelo lado de fora as propostas ideológicas embutidas na utopia e na pedagogia, e agora passamos a dar preferência a seu lado de dentro.

O conceito adotado para ideal, aqui, em uma exposição topológica, é vincular cada caso a uma idéia ou princípio geral. Evidentemente, como não é possível fazer essa vinculação diretamente, é preciso levantar idéias intermediárias, diversas. Por exemplo, se nosso princípio é a liberdade, fica difícil deduzir daí diretamente como deve ser o comportamento de um jovem indeciso entre uma oportunidade de trabalho e os estudos. Para suprir essa falha, a idéia é desdobrada e torna-se uma ideologia, ou seja, um conjunto mais amplo de idéias, todas razoavelmente articuladas entre si, com o propósito de dar conta da grande maioria dos casos. Uma segunda acepção, quase tão importante, é viver da forma que esse princípio propõe, esforçando-se sempre para adequar os atos, sentimentos, pensamentos, objetos cotidianos etc. a esse ideal. Também aqui trata-se da absorção do caso ou proposição pelo todo ou sistema.

E então, curiosamente, nos aproximamos muito do ideal evangélico da caridade, que também se contrapõe à troca. Mas é preciso ter sempre em mente que a federação difere sensivelmente da proposta da caridade[2]. A própria pedagogia é uma forma de caridade, mas provisória: o outro recebe, mas provisoriamente, no rumo e no objetivo de não mais receber e poder ser adulto e estabelecer comigo uma relação igual.

Uma pessoa que tem um ideal não pode fazer contas, se utilizar da aritmética para ver se vale a pena. Por meio do ideal ela pode ter tudo: sexo, dinheiro, prazer, propriedade, prestígio, estudos. Desde que seu ideal permita, evidentemente. Ela pode, por exemplo, ter uma família. E o ideal vai levá-la até a família, vai valorizar tudo o que houver dentro da família e dentro de sua casa. Mas não cabe, por exemplo, pensar se vale a pena participar de uma passeata de protesto e assim prejudicar seu noivado, ou seu filho. Isto pode ser chamado de *prostituição,* com a diferença de que nesse caso o que é vendido é a alma, e não o corpo.

---

2. Uma questão que serve aqui de exemplo envolve grandes dificuldades: a utopia proporia a amizade, em oposição à caridade evangélica. A diferença topológica básica é que o centro da amizade é a relação, e o centro da caridade é o outro. Mesmo que seja uma relação voltada para o outro. Ou seja, temos sujeito, relação, e outro, o sujeito fornece o centro para o liberalismo, a relação o centro para a utopia, e o outro o centro para a caridade evangélica. Acredito que a pedagogia se aproxime mais da utopia, nesse aspecto.

Mais genericamente, a prostituição se constitui quando examinamos se determinada ação, compatível com um ideal, nos traria vantagem ou desvantagem. Há vantagens em seguir um ideal, mesmo vantagens materiais, tanto do tipo econômico como do fisiológico/sexual. Apesar de que essas vantagens, no ideal, nunca devem ser a causa da ação. Elas vêm por acréscimo. As vantagens, nesse caso, aparecem articuladas com um conjunto, proposto pelo ideal, no meio até de muitas desvantagens. A troca, nesse caso prostituição, é resolver o problema não pela via da coerência com o ideal e sim pela via da vantagem: é vantagem, por exemplo, a caridade, se é possível que o céu nem exista? Uma pessoa que assume um ideal também por suas vantagens materiais, quer dizer, como um pacote, não está se prostituindo, mas a prostituição aparece em ponto menor, quando deixo de lado o conjunto do ideal, que essencialmente é sacrifício, e examino se determinada parte sua não poderia ser manipulada para aumentar minhas vantagens.

Burgueses e liberais

Há dois esquemas polares de relação entre um ponto e outro ponto (sujeito e objeto, início e final): o esquema liberal e o burguês.

No esquema liberal, que tem como relação básica a troca, o sujeito se opõe ao objeto através do meio, que funciona como obstáculo. Sofremos o meio. Sofremos o meio para receber como recompensa o objeto ou objetivo. Intimamente, por dentro, nada que se encontre no meio nos revela o objeto ou objetivo. Por certo ângulo, a troca permite que o sujeito submeta e subverta a relação, pois a relação passa a ser voltada para o próprio sujeito: eu me relaciono, mas ainda apontado para mim mesmo. E subverta também o objeto. Apesar de haver, nesse esquema, uma contradição. Topologicamente, uma das características da linha é que início, meio e fim se desenvolvem como degraus, quantitativamente, e nunca em oposição ou se negando um ao outro. E o que dissemos acima, no início deste mesmo parágrafo, foi exatamente que o liberal, cujo esquema se baseia na troca, considera o meio algo oposto ao objetivo (fim), no sentido de que sofremos o meio para atingir o gozo do fim. Na verdade, é possível superar essa dificuldade sem sair da topologia, por meio da gradiência (um caminho graduado). O caminho, para essa concepção de linha, é composto de uma série de passos, os quais se vai sofrendo para aos poucos atingir o gozo de se aproximar do fim. Que não é alteridade, mas eu mesmo. O gozo liberal é o fim anulado como fim, absorvido pelo sujeito. Ou seja, no fim, a cada fim, ao fim de cada parte ou segmento, a cada passo, se deixa para trás o sofrimento, um pedaço do sofrimento, que ao mesmo tempo e na mesma proporção nos dá acesso a um pedaço do fim ou gozo. O esquema liberal funciona como uma subversão da relação e da alteridade: o sujeito sai de si mesmo com a condição de apenas encontrar a si mesmo. A relação é a troca, e o fim é meu prazer.

E no esquema burguês tudo funciona ao contrário do esquema liberal (em parte, por certo ângulo). Sujeito, meio e objeto ou objetivo são todos parte de uma única linha, portanto sem quebra de continuidade. Se "abrirmos" o meio e o objetivo, encontraremos a mesma constituição nos dois. O caminho não se opõe à chegada, mas a chegada é apenas uma abstração, uma estrela que serve para orientar, uma figura. Não ocorre de sofrer no caminho e de repente, no fim, acontecerem as delícias da realização, da recompensa. O meio, digamos, engole o fim. O negativo, aqui, consiste em não caminhar, é relativo. Qualquer ponto é tão bom quanto o outro, qualquer paragem; o importante é a velocidade. Transformado em ideal, o esquema burguês também é primitivo, porque não descobre a alteridade. O sujeito se perde em um ativismo obsessivo, e também encontra a si mesmo não como um eu egoísta, e sim como atividade. O burguês é egoísta, entre aspas, pois quer agir a todo custo.

No esquema liberal o meio e o fim são tidos como opostos e inconciliáveis, e no esquema burguês meio e fim estão no mesmo nível, são contínuos e cumulativos. O esquema liberal lembra, por meio dessa definição, o que se entende por dialética. E o esquema burguês está relacionado com a utopia. Ambos em versões simplificadas, primitivas.

Dentro do esquema liberal se vence o caminho, que é algo que se sofre, que se dá, para se atingir o objetivo, que é algo que se recebe, que se goza ou se passa a possuir. Uma troca, o caminho é oferecido e sofrido para se chegar ao fim. A atividade, assim, se apóia em algo fora dela. Mas no esquema burguês o oferecer é um ato contínuo, uma atividade que vale por si mesma. Por trás do esquema burguês, no entanto, a concepção de sujeito ou homem é mais refinada que no esquema liberal, porque o homem para o burguês é atividade e para o liberal é um corpo físico.

O idealismo proposto pela utopia se opõe frontalmente à troca liberal. A utopia propõe que uma pessoa deve observar diversas ideologias oferecidas pela humanidade (*grandes ideologias*) e escolher a que lhe parece melhor: marxismo, cristianismo, budismo, espiritismo, a própria utopia, niilismo, e muitas variações e subdivisões e muitas outras. Uma vez escolhida a ideologia, esse indivíduo provavelmente dispõe de um conjunto complexo e articulado de idéias capaz de organizar seus pensamentos e atos, que vai ser, até segunda ordem, sua *ideologia*. E que, uma vez adaptada a seus gostos pessoais, acrescida de retoques, às vezes de inserções de outras ideologias adaptadas para alguns assuntos específicos (por exemplo, um marxista pode adaptar as idéias cristãs a respeito de suas relações familiares, rejeitando aí, unicamente nesse ponto, o modelo soviético), estará pronta para o uso. Ainda será uma ideologia, mas já em uma terceira acepção, muito mais *orgânica*. Quer dizer, esse indivíduo tem a possibilidade de organizar seus atos não para ter algo em troca, mas a serviço de sua ideologia. Servir, porque a ideologia pede, e não para ter algo em troca. Daqui para lá, não de lá para cá, e nem mesmo o daqui para lá condicionado e voltado para o que vem de lá para cá[3].

---

3. A própria oração de são Francisco pode ter uma leitura dúbia, nesse aspecto. "Pois é dando que se recebe" pode ser entendido: dar para receber. O correto é compreender que se dando se recebe, mas não no futuro, e sim no próprio ato de dar: "o melhor a receber se tem no dar". Mas o problema é mais complexo. Lutero percebeu as armadilhas dessa troca com o futuro. Uma amostra dessas dificuldades está na diferença entre as duas seguintes posições. *Primeiro*, compreender que a vida é sofrimento, e que só há verdadeira alegria no paraíso, após a morte. E, *segundo*, sofrer durante esta vida para ter, mais que em troca, em compensação por esse sofrimento, a alegria do paraíso. No primeiro caso, a terra e o paraíso são diferentes, mas a alegria do paraíso não se explica como uma compensação pelo sofrimento aqui embaixo. E *terceiro*, ainda um pouco diferente dessas posições, seria supor que a alegria do paraíso existe para compensar os sofrimentos aqui na terra. Ou seja, na segunda posição parece mais natural supor que a alegria do paraíso está além do que possa ocorrer na terra, e que apenas circunstâncias, talvez

Evidentemente, pode-se questionar se o próprio liberalismo não seria um ideal: liberdade, justiça, democracia etc. Nesse caso, o indivíduo agiria para ter algo em troca, mas consideraria globalmente seus atos, até mesmo seu prazer, sua liberdade, sua individualidade, sua propriedade etc., como decorrência de seu ideal. O liberal é contra o ideal, mas falseia seu antiidealismo vestindo o liberalismo com as roupas do idealismo, como uma luta pela liberdade, como uma defesa do direito e assim por diante. Aliás, os liberais nem podem ser criticados por agir dessa forma, porque é perfeitamente coerente.

A utopia nega a linearidade, mas não pela dialética na concepção marxista; sua dialética é a do diálogo, como acontece em Rogers, Buber e Bakhtin, por exemplo.

Mas mesmo o indivíduo que encontrou um ideal e se dá não estaria recebendo algo em troca? Sim, mas não seria algo material nem para si. O prazer de ter um ideal, e mesmo o prazer de comer e de ter relações sexuais, ou da propriedade, desde que encaixados no ideal, constituem um caso diferente, embora a questão ofereça algumas dificuldades. Além disso, como já vimos, para a utopia é preciso ser feliz

---

interesses humanos, vinculem essa alegria celeste ao sofrimento na terra. Em *A imitação de Cristo* (São Paulo, Edições Loyola, [3]1999), de Tomás de Kempis ("Meditar sobre a morte", Livro I, capítulo 23, p. 57), há uma sutileza: a troca dos prazeres futuros pelos prazeres presentes estaria ligada a uma compreensão, uma sabedoria, sobre a futilidade da existência, que é contraposta ao indivíduo que tudo esgota, sem prever, sem refletir. Isso nos leva a uma *quarta* posição, em que o paraíso significa poupança em oposição à dissipação terrestre. Algumas passagens do Evangelho também podem ser compreendidas nesse sentido, particularmente a idéia de que se deve ter o tesouro no céu. Uma má compreensão, sugiro.

para ser socialista, para ter o que dar; é preciso mudar o mundo a partir de si mesmo, da parte para o todo, do exemplo, e mesmo do sucesso do exemplo.

A idéia mais senso comum que defenderemos, mas que constitui a raiz das demais, é que a educação é um ambiente em que a troca e a linearidade se aplicam com dificuldade. A educação é um ambiente em que se dá, e, acrescente-se, em que se recebe também, mas em que o dar e o receber não se articulam pela troca. Ou seja, na educação damos, e não faz sentido algum esperar algum retorno por aquilo que demos. Um dia recebemos, às vezes sim às vezes não. Mas isso não tem nada a ver com o que foi dado antes. Não se trata pois de afirmar que na educação só se dá, nada se recebe, mas de negar a relação entre o dar e o receber, a troca, em que se dá só para receber.

Ideal e sentido, e o fracasso

O conceito que vamos apresentar agora situa-se entre diversos outros e poderia ter sido apresentado em diversos outros espaços. Comecemos pelo sentido. Uma fábula também nos permite distinguir Deus do sentido, até. Suponhamos que alguém morra e chegue ao paraíso. Deus o recebe. E ele pergunta a Deus: "E daí?". Daí só isso. Deus lá, e eu. A eternidade. Então não tem sentido? Não, é só isso mesmo, arrume um canto confortável, ou vá a alguma festa, porque nada tem sentido mesmo, e a eternidade é longa.

Bom, talvez pior ainda que o mundo não ter sentido seriam: ter sentido, e eu não perceber, e ter sentido e eu ficar do lado errado, como seria o caso de haver paraíso e inferno e eu ir parar no inferno.

Outra imagem pode nos aproximar do conceito de sentido. Suponhamos que tenham se passado sete mil anos. Tudo o que construí, escrevi, meus filhos, os filhos dos meus filhos, os netos dos meus netos, os valores que me eram caros, possivelmente meu país, tudo terá virado pó. Então, que diferença faz se fui um assassino ou um santo? Dessa perspectiva, qual a diferença entre o mais puro ato de sensibilidade e o gesto mais violento e estúpido? Nenhuma. A não ser que haja o sentido. Aí tudo faz diferença.

Há também um conceito em Kafka que pode nos ser útil. No conto "Preocupações de um chefe de família"[4], ele afirma que um objeto, Odradek, que vive pelos cantos de sua casa, não morreria, porque não tinha uma intenção; ou seja, morrer seria uma conquista do ser humano, um direito adquirido por ter intenção. Já o conto "Metamorfose"[5] levanta a suspeita de que nem todos os seres humanos, talvez, tenham intenção, mas sejam baratas. Modificaríamos um pouco o que ele propõe. Suponhamos que um ser humano ou um animal sem intenção tenha morrido. Mas morreu o quê? E, trocando morte por fracasso, temos: apenas o ser humano fracassa, porque somente ele se propõe alguma coisa. A utopia é o direito à humanidade, pela via do fracasso. Evidentemente, na utopia há também o risco, que se pode afirmar que seria infinitamente pequeno, de ter sucesso. E agora retornemos ao conceito de sentido. Como na parábola acima, sobre a existência de Deus, a utopia seria uma aposta no sentido. Viver segundo a possibilidade de que o mundo tenha algum sentido. E uma segunda aposta: no outro. Que introduz a pedagogia na utopia.

---

4. Franz Kafka, *A colônia penal*, São Paulo, Livraria Exposição do Livro, 1965, p. 84.

5. P. 161, do mesmo livro.

Um parêntese importante nessa relação entre aposta e sentido. Muito semelhante aos conceitos desenvolvidos por Pascal e Lucien Goldman. Primeiro, temos a aposta na existência de Deus. Que poderíamos desenvolver, mas que, por falta de espaço no formato deste livro, vamos lembrar apenas por uma de suas fórmulas: o problema de Deus existir ou não é um problema fora de mim, de Deus talvez. Eu nada posso fazer para que ele exista ou não. Agora, vamos transferir esse conceito para o sentido. Eu aposto que a vida tenha sentido. Posso tentar captar, apreender esse sentido, caso exista, mas não posso fazer que o sentido exista se objetivamente não existe. Isso não compete a mim. O que então deixa a questão no seguinte ponto. Apostando, e fazendo sentido para mim apostar — o que é diferente do sentido objetivo e fora de mim —, o problema do sentido objetivo fica de certa forma irrelevante. Não de fato, evidentemente. Nada pode ser tão importante quanto a existência ou não de sentido para minha vida e para o mundo. Mas na prática, do ponto de vista ativo, daquilo que eu posso fazer, praticamente nada acrescenta se há ou se não há sentido. Eu tenho de fazer a minha parte. E isso não deixa de ser um tipo de sentido, virtual, prático. No desespero, talvez, mas também enquanto fórmula para que eu exija tudo de mim, e nada dos outros e do mundo. Nada, absolutamente nada.

Diante da percepção, religiosa, da vida como um todo, do qual se deve dar conta, diante do qual se deve tomar uma atitude e cumprir, a utopia lança a âncora sobre um modelo, e dali passa a atuar sobre a realidade; mas por diversos motivos precisa de outras pessoas, inclusive pelas dificuldades técnicas de esclarecer o modelo (ele mesmo, o utópico, precisa da escola para saber o que deseja). Ou seja, a utopia é uma aposta em que o mundo tenha sentido. Não que tenha, de fato, embora talvez tenha de fato, e sim porque apostar é uma política melhor diante da necessidade de organizar a ação em torno de um ideal. É prático.

Aliança, ideal e sacrifício

A palavra "sacrifício" tem diversas acepções. Sem falar nas do senso comum: de sofrimento ou de eliminação.

Vejamos uma acepção que poderia ser rotulada como *esquema da aliança*[6], que servirá de auxiliar para chegarmos à que pretendemos apresentar.

Mas, antes de dar exemplos, é preciso introduzir o conceito de aliança. Pois tanto um como outro, tanto o sacrifício como a aliança, são contraposições, alternativas, à troca. Na aliança duas pessoas negam a troca, pois tudo o que é de um passa a ser do outro, são como um.

Na troca, devemos perder algo para ter algum bem. Mas isso não é um sacrifício. Suponhamos que, rompido um contrato, feita uma traição, perdemos a confiança de alguém. Então, sabemos que não basta restituir o que foi

---

6. Na minha tese de doutorado sugiro que o fundamento topológico da Antiguidade poderia ser mais bem-compreendido se expuséssemos com maior clareza matemática o esquema da aliança. Da mesma forma que os estudos sobre a Idade Média exigem um esclarecimento matemático do esquema do *religare*. E o período que poderíamos chamar, em sentido lato, de iluminismo exigiria estudos sobre o esquema da desmontagem. Ficando ainda aberto o espaço para o estabelecimento de um esquema que pudesse esclarecer os fundamentos do século XIX, possivelmente algo como a Ciência. E, para o século XX, possivelmente algo como o fórum da Universidade.

perdido. Essa suposição pode ser chamada, sem susto, de infantil. É preciso dar mais, nessas circunstâncias. Quanto? O sacrifício consiste em uma oferta, mas uma oferta muito além do que a lógica pudesse exigir como reparação.

Os dois exemplos mais famosos de aliança são também exemplos de sacrifício. Quando Deus faz a aliança com Abraão, pede-lhe, por ser tudo comum a ambos, um sacrifício, como reparação pelo pecado de Adão. E na nova aliança — só que desta vez não mais entre Deus e o povo hebreu, e sim com toda a humanidade — é Deus que dá seu filho em sacrifício, não porque ele tenha pecado, ou rompido a aliança, parece, e sim para que o homem tenha algo à altura para oferecer.

Nesse conceito, o sacrifício, embora negue a troca, se dá no mesmo espaço da troca. É uma troca às avessas. Apresento, a seguir, um conceito de sacrifício que nega a troca de outra forma: o sacrifício se dá em outro espaço, que é o próprio espaço do ideal, estruturalmente diverso da troca.

No esquema liberal, ou da troca, embora o sacrifício seja feito por mim, e não dependa da aceitação do outro, ele é feito em função e na espera de uma resposta do outro. No modelo utópico, contudo, embora o sacrifício possa e deva ser um ideal voltado para o outro, ele é muito mais absolutamente independente de uma resposta do outro.

O utópico e o burguês, quando agem, têm aversão de fazê-lo à espera de um resultado. Isso por causa da independentidade. Eles necessitam de uma organização ideológica tal que sua ação brote de sua individualidade a partir de nada mais que não seja eles mesmos.

Assim, o sacrifício significa, acima de tudo, abraçar ou se converter a um ideal. Que me consome. Que me pede continuamente, e me pede tudo. Mais que isso, mais exatamente, é preciso que dentro do ideal eu anule toda atitude de troca ou de pedir algo em troca. Ali eu estou unicamente e cada vez mais para servir. Não pede que eu me anule (sacrifique) a mim mesmo, porque, na utopia/pedagogia, eu sou o instrumento fundamental dessa doação.

O conceito de sacrifício apresentado exige um aviso em relação a um possível equívoco. Quem tem um ideal efetivamente se sacrifica por ele. Mas sacrifício não significa sofrimento em toda a extensão do conceito de sofrimento. É pertinente, e talvez mais pertinente, a disposição franciscana, da alegria de servir, da alegria de ter encontrado um ideal. Ou seja, há realmente a possibilidade de que se sacrificar por um ideal signifique sofrimento, mas isso não é necessário, não é a única possibilidade; é, mais, uma possibilidade um tanto quanto exótica. Eu posso ser cristão por sacrifício, enquanto meu coração está onde está meu tesouro: nas riquezas, no sexo, na preguiça. Mas, mesmo assim, talvez por moral, por dever ou mesmo por pirraça, eu continuo a ser cristão. E posso ser assim até o dia da minha morte. E há outra possibilidade: eu sou cristão na alegria, eu sei que fiquei com a melhor parte (na história do Evangelho em que Maria Madalena ficou junto de Jesus enquanto Marta trabalhava na cozinha). Sei que dar é melhor que receber. Assim, dar é sacrifício, mas não é sofrimento. Pode ser que o sacrifício por dever, moral, senso de coerência etc. tenha mais valor, contudo é menos compatível com a estrutura da utopia e da pedagogia.

A alegria da entrega a um ideal parece à primeira vista incompatível com outros conceitos aqui apresentados como utópicos ou pedagógicos: a safadeza humana, o sentido problemático do mundo, o desinteresse por resultados. Vejamos. Primeiro, parece conveniente rejeitar a hipótese de que a alegria venha de saber que estou cumprindo o que deve ser cumprido. Isto pode gerar satisfação, paz, mas não alegria. Então, o motivo de alegria seria, primeiro, o fato de ter removido tudo o que seja um obstáculo à sua manifestação. A criatividade, a natureza, a personalidade irrompem nesse meio favorável, preparado pela educação. E também outro motivo, de certa forma oposto a esse, é que o exercício dos conteúdos culturais proporciona alegria. A amizade, que é um motivo diferente deste, nesse meio favorável da cultura, também ela proporciona alegria. E ainda, de posse da cultura, a participação nos destinos da humanidade, na economia e na política proporciona alegria.

A alegria e a educação

Retornamos ao ambiente proposto por Snyders, e já abordado aqui por outros ângulos. Haveria duas formas de alegria. A primeira é natural e a segunda, construída. A educação estaria vinculada ao segundo tipo. Não que a educação negue a alegria de correr, brincar, do sexo, dos momentos fugidios, da tarde que nos surpreende magicamente, do domingo, da "arte" irresponsável, da festa etc. A educação toma essas formas isoladas e as tensiona, busca relacioná-las a fim de constituir uma árvore em que os ramos estão ligados aos galhos e os galhos ao tronco, e o tronco vem de uma raiz, e a raiz está solidamente fincada no solo, na Terra. Todas as partes perfazendo o que estamos chamando de ideal. Ou, em outra versão um pouco mais antiga, de ciência.

A vinculação da utopia e da pedagogia ao questionamento da alegria pura e simples pode produzir equívocos. Mas o desvanecimento desses equívocos pode nos conduzir a um novo aprofundamento.

Pode parecer que o mundo está dividido entre utópicos e pedagogos, de um lado, e, de outro, pessoas alegres e festivas. Isso nos leva a rotular utópicos e pedagogos como pessoas sérias, sempre aplicadas à construção do futuro etc. O equívoco vem da ingenuidade, pois viver com pessoas festivas pode não ser um mar de rosas. Essas pessoas parecem mais abertas, a relação com elas, menos difícil. Inicialmente. Pois aos poucos os problemas aparecem. Como elas não construíram no passado, sua capacidade de persistir, fundamental na construção da amizade, é muito duvidosa. Outra lembrança contra essa opção: a falta da construção, no passado, revela aos poucos falhas de outros tipos, principalmente na construção da personalidade: pequenos hábitos de cooperação, de altruísmo, na capacidade de ouvir e organizar o discurso, de higiene, importação de blocos ideológicos como romantismo, machismo ou racismo etc. Vendo por outro lado, utopia e pedagogia devem ser vinculadas, sim, à construção de uma alegria mais consistente, fundada na amizade e em uma personalidade voltada para a amizade. Consciente das dificuldades da construção da comunidade e da amizade. Não que festa e traição, alegria e irresponsabilidade estejam sempre vinculados. Utopia e pedagogia sonham e constroem a felicidade, a festa, a alegria, confiáveis, sobre bases, desde as bases e as raízes, sobretudo pessoas, confiáveis. Há o risco de ser um eterno azedo, deslocado. Há o risco de confundir seriedade com sisudez ou mau humor. Mas não há como não correr esses riscos.

Utopia e pedagogia negam, como equívoco, armadilha, a troca de um bem futuro por um sacrifício presente: perder agora para ter mais no futuro. Apesar disso, muitas vezes se concebe a utopia, aqui mais que a pedagogia, como algo a ser construído um dia no futuro. Pelo contrário, a utopia nega que se possa um dia ter algo diferente de agora, que se espere uma mudança: mas exige que desde já se trabalhe nas mesmas bases do futuro. Ou seja, a utopia nega a tese marxista das duas fases, exposta em *Crítica ao Programa de Gotha* de Marx. Segundo essa tese, devemos agora viver a situação, as contradições do presente momento. E depois, quando a vivência plena dessa situação atual produzir os resultados esperados, o desencadeamento dessas contradições agora ainda inscrustadas, aí sim teremos outra situação, que agora é possível apenas adivinhar em suas linhas mais gerais. A utopia vive o presente e o futuro nas mesmas bases, qualitativas, e não vive o futuro em grandes linhas, mas em detalhe. Assim, por exemplo, jamais o mau humor que às vezes se vincula à seriedade pode ser justificado como preparação da alegria futura. Utopia, movimento, comunidade e escola devem ser todos "lugares do perdão e da festa"[7].

A festa capitalista é garantida pela mentira. A festa utópica é construída; principalmente pela remoção dos obstáculos à alegria. Removidos obstáculos como a preguiça, o vício, a violência, a intromissão, o machismo, o racismo etc., a natureza emerge. Essa é a festa.

E aqui podemos acrescentar uma pequena contribuição ao conceito de troca. Se expusermos a ideologia que

7. Jean Vanier, *Comunidade, lugar do perdão e da festa*, São Paulo, Paulinas, 1982.

está escondida sob a troca, o liberalismo, veremos claramente que aí sofrimento e gozo constituem duas partes inconciliáveis da vida. Assim como trabalho e festa. Quando estamos no consumo, na festa, no poder, no sucesso, tudo está bem, e estamos felizes. E quando estamos trabalhando, no cotidiano, na rotina sem sal, é ruim. Mas de forma alguma queremos melhorar essa parte ruim; o que queremos mesmo é estar no meio da festa. Além disso, a vida, embora possa ser só sofrimento, dificilmente poderia ser toda boa, porque o bom se consegue é com o sofrimento. No bar, no bilhar, no futebol, na dança, na bebida, entre os amigos, entre mulheres, vivemos a vida que se contrapõe ao trabalho, aos cuidados, aos estudos, sendo que as atividades ruins sustentam e dão sentido às boas. O que utopia e pedagogia pretendem é salvar o cotidiano mesmo. A festa em princípio é abolida, e então temos o projeto de elevar lentamente o cotidiano, sem mentiras, sem mágicas, a um novo tipo de festa, porque sólido, minucioso.

A troca

Troca e convivência

A troca é uma atitude. Em princípio, a troca nasce de outra atitude muito compreensível: a renúncia a relações em que uma pessoa se aproveita de nós, em que damos muito e recebemos pouco. Uma relação portanto injusta, e que normalmente rejeitamos, a não ser quando o outro é uma criança, é muito velho ou alguém doente. Depois surge a preocupação em medir o que se dá e o que se recebe, para ver se não volta a acontecer a antiga injustiça, de dar mais do que se está recebendo. Mas essa preocupação com a medida exata é secundária.

O básico mesmo da troca, como atitude, seria o seguinte: acreditar que é ruim dar e bom receber. Depois, imediatamente depois, estaria relacionar uma coisa com outra: eu só aceitarei fazer algo desagradável, que é dar, se isso fosse compensado pelo prazer de receber.

A primeira dessas idéias (repúdio de relações desiguais, em que uma pessoa praticamente só dá, ou só recebe), na Antiguidade (ver *A República,* de Platão), aparece vinculada à idéia de justiça[8]. Ou seja, impedir que alguém dê muito e receba pouco tem a justificativa ideológica da justiça. Se alguém fica com menos, aquilo que não ficou com ele ficou com outro, foi posto então no lugar que não lhe convém, impróprio. E na mentalidade antiga cada coisa tem seu lugar próprio. Aliás, aparece aí uma justificativa metafísica: a justiça é dar algo que lhe é próprio; se digo que o céu é verde, isto é falso, pois estou retirando do céu algo que lhe é próprio, o azul. E dizer que o céu é azul é devolver ao céu o que lhe é próprio. O falso epistemológico está ligado ao injusto moral.

Podemos passar a outro nível de nossas reflexões. A pessoa que dá, de uma certa perspectiva (perspectiva que estamos chamando aqui de "ideal"), evidentemente considera agradável dar. Não que ela dê porque acha agradável, necessariamente. Pode ser por responsabilidade, mesmo que ache ruim: dou porque é moralmente bom, embora efetiva e egoisticamente eu sofra em dar. Ou porque no fim das

---

8. Livro I, de *A República*, de Platão. A sabedoria perceberia, com sutileza, como se pode colocar e devolver cada coisa ao lugar que é seu lugar devido. Sendo portanto esta coisa apropriada a esta outra. Própria. O que se opõe a uma visão superficial de justiça, por exemplo fazer o bem aos amigos e o mal aos inimigos, devolver uma espada a um amigo privado da razão só porque a espada lhe é devida etc.

contas — num fim das contas a ser contabilizado no futuro e segundo contas aritméticas — dar acaba rendendo mais. Essa idéia aparece até mesmo no Evangelho, embora essencialmente seja liberal e antievangélica. O importante é que, de uma perspectiva algo egoísta, ela recebe também, não só dá. Mas o que ela dá é material, e o que ela recebe não é material. Uma mãe que dá um doce ao filho pode receber, mas o que ela recebe não está materializado em nada físico. É nesse sentido que o que ela faz é um ideal. Ela não recebe nenhum objeto material que seja a expressão material de seu desejo satisfeito, ou de seu prazer.

A troca, nesse sentido muito próxima do sangue, dá muita importância a essa base material de nossa existência humana. Um dos trechos mais bonitos de Marx, jovem, afirma que quando você, com o resultado de seu próprio trabalho, compra ou consome o que eu produzi, você me confirma como ser humano, você me admite na comunidade, como um ser-junto (*Gemeinwesen*)[9].

---

9. "Suponhamos agora que produzimos como seres humanos. Cada um de nós se afirmará duplamente em sua produção: a si mesmo e aos outros. 1. Na minha produção, realizarei minha individualidade, minha especificidade; em conseqüência, na atividade, provarei da satisfação proporcionada pela manifestação individual de minha vida e, na contemplação do objeto, terei a alegria individual de ter a confirmação da minha personalidade no poder do objeto concretamente tangível e acima de toda dúvida de minha atividade; 2. Na satisfação que terei quando você utilizar meu produto, eu teria então a satisfação imediata assim como a consciência de ter satisfeito com meu trabalho uma necessidade humana, tendo realizado a natureza humana e então fornecido à necessidade de outro homem o objeto correspondente de sua natureza humana; 3. Eu terei consciência de servir de mediador entre você e o gênero humano, de ser reconhecido e percebido por você como um complemento à sua própria natureza humana e como uma parte necessária de você mesmo; em outros termos, eu me saberei confirmado em

Então, estamos aqui afirmando que a troca reflete melhor o que é a estrutura do mundo material, e que o ideal reflete melhor o ambiente do mundo das idéias, da abstração e da cultura. Aliás, "reflete" supre mal a falta de um termo adequado. Mais correto talvez fosse dizer, apenas, que há certo parentesco. Ou, antes, mais do que afirmando, estamos propondo um espaço de discussão. Porque a questão é bastante complexa. A escola depende muito dos resultados dessa discussão. A escola tem a cabeça cheia de idéias, mas tem o corpo ou os pés no mundo material. E o essencial da escola nem é mesmo a cultura, mas a amizade. Na escola temos relações materiais, entre pessoas materiais, históricas, pessoas cuja vida material se decide nos ambientes da economia e da política. Mas pessoas que se organizam segundo uma estrutura tomada de empréstimo fora do mundo material, na cultura. E que portanto participam do mundo material afetadas tão mais profundamente quanto mais profundamente estiverem afundadas na escola. A utopia nesse sentido nada mais é que a lenta transformação da sociedade, já observada desde sempre, pelo crescimento do poder da escola. Não, de forma tão ingênua, pela subida à presidência da República de um professor de sociologia, mas pela transformação microscópica da cultura humana, em suas estruturas, no cotidiano, nas atitudes. Aliás, somente assim a relação material, no sexo, na produção, no cotidiano, no poder pode aspirar ao ideal utópico proposto por Marx no trecho que acabamos de citar no rodapé.

---

meu pensamento como em seu amor; 4. Em minha atividade vital pessoal, eu terei diretamente produzido sua atividade vital, ou, dito de outra forma, em minha manifestação individual eu terei realizado e afirmado diretamente minha verdadeira natureza, meu ser social, minha coletividade (*Gemeinwesen*)" (Karl Marx, em Karl Marx e Friedrich Engels, *Les utopistes*, Paris, Maspero, 1976, p. 162).

Mas esse não é o único rumo possível, como solução para o problema. Outro, apenas um pouco diferente, é o seguinte. Marx estaria fazendo confusão entre o intercâmbio de produtos, experiências, sofrimento, responsabilidades e a troca, propriamente dita. A troca não é intercâmbio, muito pelo contrário, é a negação do intercâmbio. Ou seja, o intercâmbio é essencial ao diálogo, à vida comunitária. A troca é uma figura específica, de uma ideologia: medir, só dar condicionado a receber, propriedade, contabilidade, fazer tudo em busca unicamente de vantagens etc. Marx foi um utópico na juventude, quando escreveu o trecho citado. E a utopia propõe a socialização de nossas experiências mais íntimas, tanto na escola como no trabalho. E uma das grandes vantagens desse processo é exatamente a confirmação. Da mesma forma, devemos sustentar que a vida material, econômica e política é uma confirmação indispensável a tudo o que é gerado dentro da escola[10].

A troca e o magistério

Três conseqüências são claras na aplicação da troca à educação. *Uma* é, do ponto de vista do professor, considerar o magistério uma profissão: eu dou aula para ter um salário. Ou deixo que o baixo salário afete minha atividade de professor. *Outra* é a aprendizagem: eu dou aula tendo em vista uma resposta. Que o aluno aprenda algo. Ou eu estudo com o objetivo de aprender. E a *terceira* é considerar a escola em oposição ao mundo: a escola tem um custo, não só econômico, e deve ser avaliada pelo retorno que dá

10. Depois, em um espaço um pouco diferente do atual (a relação entre a escola e a realidade), voltaremos a essa questão.

para o mundo lá fora. E um custo que deve dar um retorno — econômico — no futuro.

A pedagogia utópica negaria todas as três. *Primeiro*, magistério não é em si uma profissão. Essa é uma deformação capitalista. É acidental que eu, professor, ganhe meu salário dando aula. E eu não devo aceitar que o fato de meu salário ser alto ou baixo afete minha atuação como professor. Ser profissional, na acepção de profissional mais próxima da seriedade, deve ser desvinculado da profissão na acepção mercadista.

Segundo. Eu não dou aula nem estudo para conseguir a aprendizagem. Na escola, como uma pessoa idealista, não faço algo para que os alunos aprendam. Faço algo como um fim em si, porque é isso que devo ou quero fazer. Principalmente, não faço nada que dependa da perspectiva de ter um retorno. Aprendam ou não aprendam, isso é um problema dos alunos. O meu problema está resolvido: ensinar é uma resolução minha. Eu resolvi que devo estar aqui na frente da sala, ou na frente dos trabalhos que avalio. E minha resolução é independente de outras resoluções, de outras pessoas, por exemplo da resolução dos alunos, ou de sua capacidade, de aprender, de estudar. Carl Rogers, em *Liberdade para aprender*[11], afirma que fica irritado quando ouve falar que se deve motivar os alunos. Realmente, embora aqui nossos argumentos sejam outros. Rogers afirma que os alunos já têm motivos de sobra para ser motivados. Federacionistas não motivam os alunos porque o problema do professor é dar aula, ele não vai se intrometer no problema do aluno.

11. Carl Rogers, *Liberdade para aprender*, Belo Horizonte, Interlivros, 1973, p. 131.

Faço aqui uma reflexão em interlocução com Snyders, particularmente em *A alegria na escola.* Trata-se de uma interseção entre o conceito de futuro e o de comunidade (mais exatamente, a idéia de que a utopia pretende salvar o mundo a partir de um pedaço, de um exemplo, daqui para fora). A interseção se dá na idéia: não é possível, ou correto, deixar toda a felicidade para o futuro. É preciso também ser feliz agora. O presente não deve ser, pelo menos todo ele, a favor do futuro. A escola não é, então, apenas preparação, mas é um lugar de ser feliz. E não só uma felicidade de estar preparando o futuro, de estar sendo sério, responsável. Mas uma alegria que vale por si mesma. Aliás, bem ou mal todo o presente prepara o futuro. Não se fica impune por estar triste nem por estar alegre. Más são tanto a alegria como a tristeza quando isoladas, desarticuladas. Ou seja, o que torna a alegria e a tristeza boas ou más é o sentido, é o ideal. Aqui se aplica, em sentido algo inverso, a parábola das virgens, no Evangelho: quem não for feliz agora não saberá o que fazer com a felicidade ou alegria, quando e se ela chegar. A escola utópica não é preparação nem para o futuro nem para a economia. O futuro, na educação utópica, é apenas um elemento secundário, nesse sentido. Ser feliz é estar na escola. Uma escola que nunca se volta para fora de si mesma. Os livros da literatura infantil não preparam para a literatura de adultos. A música que se aprende no primeiro ano de piano tem um encanto que algumas obras clássicas procuram resgatar, com grande dificuldade. A matemática elementar é uma instância do mesmo nível do cálculo. O utópico não vai para a escola para um dia ser feliz, mas para ser feliz na escola; a escola não é um meio para atingir a felicidade, mas o meio onde deve se dar a felicidade.

Terceiro. A escola não troca nem com a sociedade nem com o futuro. A escola é um fim em si mesmo. É a sociedade que deve ir para dentro da escola, e não a escola que deve ser absorvida pela sociedade.

O utópico/pedagogo nunca pensa na escola como uma instituição dentro da sociedade, nem como um aparelho do Estado, como uma instituição a serviço da família etc. Mas pensa a sociedade como alguém totalmente mergulhado e comprometido com o universo da escola. Como homem. Se ele não nasceu na escola, deveria ter nascido. Quais são os problemas da sociedade? Por exemplo: a economia. A economia é um problema da educação, também. É uma disciplina. O que seria da universidade se seus departamentos não fossem municiados pelos acontecimentos do mundo? O mundo tem duas faces, a escola e a sociedade (ou matéria). Só que, para o utópico/pedagogo, é a face material que se apóia na face ideal, a sociedade na escola.

Troca e vingança

Tomemos um ato qualquer como errado, ou, para facilitar, um erro bastante grave, um crime. O que pode ser feito? Para caricaturar e tornar o exemplo mais didático, tomemos a possibilidade de aplicar a pena de morte. Que pretende cumprir (abaixar sobre a terra) a justiça. Primeiro, temos o esquema da aliança. Aqui, há um todo inicial, e depois uma ruptura. E para retornar ao estágio anterior, melhor, são sugeridos caminhos: expiação, justiça, redenção, vingança. Que são sempre atos heróicos, emocionantes, de conseqüências mais ou menos mágicas. Quer dizer, desproporcionais e pouco físicas. Agrega-se à reparação, geralmente, o perdão, readmissão do criminoso na comunidade humana, ou uma capacidade de transformação espiritual também de forte conotação emocional. Depois, temos o esquema liberal, iluminista. Aqui, embora em princípio o crime deva engendrar uma ação contrária de mesmo porte, o aspecto emocional e mágico se esvai. Assim, embora a justiça estabeleça um pagamento por cada falta, algumas vezes calculado em dinheiro, outras em serviços comunitários, detenção, e ela deva ser exigida, para não abrir um precedente de descumprimento, o único interesse que o liberal admite se circunscreve à prevenção, à repressão, ou seja, é sempre uma medida de coação, mas sem interesse uma vez ocorrido o crime. Em algumas versões da concepção liberal da pena, também se admite agregar à medida uma certa intenção educacional, de recuperação do criminoso. Essa idéia de que o povo deva ser educado com mão forte não é estranha ao liberalismo. Cumprir o que a lei determinou, porque tem de haver lei, e porque se há lei ela tem de ser cumprida, não é vingança. Mas qualquer ato relacionado com o passado que não seja reflexão ou tomada de posição em vistas do futuro é vingança. E nesse sentido é uma figura muito estranha à educação.

Coerentemente com outras idéias, a justiça, para a utopia, não pode estar ligada a qualquer uma destas duas idéias, nem à vingança, nem ao valor pedagógico. O que foi feito não pode ser reparado. E a justiça, em seu departamento penal, não pode assumir nem cumprir os propósitos e procedimentos da educação. A palavra "educação", quando dizemos educação penitenciária, da mesma forma que educação técnica, tem um significado diferente do utilizado aqui nesse livro. Então, voltemos ao nosso exemplo. Antes se faz uma lei. Depois de cumprido um crime, que foi devidamente previsto, é necessário cumprir aquela lei. Primeiro, para a justiça, o que importa é não deixar de prever ou de cumprir o proposto. Hitler não é injusto por ter promovido os campos de concentração, mas injustos são todos os que se esquecem de seus crimes, ou dos crimes do Vietnã. A justiça está relacionada, pois, com fazer o que deve ser feito. Pena de morte? Reparação? O que pode ser feito por todos os crimes que a humanidade tem cometido contra outra parte de si mesma há milênios? A justiça está em fazer daqui para a frente algo que se oponha, internamente, em sua constituição, aos crimes do passado. Não existe o problema de reeducação do criminoso, e sim o problema da educação de todos nós. Todos os crimes, os pequenos e os grandes, formam um só, e eles só existem porque depois de feitos são esquecidos. Não sejamos infantis, e só há uma medida coerente e madura contra o crime, e não é o sistema penal, mas a educação. Com profissionais, preparação de profissionais, sistema de ensino, prédios etc. A proposta liberal é de que a sociedade é constituída de justos (encastelados em sua moral, sua família, suas propriedades), embora pontilhada de alguns criminosos. A proposta utópico/pedagógica é de que há um problema amplo, profundo, de educar as pessoas. As pessoas que sofrem, que são violentas, que não sabem organizar seus sentimentos e idéias, que consomem o lixo industrial do capitalismo etc. Aí não cabe, como vimos, separar o professor que sabe do aluno que não sabe, nem, muito menos, a sociedade virtuosa da sociedade criminosa.

Uma imensa quantidade de filmes, sobretudo de hoje, passa a idéia de que os Estados Unidos da América são a pátria da liberdade. Em guerra contra criminosos, em sua maioria também norte-americanos. A função da educação, então, seria a de recuperar criminosos. Os outros. E jamais, para utopia e pedagogia, os criminosos são os outros, e muito menos são as pessoas mais pobres e sem cultura. Evidentemente, os que queremos educar são sem cultura, mas eles não têm nomes, e são muito mais nós, utópicos e professores. Mesmo que considerássemos todos nós criminosos, ou cúmplices. Embora na educação as pessoas, professores e alunos, tenham como matéria a história, o passado, a cultura que herdamos, a educação só existe pela esperança no futuro. Está voltada para o futuro. Portanto — apoiada sobre o passado e as heranças do passado, e voltada para o futuro —, a educação, como a justiça, é um ato presente, que tem por objetivo aproveitar o tempo que corre. A educação utópica, ao contrário da liberal, não é uma troca, uma perda ou sacrifício que trará vantagens futuras, como a aprendizagem ou a felicidade, e nem muito menos procura reparar os crimes do passado. A escola utópica é o centro do mundo, é na escola que o utópico pretende ser feliz e agir certo. Para a utopia, os crimes, o uso da força bruta, o uso de drogas estão muito abaixo de qualquer crítica, nem mesmo constituem conteúdo do fórum. Assim como a escola não põe para a criança a opção entre escovar ou não escovar os dentes. Ou seja, discutimos a opção entre a liberdade liberal e a liberdade anarquista, mas não cabe discutir entre higiene e falta de higiene, entre a relação em que um se utiliza da força bruta e o outro obedece e outras formulações mais iguais da relação. A barbárie é excluída da escola. Mesmo que alguém, retirado do meio da barbárie, ou uma criança, entre de repente na escola, o meio que lhe será oferecido é o da cultura. O menino da favela vai ter a possibilidade de conviver com pincéis, piano, histórias clássicas da literatura infantil, gentilezas etc. Esse meio cultural não vai ter nenhum receio em esmagar a proposta que ficou lá fora. E a precedência do presente não está em contradição com a importância do passado e do futuro na educação utópica[12]. Pois, principalmente, ninguém agiria certo se não levasse em conta o passado e o futuro. Como na Idade Média, o pedagogo sempre julga a si mesmo como suspenso por um fio sobre a possibilidade de recair na barbárie, principalmente a barbárie sutil, como uma palavra venenosa, um sentimento de aversão física etc. A educação manipula esses elementos vindos do sangue e da natureza, se utiliza deles até como matéria, mas para esmagá-los e apresentá-los nas formas da cultura. Em parte, a vingança do sistema penal tem por objetivo esquecer os crimes que os justiceiros cometeram e cometem a todo momento. Quando se chama a atenção de um utópico para os grandes crimes dos outros, ele antes mergulha na reflexão dos grandes crimes que possa ter cometido. Cometido talvez sem saber, ou seja, crimes ampliados pela inocência, que é o pior dos crimes e a base de todos os demais. Talvez crimes de apatia, de perda de tempo, de covardia. E, mais fundamental ainda: o pensamento liberal pretende isolar os crimes. Separar o crime daquilo que é lícito. Ora, para a utopia ou é tudo ou é nada, ou somos santos ou somos todos outros a mesma coisa: o quase santo está mais perto

12. À margem, é preciso reconhecer que a educação estabelece um tempo ansioso, voltado para diante, como se a verdadeira alegria estivesse adiante, ou que adiante houvesse sempre uma alegria maior que a presente. Assim como a religião, que tem os olhos sempre postos no juízo final e na cobrança. Como se nós a partir do processo educativo fôssemos nos tornar melhores do que somos agora. Uma sugestão é que a utopia, pelo menos uma parte da utopia, luta contra isso, e procura fazer da educação a hora do *nunc*, a vivência plena da comunidade e da amizade.

do demônio que o pior dos criminosos. O que, na prática, significa que ninguém é santo, ainda que todos devêssemos ser. Mas não isso exatamente: as pessoas certas ou erradas existem, para a utopia, mas não têm nome. Não se pode dizer "esta pessoa é certa, a outra errada", muito menos se pode vincular o certo a uma posição social ou a uma aparência.

Um detalhe deve ser acrescentado nesse espaço, embora seja uma idéia que pertence também a outros espaços, por exemplo os da moral e o da definição de educação. A educação, tal como a definimos aqui, não inclui a normalidade. Da mesma forma que um professor não pode ser tido como bom professor porque começa sua aula pontualmente; isso é obrigação. Da mesma forma que alguns políticos pedem votos por ser honestos. Há pessoas com dificuldade para se comunicar, mesmo tendo concluído um curso superior. Ou seja, esses problemas não dizem respeito, a não ser indiretamente, à educação. Porque ninguém nasceu para ser normal. E não diz respeito, muito mais, ao horrível termo: cidadania. Transformar um indivíduo em um cidadão, um bom cidadão, também não pode ser tido como um objetivo da educação. Tudo isso diz respeito à educação indiretamente, da mesma forma que um fisioterapeuta, um médico dizem respeito ao atletismo ou ao futebol. Um jogador que não consegue caminhar não pode jogar. Mas ele não se sentiria como um bom jogador porque já consegue caminhar. O liberalismo passa a impressão de que uma pessoa com emprego, um salário razoável, uma casa de três quartos, alguns eletrodomésticos, sem grandes problemas domésticos, é uma pessoa feliz. Milhões de pessoas sabem que isso não é verdade. Por outro lado, não se deve pensar, de forma alguma, que uma pessoa com problemas mais graves deva resolvê-los primeiro para depois cuidar do que vai além, da chama, do talento etc. Não se trata disso, e sim de que, assim como um técnico de futebol se preocupa com um jogador que não consegue caminhar, a educação se preocupa com as pessoas com problemas mais graves, inclusive e talvez principalmente a pobreza, mas tem seu olhar dirigido para além. No meio da miséria o professor vislumbra o talento da criança que faz um traço, organiza uma idéia, dá um passo de dança, porque, por mais insignificante que seja, não é na miséria, mas ali, que se encontra a humanidade, a possibilidade.

Há, aqui, uma pequena diferença entre utopia e pedagogia. A pedagogia, sim, se concebe como um trabalho, em todas as frentes, para transformar as pessoas. Mas a utopia nunca se interessou pelo torto, pelas deficiências. O grande medo da utopia é exatamente da normalidade, do tédio. Enquanto o marxismo é uma ideologia do proletariado, do oprimido, a utopia, em primeira instância, é a ideologia da burguesia entediada. Luta-se para ter um bom salário, e o utópico afirma que um bom salário melhora muito pouco a vida. Luta-se por moradia, liberdade sexual, e o utópico propõe a arquitetura e a reflexão filosófica sobre a liberdade e o corpo, com a intenção de revirar os conceitos usuais... Etc. Sendo assim, qual objetivo realmente vale a pena? Então o utópico se levanta contra o sistema capitalista em sua totalidade. Não o sistema capitalista em seu significado mais concreto: fábricas, cheques, divisão técnica do trabalho etc. Pois a utopia se opõe ao sistema capitalista em seu significado mais amplo, da mesma forma que Cristo combatia a troca. Principalmente a utopia exige um sistema epistemológico que consiga se colocar de fora de todo o sistema ideológico capitalista, em outro lugar.

Empreendimento quase impossível. Mas sabemos, por exemplo, que amizade e escola não são dos conceitos mais caros ao capitalismo. E assim, tijolo por tijolo, podemos ir levantando um esboço do que poderia vir a ser outro sistema. Ou seja, quem sabe, como aqui dentro não se vê nenhuma luz, quem sabe se estivéssemos lá fora, e víssemos o mundo por outro ângulo? A utopia é negação absoluta de tudo o que está aí. Mas só é utopia se, em vez de atacar o problema, diretamente, dá uma volta por fora e pela base. Jamais no quadro da utopia se aceitaria uma educação, como a liberal ou marxista, que procura devolver ao sistema, à normalidade, os seres humanos humilhados, diminuídos, amputados. A utopia se recusa a levar os humilhados para um lugar que eles já sabem que não presta. Assim, a pedagogia mais próxima da utopia passa a ter a seguinte forma: colocar toda a cultura humana ao alcance de cada ser humano; com o objetivo de trazer a todos para a amizade e a cultura, porque aqui, na escola, só pode fazer sua morada quem tem as armas do diálogo. E, aí sim, apontados para esse objetivo, metemos mão à obra e nos propomos educar, lançar a rede, sobre todas as pessoas.

Sonho e objetivo

Suponhamos que um homem esteja conversando com uma mulher. Seu objetivo é ter relações sexuais com ela. Aí, em determinado momento, ele deixa de ter esse interesse, ou essa esperança. Ou seja, nesse momento ele já não acredita que conversar com ela possa levar a conseguir o que deseja. Se sua atitude for realmente a de troca, só haverá uma coisa a fazer: parar a conversa. Ou continuar a conversa, mas sem qualquer vinculação com a realização daquele projeto, e sim com outro objetivo.

Um utópico pode ter um sonho, mas não um objetivo, no sentido acima. Suponhamos que fosse o mesmo caso. Na perspectiva utópica, isso seria um sonho, não um objetivo. Eu deveria me decidir se conversar com aquela mulher é realmente o que quero fazer. Eu, comigo, independentemente do que eu possa conseguir. Consiga ou não. Portanto, o utópico faz questão de ter certeza de que se em dado momento aquele sonho se tornasse muito distante, improvável, em nada isso abalaria sua certeza de querer continuar conversando, do mesmo jeito. O utópico não admite organizar-se em função de algo externo, de uma possibilidade colocada fora. O problema da organização da ação não pode, pois isto seria contraditório, depender de algo externo; ela é essencialmente um organizar-se autosuficiente, inimigo da angústia e da ineficiência. O homem de nossa parábola, se fosse utópico, poderia ter o sonho de ter relações sexuais com aquela mulher, mas nunca teria isso como objetivo, pois se o fizesse estaria se angustiando, pensando sempre se deveria ou não continuar, se valeria ou não a pena.

Essa é uma das atitudes fundamentais da utopia, e é também a primeira acepção de ideal: essa aversão pela troca, por fazer as coisas esperando vantagens, e, sobretudo, a dependência, o fazer na dependência de detalhes que não nos dizem respeito. Essa dependência gera um sofrimento que é o que o utópico mais teme. O utópico se retira para dentro de si e para as margens da sociedade sobretudo por isso, como vimos, para gerar um programa, que aqui estamos chamando de ideal, que depende dele e de mais ninguém. E para afetivamente resolver sua vida sem sofrer com a safadeza dos outros. Ainda, embora isto não seja tão importante, para ter diante de si um programa que produza satisfação por seu próprio cumprimento. Por exemplo, sem jamais ficar sofrendo porque amanhã é segunda-feira, porque nas eleições seu partido ou ele mesmo não foi eleito, porque a namorada parece insegura, porque o patrão... Amanhã há muita coisa a fazer, e, se algumas coisas foram feitas, outras não. Esse é o problema, e nada mais.

Esse raciocínio deve ser aplicado ao ensino. O professor quer que o aluno aprenda, no sentido do sonho. Mas ele não vai deixar imediatamente de ensinar, ou retirar-se da sala, caso a possibilidade de o aluno aprender se desvaneça no ar. Nem vai se desinteressar afetivamente do magistério caso conclua que não terá uma resposta positiva em termos de aprendizagem. Ele não está dando aula "para" que o aluno aprenda, e sim porque dar aula, estar ali, é uma decisão perene, independente. Ali é o lugar. Aquela é a atividade.

Outra idéia importante é que o objetivo da educação, legítimo, é o "não", e o sonho é o "sim". Meu objetivo, como professor, é que você, aluno, seja independente de mim e de qualquer outra pessoa, que saiba pensar e sentir, processar os problemas por conta própria, a partir de seus métodos e de sua experiência pessoal. Depois, de posse dessa independência, materializada em um "não", eu sonho que você diga "sim" para uma das diversas propostas embutidas em meu magistério: participar de minha ideologia, de minha luta pela pedagogia, de minha religião, de minha comunidade, de minha vida pessoal etc. Porque, como professor, eu estou, primeiro, lutando para melhorar o mundo, e, segundo, lutando para melhorar o mundo em que eu, pessoalmente, vivo. Eu busco uma retribuição. A diferença é que busco porque essa busca é meu lugar, consiga ou não. Se tiver certeza de que não vou conseguir, ainda assim aqui será meu lugar.

Não que essa atitude seja uma acomodação: tudo está bem, eu estou aqui onde sempre quis estar, e não espero coisa alguma. Pelo contrário. Estou profundamente engajado, interessado. O sonho organiza meu interesse. Mas não dirijo minha ação para ele. Muito menos me angustio com a possibilidade de que não ocorra. Pode-se, nesse sentido, sugerir uma pequena diferença entre técnica e ciência. O técnico aperta um parafuso para que o motor funcione. Mas não está diretamente interessado em que o avião voe. O problema de o avião não voar é que a máquina está com um defeito. Isso é que diz respeito ao técnico. Se a máquina estivesse perfeita e ainda assim o avião não funcionasse, aí o problema seria da ciência. O universo do técnico é o meio, e não o objetivo final. O fim, para ele, passa pelo meio, mas ele faz do meio sua ante-sala. Além disso, eu espero muito de mim. Deixo muito a desejar. Quero ser para os outros o que sonho encontrar nos outros. A ação me consome. Não o ativismo, mas o pormenor, a abertura, a sensibilidade para perceber no real as coisas menores, os tijolos com que vou construir o futuro (Buber). Apenas o senso de futuro, possibilidade, sentido, processo, permite ao utópico e pedagogo essa visão mais fina do real enquanto tijolos, possibilidades.

O IDEAL E A MATÉRIA

Retomemos o exemplo da mãe que dá um doce a seu filho. A mãe, quando dá, evidentemente fica sem o doce. Mas fica com o ideal, fica com a parte ou com a satisfação de quem dá. Ou seja, ela perde em um nível mais baixo e recebe em outro nível, mais alto.

E o trecho, já citado, de Kierkegaard, para quem o que importa não é saber ou provar que Deus está vivo, porque de nada adianta Deus estar vivo em um lugar fora, o que importa é que esteja vivo para mim, que ele seja algo por que eu possa viver e morrer. E juntemos, ainda, a essa idéia de Kierkegaard, a pequena contribuição da parábola que apresentamos sobre Deus. De nada adiantaria um Deus existente, todo-poderoso, Senhor dos exércitos, criador do céu e da terra, mas que não tivesse a chave do sentido.

A independentidade é quase sinônimo de ideal. Quase. Ter um ideal significa ter conseguido algo que organize minha ação. Já insistimos em que o utópico tem aversão pela dependência, pela apatia, particularmente por aquele sentimento de impotência característico de situações em que dependemos de algo, sobre o qual não podemos atuar. O ideal significa ter algo eficiente nesse sentido, satisfazer-nos como organizador da nossa ação, dos nossos pensamentos, sentimentos. Como já vimos, também, o ideal se opõe à troca. O ideal tem de ter certas características plásticas. Por exemplo, o ideal romântico oferece uma deficiência, quanto à plasticidade: só se conhece o casamento quando casado, e então a desopção é dolorosa e com graves conseqüências sociais. Eu faço porque quero fazer, porque me interessa. Não funcionaria se eu fizesse na expectativa de uma retribuição. Retribuição que está na mão do outro, o que me faria dependente. Curiosamente, nesse sentido, utopia e liberalismo trocam de posição. O liberalismo, com a troca, depende do outro e, em certo sentido, supõe uma crença no outro; a utopia é independente no sentido de não querer nem depender nem ter fé no outro. Aliás, utopia e pedagogia não são fé no outro, a sim uma ação como se se tivesse fé no outro. O que faz prevalecer a independentidade.

Por isso, indo mais adiante, podemos afirmar que ideal é sacrifício. Não é sofrimento. Vimos, no exemplo da mãe que dá o doce ao filho, que a mãe tem o prazer maior, que ela fica com a melhor parte. Mas esse prazer se dá pelo sacrifício. O ideal significa organizar a ação no sentido de um fazer, de uma doação.

Por trás dessa afirmação estaria, talvez, o pessimismo e o desinteresse utópico por tudo o que é imediato. A diferença entre utopia e u-topia. Sendo u-topia o não estar em lugar nenhum, ser um eterno estragado, ver defeito em tudo, querer estar sempre em outro lugar. Não é exatamente: o ideal permite que eu deseje algo para mim, egoisticamente, sim, em certo sentido, mas passando pelo outro. Eu quero o prazer, mas esse prazer só pode ser apossado por mim depois de ter se materializado como prazer do outro. Nesse esquema, do ideal, para que eu me aposse de algo, devo perdê-lo, entregá-lo ao outro, e daqui retomá-lo sem que por isso esse algo deixe de ser do outro. Aliás, esse algo só se torna meu porque é agora algo do outro. O que não se opõe ao princípio utópico de que, pelo socialismo e pela caridade, sou obrigado a ser feliz. Pois, se o outro crescer, ele poderá de repente fazer uso de sua liberdade e querer a relação comigo, e eu deverei estar preparado, deverei ter algo para oferecer. E algo para receber, estar aberto e em processo, evidentemente.

O ideal só é possível em um meio não-material, cultural. O texto citado logo no início, da condessa de Newcastle, percebe essa característica da utopia. Não há utopia se o imaterial não se sobrepõe ao material. O material é necessidade (aqui está uma das mais profundas oposições entre utopia e marxismo), e o imaterial é liberdade. E aqui se percebe, também, como a liberdade utópica também é diferente da liberdade liberal, fundada na produção, na troca e na propriedade. O abstrato é mais manipulável, plástico, e pouco afeito ao domínio externo. Ao contrário da democracia liberal e neoliberal, a federação considera a sociedade um conjunto não de indivíduos, e sim de comunidades; e o conceito, então, que leva à constituição dessa unidade não está no nível fisiológico ou material, mas no das idéias; não é a luta pela sobrevivência, a força física, a propriedade, mas a ideologia. Cada comunidade é uma ideologia posta em prática.

O *locus* da utopia, então, só pode ser a escola. Pessoalmente, a cabeça, socialmente, a escola.

Mas antes de encerrar estas considerações é obrigatório fazer um reparo. Para que não pareça que há, na utopia, uma excessiva valorização do desejo de ser feliz. Mesmo quando esse ser feliz se estende a toda a sociedade. Trata-se de uma idéia de Ernesto Psichari[13]: eu desejo, anseio, pela paz, pela felicidade, mas não a qualquer custo. O fim não justifica o meio. Tenho, até, a coragem de renunciar aos meus desejos mais caros, se isto é exigido pelo amor à verdade. Ou mais exatamente: renuncio a esses desejos se para atingi-los o caminho não é o mais reto.

Platão

Vamos, primeiro, descrever em linhas gerais a idéia de Platão a que estamos nos referindo. E já o faremos adap-

13. Trata-se da oração "Conversão", do livro organizado por frei Raimundo Cintra e Rose Marie Muraro: *As mais belas orações de nosso tempo*, Rio de Janeiro, José Olímpio, 1976, p. 55: "Eis, Senhor, meu coração que quer tua paz. Meu espírito porém não quer essa paz se ela for mentirosa".

tando-a aos nossos propósitos, portanto sem nenhuma preocupação em ser fiéis ao pensamento de Platão. Ou melhor, são proposições fundadas no pensamento de Platão.

Entre as diversas possibilidades ou propostas de vida, há uma que se pode chamar de filosofia. Consiste em colocar todos os objetos e pessoas em segundo plano e ter como único objetivo efetivo, do qual os demais são apenas desdobramentos, a busca da verdade. Uma busca sobretudo intelectual, ou pela via da pesquisa. E a primeira decorrência da busca da verdade é a identificação entre os processos do Conhecimento e da Virtude. Pois em Platão o pensamento é sempre visto como uma das vias que conduzem ao Ser; as outras seriam a arte e a moral. Assim, o Ser teria três faces, o Bem, a Verdade e o Belo, que se buscam respectivamente pela moral, pelo conhecimento e pela arte. Que não devem ser separados.

Essa formulação pode ser considerada também a formulação de uma proposta de vida dentro da escola, de uma religião do conhecimento. Escola e templo se identificam, nessa religião.

O que estamos apresentando neste livro, contudo, difere disso. A diferença principal é que há em Platão um forte tensionamento da educação para um objetivo final, o conhecimento, ou Verdade. Um ponto final. Como se na escola estivéssemos apontados para atingir um dia, mesmo que depois da morte, esse objetivo de ter a posse plena e/ou definitiva da Verdade. O que estamos propondo aqui como uma utopia pedagógica, pelo contrário, põe a vida na escola como o próprio objetivo — e não um ponto final, algo a ser atingido no fim. Embora a escola possa e deva abrigar outras ideologias, as quais podem ter um objetivo principal situado fora da escola, como Verdade, Revolução,

Beleza, Santidade. Uma segunda diferença é que nossa utopia pedagógica secundariza o conhecimento, ela é a vivência dos conteúdos culturais, na escola: filmes, música, romances, idéias, religião, quadros, e também os andaimes e alicerces mais matemáticos desse conhecimento, como a própria matemática, a engenharia, a física etc. O conhecimento é secundário, bem como a posse da Verdade. Ou, pelo menos, não tem na formulação utópico-pedagógica um papel tão fundamental. Aliás, em nossa formulação mais ortodoxa de utopia e pedagogia não cabem conhecimentos nesse sentido de Verdade ou Ciência. Verdade e ciência aqui são antes pretexto para estarmos juntos na escola. E ainda uma diferença: em Platão a escola é um templo que contém seu próprio Deus, e a escola da utopia e da pedagogia é apenas instrumental, é um meio onde as diversas propostas ideológicas formam um emaranhado que, contudo, retém as pessoas apenas por um certo tempo, e as reconduz às ideologias. Não parece que na modernidade seja possível propor a educação como um fim, que a filosofia seja a própria verdade etc.

A escola e o real

Conceito de amizade

Tomemos o conceito de *amizade*. E amizade, aqui, tem o significado concreto de relação humana. Amizade, portanto, não é atitude ou sentimento. Duas pessoas, cada qual com sua história de vida, com sua formulação do mundo, estabelecem uma relação, concreta. Que também começa a ter sua história. Quer dizer, desgarrada, que difere da história de cada uma das pessoas. A amizade tem essa base material, fazer as coisas junto, mas se dá essencialmente em outro espaço: o da cultura. A matéria da amizade é a cultura, enquanto a realidade chamada comumente de material, ou física, aqui forma apenas o fundamento ou base. E aí está a dupla que caracteriza a relação pedagógica: amizade e cultura.

Embora as relações na escola sejam culturais, de forma alguma são platônicas, no significado mais popular de "platônico". Ou seja, relações platônicas seriam relações abstratas, planejadas, utopizadas, mas não de fato. Numa segunda acepção, também, as relações platônicas são relações sem risco. De gravidez ou paixão, por exemplo, mas principalmente de envolvimento e compromisso. Como se fosse possível estabelecer relações virtuais, em que me envolvo virtualmente, enquanto o eu verdadeiro permanece como observador. A amizade, não podendo se desenvolver nas nuvens, pede um meio. E é isto que a escola pretende ser ou oferecer: esses meios recheados de instrumentos. A geografia, a música, mas também as pessoas, as salas, os campos de futebol, a participação biológica, econômica e política na vida social. Ali dentro vivem pessoas e relações, amizades, vivas.

A pessoa, depois o conteúdo cultural, ou o conteúdo cultural e depois a pessoa

Vejamos como funciona esta dupla, amizade e cultura, no cotidiano da escola.

É tomado um conteúdo da cultura humana. Por exemplo: a literatura, talvez um determinado romance, ou a física nuclear, ou a música, a música em geral ou uma música em particular, a de Schumann por exemplo. E ali dentro penetram duas ou mais pessoas. O contato com esse conteúdo implica a incorporação de elementos até então desconhecidos para pelo menos um dos participantes. Ele, para participar da relação cultural, entra no processo pedagógico. Que, por sua vez, se desdobra em atividades, em prática, como diálogo, encontros, experiências (ouvir aquela música, plantar, laboratório) etc.

Essa situação até sugere uma teoria, que podemos chamar de teoria do *continente* ideológico. Haveria um mundo das idéias, num sentido bastante parecido com o de Platão. Nesse mundo as idéias se distribuiriam de uma forma muito parecida com a superfície da Terra, em seu sentido mais geográfico. Haveria por ali caminhos, montanhas, paisagens, e também grandes regiões e continentes. Uma pessoa visita uma dessas, digamos, regiões e depois retorna, e faz um relato de sua experiência. Outra pode perceber, nesse relato, que ela também já esteve ali. A ponto de uma poder perguntar à outra: "Você sabe o que se encontra por trás dessa idéia?", e a outra saber perfeitamente, como se ambas estivessem enxergando a mesma coisa no momento em que conversam.

Mas um detalhe deve ser acrescentado. Se duas pessoas conseguem visitar a mesma região ideológica, podem, também, ter uma estranha sensação de que estão juntas e ao mesmo tempo não estão, de que têm pela frente o mesmo objeto, mas que o enxergam de forma bastante divergente. Nesse caso, parece, se manifesta o fato de que além das idéias em si, objetivas, há também os métodos. Há pessoas que processam o mesmo objeto de forma diferente, e há duas pessoas que processam objetos diferentes da mesma forma. É como se houvesse, além desse mundo das idéias, também um mundo da metodologia. Menos explorado que o primeiro.

A vida comunitária e a escola estão baseadas nessa possibilidade de duas ou mais pessoas viverem o mesmo continente ideológico. Na verdade, aqui, não estamos negando a clássica divisão proposta por William King; para ele há três níveis, em progressão: comunidade de consumo, comunidade de produção, comunidade de moradia. Aqui estamos vendo a mesma questão por um ângulo diferente: haveria de um lado a solidão ideológica, não ter com quem partilhar o mesmo continente, e, do outro lado, o atrito ideológico, que é conviver (cotidianamente) com outras pessoas que vivem psicologicamente em continentes ideológicos diferentes. Aliás, temos aqui uma razoável definição de infelicidade: ser infeliz é partilhar o mesmo espaço físico com pessoas que habitam continentes ideológicos que não são o mesmo meu; esbarrar a todo momento com opções diferentes, na forma de preparar a comida, no rumo que é dado às conversas, nos comentários às notícias. Ter de defender seu universo ideológico, às vezes atacando; irritar-se a todo momento. A tolerância compatível com a federação não é esta: conviver com ideologias diferentes no mesmo espaço, e sim conviver com ideologias diferentes em espaços diferentes, com regras claras para a convivência. Além disso, as comunidades, internamente, comportam subdivisões ideológicas, afinidades. Por exemplo, somos aqui todos vegetarianos, cristãos, socialistas, intelectuais etc., mas na convivência se percebe aos poucos que tudo isso é diferente para uns e para outros, o que aos poucos produz a formação de grupos de afinidade[14]. Com a diferença de que na escola a exploração do continente ideo-

14. Não estou sustentando aqui que apenas a ideologia produz essa definição de grupos dentro da comunidade. Trata-se de uma questão a pesquisar.

lógico não exige conversão; se eu e você concordamos em discutir sobre a transição do pensamento do século XIX para o XX, isso não tem qualquer relação com uma opção ideológica minha ou sua. Concordamos em discutir, aprender, mas isso não significa que na discussão temos de concordar. A não ser que eu e você comecemos a concordar em discutir diversas coisas, aí sim, a opção, o fato de darmos importância para os mesmos temas, revela alguma opção ideológica, mesmo que sistematicamente tomemos posições contrárias. Uma conseqüência importante desse caráter exploratório da educação é que na educação não estamos, eu e você, exatamente no mesmo continente, e sim caminhando e construindo o mesmo continente, ou seja, em movimento, avançando, construindo. Na educação, curtir e explorar o mesmo continente, e mesmo as possibilidades, em termos de amizade, é menos importante que construir esse mundo das idéias, as ciências, objetivamente e dentro de nós[15].

Evidentemente, nada impede que haja uma inversão. Uma vez escolhida uma pessoa, nós buscamos conteúdos diversos para nossa relação. Em cada uma delas é engendrado um processo de incorporação de elementos culturais. O que se faz junto, aprendendo junto, ou na relação em que

15. Ou seja, são duas construções. Uma é construir a ciência, torná-la disponível, complexa, sólida, coerente. E outra é construir individualmente o conhecimento que tenho, e também habilidades de manipulação, e ainda essa capacidade de me situar diante do conhecimento já produzido (crista da onda). A respeito deste último aspecto, podemos dar o exemplo: um intelectual compreende profundamente a literatura de uma área, como história, mas outro o supera porque, embora às vezes conhecendo muito menos, tendo que recorrer a consultas, se movimenta de uma forma mais atual, que incorpora melhor as últimas produções, principalmente assimila suas estruturas e seus métodos.

um dos participantes ensina ao outro o que sabe, ou ajuda o outro a aprender. A inversão consiste, então, em que, se *por um lado* o mundo, o meio, as atividades são utilizados por nós para concretizar as relações com os outros, e a partir desse meio, que nós não escolhemos mas no qual vivemos, é que as pessoas e as relações emergem, *por outro lado* podemos partir de pessoas que nos são dadas pela família, pela profissão, pela sobrevivência, por encontros fortuitos, e aí, para construir relações com estas pessoas, saímos em busca de conteúdos culturais que nos mantenham próximos.

Conquista e reconquista

Podemos expressar a mesma idéia de outra forma. Chamaremos de *conquista* a busca de pessoas concretas a partir de conteúdos culturais. Eu utilizo a música, por exemplo, para conquistar pessoas, ou seja, a música nesse caso funciona como uma isca. O que mais uma vez lembra o banquete do Evangelho. Na conquista, no início do processo, não sabemos o rosto das pessoas que vão aparecer, e muito menos sabemos quais vão se confirmar (crisma). E chamaremos de *reconquista* quando tenho diante de mim uma pessoa definida, por exemplo um filho, e preciso sair em busca de conteúdos culturais e atividades para ali dentro reconquistá-lo todos os dias. Nesses casos, o fundamento não é a federação, principalmente pela dificuldade em cumprir um mandamento: a contínua possibilidade de desopção. Ou seja, só há federação na medida em que as pessoas, feito um compromisso, ou opção, podem a qualquer momento desfazê-lo, o que significa, por outro ângulo, que em cada momento a opção está sendo renovada, continua a ser voluntária. Um filho, por exemplo, principalmente pequeno, tem uma capacidade muito pequena de estar voluntariamente com sua mãe. A reconquista deve passar sobre esta grande dificuldade: conquistar quem já está conquistado, quem não precisa ser convencido, seduzido. Porque está preso[16].

A teoria da interdisciplinaridade

Hegel e, depois, Marx afirmam que é possível captar o real. Estavam se opondo ao iluminismo (sintetizado principalmente por Kant), que problematizava e punha em dúvida, suspendia o conhecimento, a ponto de, em algumas de suas formulações, negar totalmente a possibilidade de o conhecimento chegar ao real. Nos dois casos, em Hegel e Marx, o real aparece depois de um longo e trabalhoso esforço, que culmina em uma síntese de todas as suas determinações: o conceito. Podemos oferecer teoria semelhante, a respeito da escola. Temos, de um lado, a natureza ou real, objeto do conhecimento que é produzido na escola. Mas temos também professores e alunos, sujeitos do processo pedagógico, que provêm também da natureza ou real, ou seja, têm a mesma origem dos objetos para os quais a escola está voltada. E cada professor e aluno é de carne e osso, sexo, fome, interesses de salário etc. No entanto, tanto sujeito (professores e alunos) como objeto reais e naturais

---

16. Nem sempre que partimos da pessoa para o conteúdo se trata de reconquista. Eu posso, por exemplo, simpatizar com uma pessoa, por seu físico, seu sorriso, por algum diálogo fora do meio escolar. Ou seja, tenho aí uma pessoa. E então procuro um conteúdo cultural para confirmar aquela simpatia. Esse não é um caso de reconquista, porque aqui não tenho ainda essa pessoa presa fisiologicamente a mim. Ela pode desoptar de mim a qualquer momento, só que por motivos não-culturais.

(pois não há qualquer disciplina na escola que não esteja de alguma forma voltada para objetos materiais, inclusive a religião) aparecem na escola divididos, de forma muito semelhante à forma com que os objetos do conhecimento aparecem no campo de nosso entendimento, divididos em: sensações, cada qual captada por um de nossos sentidos (o ouvido capta o som, a visão, as cores e a forma etc.); e também como estruturas que — genericamente podemos afirmá-lo — estão divididas em categorias, por sua vez captadas por capacidades específicas intelectuais (a gramática capta por exemplo a sintaxe). Mas a discussão filosófica e psicológica que está por trás da formulação feita há pouco não vem ao caso, o que importa é que o objeto aparece dividido, cada parte dele captado por uma habilidade ou capacidade nossa. De forma que depois cabe a uma outra habilidade, faculdade para Kant, reconstituir o objeto que tinha sido dividido, fragmentado. Trazendo para o ambiente da educação, temos que o mundo material aparece refletido ou representado dentro da escola em sistemas muito diferentes entre si: filosofia, história, biologia, física etc. O que produz dentro da escola a divisão entre os diversos departamentos, com seus professores, livros, conceitos e até salas, armários. Mas, ao contrário de nosso intelecto, não há na escola qualquer instância, departamento em que o real possa ser reconstituído. Também professores e alunos, eles se apresentam para aulas, encontros etc. divididos, e não como pessoas. Mesmo quando um professor se apresenta como pessoa em uma sessão de terapia, na escola, ou num curso de psicologia, ele se mostra para um olhar que vê apenas o que lhe interessa. Em outras palavras, a escola, ao contrário do intelecto humano, divide, mas não reconstitui o real. Quem faz isto é a vida escolar, em que cada professor e aluno pela interdisciplinaridade reconstitui a si mesmo e ao conhecimento. Não se pode sustentar que a vida escolar é como a vida fora da escola. A vida escolar apenas tem a característica da interdisciplinaridade, que aparece como construção continuada e até certo ponto obsessiva do conhecimento. Ao que se deve acrescentar que a interdisciplinaridade garante a materialidade não só do sujeito como do objeto da escola: no físico do professor e do aluno as especialidades universitárias se juntam, e também, em sua cabeça, os diversos conhecimentos se juntam, formando uma única visão de mundo. Pode-se retirar daqui outra teoria, muito mais perigosa, e não necessária: de que apenas na escola aparece o real, e só na escola principalmente aparece o homem real. O homem biológico, fora da escola, não passaria de uma ficção.

A teoria acima, segundo a qual o indivíduo pedagógico, aluno ou professor, é constituído na interdisciplinaridade, poderia ser proposta como resposta a esta pergunta: *o que é a escola?* Não o que é de fato a escola, mas o que é a escola para utopia e pedagogia. Há duas direções principais. Na primeira, a escola é um fórum, livros, não os livros materiais, a biblioteca, mas seus conteúdos, e as bocas e canetas dos alunos falando, escrevendo, propondo idéias. Nesse caso a base física da escola, prédios, livros de papel, escadas, regulamentos, recursos financeiros etc. são algo sob a escola, mas não a escola em si. E a segunda direção é de que a escola é o físico. Não, evidentemente, o corpo dos alunos, prédios, livros de papel, regulamentos, exatamente, mas tudo isso junto e articulado para um funcionamento. Assim como um relógio não são as peças, nem o mostrador etc., mas o conjunto articulado, articulado inclusive com a mentalidade do tempo etc. A escola são sobretudo as relações, materiais, no tempo. O personagem fundamental da escola é o homem, aluno ou professor. Vivo, de carne e osso. Mas não exatamente de carne e osso, no significado mais senso comum. Digamos que um aluno apresente uma grande pasta, com centenas de páginas, com diários, trabalhos sobre diversos autores, opiniões, sobretudo trabalhos sofridos, trabalhosos. Essa pasta é o aluno de carne e osso. Digamos, é sua personalidade acadêmica, ou, talvez mais exatamente: é sua personalidade tal como ele a oferece na academia. Seu fenômeno acadêmico. Cada ato dessa pasta, no significado teatral, é a oportunidade de mostrar algo, ou de mostrar melhor algo.

A escola real, em oposição ao ideal

A escola é também o material, em oposição ao ideal. Nao temos o ideal da federação, e em certo sentido nunca teremos, e enquanto isso seguimos, penosamente, nesse meio, construindo palmo a palmo a independência, e sonhando com o "sim" da amizade. Amizade que também é concreta, na medida em que, se o "sim" e o "não" plenos não existem, existe o meio material que hesita entre uma coisa e outra. Sendo que o atual conceito, da materialidade da escola em oposição ao ideal, deve ser aproximado do conceito de interdisciplinaridade já apresentado, e também com a historicidade da amizade. Ou seja, a escola é efetivamente o real: ela faz a síntese entre os diversos recortes do mundo, pela interdisciplinaridade; ela é o material das relações nunca ideais, humanas, entre pessoas em construção, embora apontadas para o ideal da federação; e ela possibilita, com a dupla amizade e cultura, as relações históricas, em que os indivíduos ganham sentido.

Aliás, essa é uma questão muito importante e delicada. O ambiente utópico/pedagógico está carregado de inegável tensão. Aquela tensão que tanto desagradava Lutero. Ali o valor depende de um rendimento. Nunca somos nada. Os louros da academia só agraciam os fracos, os fortes sentem-se sempre ignorantes e imperfeitos. O construtivismo veio recuperar um pouco o erro e aquele que erra. A versão pedagógica do povo santo e pecador da Igreja católica. A questão é delicada exatamente porque esse indivíduo perfeito que nos tensiona não passa de uma ficção. Toda a vida pedagógica se dá sobre a massa humana, imperfeita, preguiçosa, medíocre e assim por diante. Voltemos à comparação com a Igreja católica. Todos os cristãos têm essa vocação universal, a santidade. Mas, em cada oração, em cada missa, no sacrifício de Jesus no calvário, o cristão concreto, aquele que motiva a história e a redenção, não é perfeito. Deus é um Deus que se comunica diretamente com o pecador, que ama o pecador. Como delata Lutero, o cristão é amado e Cristo o ama e redime como pecador. Ele vale como homem e pecador. Que merece muito, pois merece o amor de Deus. E, transportando para o ambiente da educação, um Lutero pedagógico combateria o clima segundo o qual os sujeitos pedagógicos, professores ou alunos, de nada valeriam, por suas imperfeições. Para esse Lutero pedagógico fictício, então, aqui muito parecido com Ernst Bloch, o ser humano valeria, na educação, não apesar de suas imperfeições, mas por elas, pois é exatamente o que lhe falta que o faz educável[17]. Mas, aqui, a educação difere profundamente da Igreja. A Igreja tem, por exemplo, a missa dirigida ao povo. E oferece a todos

17. Um erro crasso seria não distinguir o erro da possibilidade. O erro é o negativo, e a possibilidade é o espaço aberto ao positivo.

formas de buscar a perfeição, como a confissão, o convento... Mas a missa, dirigida ao povo, não é exatamente uma parte, um segmento, dentro desse processo que leva aos estágios mais altos do conhecimento cristão nem da santidade. A tensão dentro da escola, para cima, para levar o analfabeto até o doutorado, digamos, é muito mais forte. E abrange todos os atos pedagógicos. Um curso com terminalidade, seja de alfabetização, seja no mais alto nível de especialização, não é pedagógico enquanto terminal. A escola é profundamente obsessiva, burguesa. Snyders, nesse ponto, comunga com os utópicos que combate: a alegria da escola está sempre adiante. Certo, mas isso é uma patologia, e não uma característica que deva ser aceita ou inevitável. Mais correto é retomar a idéia utópica de que não se deve preparar um futuro diferente, qualitativamente, do presente. Não sacrificamos o presente pensando no futuro. Nossas imperfeições são a matéria da alegria, da felicidade. Não há qualquer interesse da utopia ou da pedagogia pela perfeição. A progressiva construção do conhecimento, inerente ao processo pedagógico, não tem qualquer relação com a perfeição. E sim com a busca da complexidade. Onde talvez importe mais — ou de modo igual — a busca que a complexidade.

Uma versão ligeiramente diferente da mesma idéia, mas que permite outros desdobramentos, é de que a escola, mais exatamente a universidade, é a socialização, consistência, deter-se, consumação etc., de nossas misérias. O conteúdo da vida universitária não é a perfeição, mas a imperfeição humana. Formalmente, apenas, a universidade se constitui de matemáticas, filosofias, esforços, disciplinas, abstrações, pois no conteúdo a escola e a universidade são miséria, alimentação, lutas, desespero. A angústia kierkegaardiana: quem sabe discutindo, teorizando, o sem-sentido da vida humana tenha pelo menos mais brilho!? Juntos, partilhando, pondo na mesa, a santa ceia não exatamente transmutaria pão no sangue de Deus; em certo sentido miséria continua a ser miséria mesmo, mas ali, juntos, ela adquiriria, sendo o que é, significação.

O que é material?

Não há apenas um significado. *Primeiro*, material é aquilo que se consome, aquilo que consumido desaparece. Se chupo uma laranja, ela, como uma laranja consumível, desaparece, fica só o bagaço. Por isso, se a laranja é material, a música não é, pois o consumo de determinada música não a "consome".

Num *segundo* sentido, é aquilo que dá prazer ou que é importante para as exigências animais de sobrevivência. Uma cadeira é material, mas não porque ela se consome com o correr dos anos, e sim porque corresponde a uma necessidade física, porque compõe a mobília de uma casa, de uma família. Mesmo um remédio amargo, desde que me cure, é material, embora não me dê exatamente nenhum prazer.

Acrescentaria ainda — um *terceiro* — que o material me possibilita, ou a uma outra pessoa, o exercício de um poder humano material. Algo que exclui. Se compro um livro, ele é material enquanto sendo meu não pode ser de mais ninguém. Mas não é material se se encontra em uma biblioteca pública. Um disco, com música, na verdade não é material, porque ouvir a música não o consome, e o prazer que dá não é fisiológico, mas cultural. Ele só é material porque eu o possuo comprando-o, enquanto sei que outras pessoas não têm dinheiro — e nesse sentido estão excluídas de ter esse disco em sua casa, ao alcance e entre outras coisas suas, e de ouvi-lo quando quiserem. A compra de uma música de consumo é material porque dá prazer, mas a compra de uma música erudita é material também porque exclui as pessoas sem cultura desse prazer refinado.

As relações que envolvem sexo são um caso à parte. Não implicam um consumo no sentido de destruir, mas compensam essa falta de materialidade pela explícita materialidade fisiológica e pelo prazer nitidamente físico.

Mas temos aí uma escala. Uma laranja, uma cadeira ou um livro são materiais em diferentes graus. E comprar o direito de assistir a um jogo estaria num *quarto* nível, porque no fim do jogo eu não fico na posse de nada físico que seja a expressão do meu desejo a satisfazer ou satisfeito.

A troca não faz distinção entre esses níveis, mas se afasta do sangue na medida em que o consumismo se manifesta em níveis menos materiais. A sociedade moderna, na medida em que aumenta o consumo de bens menos materiais, mais culturais, se afasta do sangue, sem dúvida. Embora não deixe de ser capitalista e liberal.

Esse conceito de matéria permite uma via que nos interessa para definir educação. O óbvio é que a educação não é o espaço da matéria, e nesse sentido se opõe à economia. Apesar de ali serem utilizados papel, lanche, livros, construções, transporte, o que representa um setor bastante significativo do consumo e da economia. Mas, também, a educação se distingue do lazer, apesar de ali dentro se cantar, se escrever, se conversar com o professor e os colegas, se assistir a filmes etc. Assim, embora a educação tenha em comum com o lazer o fato de se movimentar em um ambiente não-material, de idéias, atitudes, palavras etc., tem em comum com a economia um tipo de objetividade: o ato da educação está sempre dirigido para um objetivo. Se escrevo, eu pretendo por exemplo aprender a escrever melhor. Esse objetivo pode ser de difícil definição e compreensão, mas ele está sempre presente nos atos educativos. Assim, o universo da escola, ao contrário de outros lugares culturais, está sempre premido, pressionado, e direcionado para objetivos. O que aproxima a educação, além de da economia, da religião. Como se na educação fosse aparecer de repente um cobrador ou juiz. Todo ato pedagógico tem acima de si essa figura da cobrança. Principalmente do tempo. O tempo ali não é cerimonial, ritual, nem lazer, mas é um tempo premido pela possibilidade de cobrança.

Assim como há uma pedagogia utópica, há uma utopia pedagógica, ou seja, uma utopia política dominada pela pedagogia. Que pode ser definida, em linhas gerais, mais ou menos como o ideal platônico da *República*: uma sociedade dominada por aqueles que estudam, em que o poder tem seu centro na escola. O desenvolvimento capitalista, como observou Marx, socializou a economia, pois o dinheiro do pobre vale tanto quanto o do rico. E o liberalismo também colabora para a emergência de uma sociedade dominada pelos valores da baixa cultura. Utilizando o esquema acima, uma sociedade dominada pelo consumo de objetos materiais mais grosseiros, do primeiro tipo. A sociedade utópica aplicaria uma reviravolta nessa situação. Não pela repressão, evidentemente. Mas, principalmente, sofisticando o gosto do consumidor. Ensinando tudo a todos.

O sangue e a cultura

O sangue

É necessário reservar um espaço para analisarmos separadamente o sangue, porque a utopia empreende, na educação, uma luta sem quartel contra o sangue. É o ideal, a cultura, contra a matéria e o sangue. Adotamos, neste livro, a proposta de que para a utopia a sofisticação está acima da natureza, embora de certa forma deva se anular diante dela. Síntese feliz é a empreendida por Comenius, para quem as pessoas são como plantinhas (natureza), mas tudo (sofisticação, cultura)[18] deve ser ensinado a todos[19] (socialismo). Aliás, são muitos os utópicos que preferem nitidamente a natureza. Rousseau e Neill, por exemplo. No entanto, embora natureza e sangue sejam conceitos próximos, a aversão dos utópicos pelo sangue, pela tradição, pela família, pelo imutável etc. é nítida.

O lado positivo do sangue

Na perspectiva do sangue, a abstração não existe, e, se existe, não tem autonomia, é apenas um reflexo da matéria, e está voltada para a sobrevivência. O sangue nega que se possa utilizar como referência outro campo que não seja a sobrevivência, o interesse, a carne, a família, a raça etc. Utilizar as idéias como referência não passa de um equívoco.

---

18. Comenius, *Didática magna*, Rio de Janeiro, Organização Simões, 1954, p. 103.
19. Idem, p. 33.

Talvez seja falsa a afirmação de que o essencial do sangue seja o negativo, o medo, a luta contra as mudanças, um sentimento ruim contra. Na perspectiva do sangue, cabe o positivo e a alegria, festa, fartura, generosidade, carnes, vida em grupo, a natureza, as estações, o sexo e a fertilidade. A utopia do sangue é o sonho de Abraão: que sua estirpe se materialize em inúmeros indivíduos, em paz, reproduzindo-se indefinidamente. Trabalhando juntos, e comendo juntos em torno de uma mesa, sob os olhos do patriarca. A própria cultura e a escola têm cabimento, aí, desde que circunscritos à vida animal do grupo, à sua sobrevivência como grupo, secundariamente cultural. É pela cultura e pela educação por exemplo que são garantidos alguns elementos fundamentais para o sangue, como a moral, o conjunto de valores herdados dos mais antigos, o amor à terra etc.

Ao contrário do idealismo, o sangue é pouco exigente em relação às fraquezas do homem. O homem fraco é menos perigoso que aquele que tem um ideal. O erro do homem simples é isolado, não se acumula, não se articula. O natural, que é identificado com a vida da comunidade, é o bom, que só se torna mau em contato com influências que vêm de fora. Nós somos mesmo assim, corruptos, egoístas; essas qualidades nos aproximam também dos sentimentos, dos mesmos sentimentos que nos levam às vezes ao heroísmo. O heroísmo de defender por exemplo a pátria, a terra, a família.

O meio onde se movimenta o sangue é o da sobrevivência, da família, a face animal do homem, e é definido, não é a negação, embora seja também a negação da cultura. Talvez se tenha uma impressão mais negativa a respeito do sangue porque estamos falando aqui de opiniões, estamos em um meio cultural, e estamos falando do sangue, uma opção perdedora — se tomados longos períodos de tempo, mas quase sempre vencedora em períodos menores —, por isso talvez é que o sangue se manifesta quase sempre como uma reação contra as mudanças. Quer dizer, historicamente o sangue se manifesta quase sempre como uma reação com ódio à cultura. Nossa impressão poderia ter sido outra se o ambiente fosse outro, as comunidades primitivas, a vida cotidiana nas aldeias medievais, as comunidades de pioneiros ou de crentes. Ali, entre eles, deve haver outro estado de espírito, mais positivo. O negativo deve aparecer quando eles estão fora de seu meio, onde eles não se sentem bem, mas acuados, assustados.

Apesar disso tudo, o sangue é um fundamentalismo. Em parte. Não é a crença em uma idéia, mas é uma reação violenta, muitas vezes idealista, contra outra ou mesmo contra qualquer idéia. Ao contrário do fundamentalismo usual, o sangue não se firma em uma opção, negando todas as outras, mas apenas se firma em uma opção, e só fica contra outras quando ameaçado.

Entre os defensores do sangue, há uma variante mais tolerante. Mais que tolerante, desinteressada de outras idéias. Esse conservadorismo tolerante se refugia dentro de um círculo e procura se relacionar com um sorriso (externamente) compreensivo com tudo o que seja diferente. Talvez nas estruturas desse tipo de conservadorismo esteja a compreensão de que o ódio e a reação não são compatíveis com suas atitudes mais caras, como a vida comunitária, as crianças, o trabalho.

Mesmo algumas posições internas do sangue, como a autoridade, o conservantismo, podem ter sido, ainda que em parte, desenvolvidas e solidificadas para fazer frente a ameaças externas. Por um lado, parece que o ódio está na raiz de todas essas atitudes. Mas a palavra mais precisa talvez seja "defesa", contra as idéias e o tempo. O ódio a tudo o que está de fora desse círculo, em oposição às idéias mais amenas, como o amor à terra, a comunidade, o amor entre os irmãos, aos costumes, ao ritmo suave da vida, pode formar, em conjunção com elas, outro conjunto de idéias, como a guerra, que deriva do amor à terra; o moralismo agressivo, que deriva da valorização da vida familiar; a troca, para reforçar a liberdade, a família e o lar.

O pensamento, no sangue, se volta para fora. Mas não com interesse, e sim com agressividade. Para dentro, também, mas não no sentido do pensamento, e sim de uma fidelidade teimosa às raízes (não as raízes profundas e individuais, mas as raízes superficiais e físicas). Ou seja, dentro ou fora o que garante o sangue é algo firme, físico, fisiológico. Algo que não muda, que luta para não mudar. Não podemos deixar de mencionar a palavra "resistência". Ou seja, temos duas posições possíveis, nesse aspecto: de um lado, o diálogo, o interesse, a abertura, a alteridade, e de outro essa atitude fechada, assustada, de resistência sistemática, de teimosia e, no extremo, de ódio.

O conceito de mudança também costuma ser lembrado nesse quadro. Mas sustento a posição aqui de que isso é secundário, derivado. De qualquer forma, em geral, o sangue deseja segurança e entre as conotações da segurança inclui a imutabilidade.

A crítica e a aura

A aceitação dos erros, a compreensão, o afeto, o carinho, o reconhecimento são características que podem ter sua origem em um detalhe do romantismo: a aura sem questionamento. Ou seja, eu amo meu pai, amo minha mãe, mesmo que sejam um bêbado, uma escrava apática. Aliás, amo sem nem mesmo pensar exatamente como são em si essas pessoas. Da mesma forma como no passado foram amados, odiados, respeitados o pai, o rei, Deus, a pátria. Ou seja, o sangue é o imutável, e é também o pensamento metafísico, que conceitua o objeto pelo impacto do nome, por imagens e impressões fisiológicas estabelecidas sem crítica, magicamente, impressionisticamente[20]. Voltaremos a essa idéia, mas por enquanto fica a afirmação de que essa característica do conhecimento (tomar o objeto pela aura, sem questionamento, sem análise) decorre de uma estrutura antiga que valoriza a unidade, a autoridade, a aceitação do que é dado, que acredita que as verdades básicas são assinaladas por Deus no início do mundo e assim são caroços duros, que não cabe compreender.

O sangue significa o passado e a autoridade, e a cultura é o futuro e (como no iluminismo) a possibilidade ilimitada de revisão. Sangue, família, autoridade, poder, passado significam o intocável. Algo que é um ponto de partida, mas que não se questiona. E significam também solidez e segurança. A ideologia do sangue não acredita que sobre tudo se pode conversar, discutir, que tudo pode ser suspenso e posto dentro do fórum, do diálogo. Mas que verdades eternas antecedem o diálogo. Em vez do diálogo, ilimitado, o respeito. O ambiente da escola só pode parecer ameaçador para aqueles que têm essa postura.

---

20. Impressionismo, aqui, significa mais a música que a pintura, mais impressões internas que externas. As crianças, por exemplo, quando ouvem uma história, relacionam o medo muito mais ao tom da voz do que a um conjunto coerente, por exemplo, de características que diferenciem a bruxa ou o monstro do príncipe.

A utopia não é a mesma coisa que o iluminismo, e não deve ser confundida com a atitude nem com a ideologia que tudo pretende discutir, e nem se deve relacionar a utopia com uma fé ilimitada na crítica. Isto é iluminismo e não utopia. E nem é também o liberalismo, que tudo critica, menos a propriedade, e que não aceita a crítica que revira a origem da riqueza. O que a utopia tem em comum com essas atitudes é a crença no futuro e a concepção do fórum, que tudo discute. Mas discutir, para utopia e pedagogia, não significa exatamente desmontar, revirar, suspender, fazer pouco caso, e sim colocar sobre a mesa, como um meio importante no estabelecimento do diálogo. As grandes verdades merecem respeito, e a discussão não abre mão desse respeito. Ou seja, para a utopia tudo se discute, menos certos limites estabelecidos pelo humanismo. As verdades da humanidade, as grandes ideologias, as obras da literatura, as conquistas tecnológicas etc. não são discutidas por utopia e pedagogia com o objetivo de diminuí-las, mas para que sejam mais bem manipuladas, conhecidas, exploradas, e para assim servirem melhor como um meio para as relações humanas.

A mesma aura que existe em torno de certos objetos existe também em torno de certas afirmações, e o resultado é o preconceito. Utopia e pedagogia (embora apenas a pedagogia utópica) são ambientes em que é improvável a ocorrência dos dois tipos de aura. São um ambiente hostil também para os preconceitos. Uma das razões, por outro lado, é sua tendência, contrária, ao discurso cínico. Utopia e pedagogia — o que significa praticamente a mesma coisa que acabamos de afirmar de outra maneira — tendem a considerar o cérebro e o discurso como espaços de experimentação; de experimentação obsessiva, quase sempre, como vimos.

Façamos rápidas observações sobre um trecho de Tocqueville em que ele apresenta esse conceito de aura, particularmente vinculado à aristocracia[21]. A pedagogia promove a dissolução da aura. E isso, embora possa parecer insignificante, tem uma importância na história dos últimos séculos, e sociológica ainda no século XX. Ou seja, ainda é importante o fato de que as pessoas, na sociedade, se impressionem com armaduras, ternos, dinheiro, poder. E que umas se sintam mais e, o que é sem dúvida mais

---

21. No livro *Egalité sociale et liberté politique*, Paris, Aubier Montaigne, 1977, p. 28, Tocqueville relata uma reunião de sua família em que sua mãe cantava uma balada sobre os sofrimentos e a morte de Luís XVI. Todos choram, então, não por seus próprios sofrimentos ou pela morte de seus familiares, mas pela morte de um homem que eles jamais tinham visto. "Porque esse homem tinha sido o Rei." Mas Edmund Burke também nos permite tocar no mesmo conceito. "Faz dezesseis ou dezessete anos que vi a Rainha da França, então Delfina, em Versalhes; e certamente jamais desceu à terra, que ela parecia nem tocar, alguma visão mais deliciosa. Via-a logo acima do horizonte, decorando e alegrando a esfera elevada na qual começava a se mover – cintilante como uma estrela da manhã cheia de vida, de esplendor e de alegria. Ah! Que revolução! E que coração precisaria ter para contemplar sem ficar comovido tanta elevação e tanta queda (...) Quando poderia imaginar que veria tais desgraças ocorrerem-lhe numa nação de homens galantes, numa nação de homens de honra e de cavalheiros! Julgava que dez mil espadas pulariam de suas bainhas para vingar até mesmo um olhar que ameaçasse insultá-la" (*Reflexões sobre a revolução em França*, Brasília, Editora da UnB, 1982, p. 100). No livro há o registro de um comentário de Francis, seu amigo, em uma carta ao próprio Burke: "Seria ridículo para qualquer um, exceto para um amante, colocar os seus charmes pessoais em oposição a seus crimes" (nota final, n. 63). E ficamos nos perguntando, hoje, se o problema seriam realmente seus crimes, ou se seu amigo não estaria também envolvido a ponto de não perceber alguma falha não em sua moral, mas em seu charme. Ou seja, teria ela mesmo tanto charme, pessoalmente, ou viria todo ele do fato de ser rainha? E em que ponto a esfera da nobreza era elevada?

grave, outras se sintam menos. A utopia, por meio da pedagogia, propõe um programa de expurgo para longe da sociedade desse mal: e o professor é que constrói essa nova forma de enxergar o ser humano. De nada adianta a voz empolada, a beleza, o sorriso, nem mesmo a letra bonita; o professor analisa o aluno lentamente, complexamente. Nada o impressiona, nada o leva a um julgamento apressado. Ali o aluno aparece ao mesmo tempo nu e transfigurado, diminuído em suas pretensões, multiplicado em suas chances ou possibilidades.

Uma topologia mais rigorosa deveria abrir um espaço próprio para conceituar a aura. Marshall Berman, em *Tudo que é sólido desmancha no ar: a aventura da modernidade* (São Paulo, Companhia das Letras, 1986, p. 112), se utiliza da expressão "perda do halo", embora logo a seguir também diga aura. Como se uma coisa fosse diferente da outra, mas não dá a menor pista sobre essa diferença. Observe-se o uso que faz do conceito neste trecho, sobre o pensamento de Marx: "Com isto, a moderna burguesia pode deter amplos poderes materiais sobre os trabalhadores e quem quer que seja, mas jamais recuperaria a ascendência espiritual, que as antigas classes dominantes tinham como tácita. Pela primeira vez na história todos confrontam a si mesmos e aos demais em um mesmo e único plano". Ascendência e diferenças de planos me parecem conceitos equivocados para explicar o que seja a aura. Ficamos com nossa orientação. A aura se caracterizaria por emprestar a um objeto, ou seja, por um sujeito assumir diante de um objeto atitudes que não estão fundamentadas em características desse objeto, nem mesmo em características que esse objeto aparenta ter. Por exemplo, se um guerreiro consegue produzir terror por causa de uma lança enorme ou de um brasão onde está desenhado um tigre, a reação correspondente não é a aura. Isso nos traz à cabeça o conceito de reforço, da psicologia: a educação, a cultura ligariam a certos objetos, como reis, negros, homens fortes, casas limpas, bairros pobres, ternos ou farrapos, atitudes que passam ao largo da análise ou da experiência concreta. Assim, a expressão de Marx que Berman utiliza para título do livro poderia ser mudada para "tudo que não é sólido desmancha no ar".

Cinismo e humor

Uma variante do conceito de aura é cinismo. O *cinismo*, tomado em uma das acepções usuais, consiste no pensamento que toma certa distância do discurso. Ou seja, cínico é o indivíduo que consegue olhar para o próprio discurso como se não fosse seu, afirmar algo experimentalmente, acreditar e depois se olhar e duvidar etc. Um dos desdobramentos desse tema é o pensamento que tem um eixo independente. O pensamento independente pode ter seu eixo, por exemplo, na lógica. A lógica, como se sabe, dificilmente se presta ao controle. Se compreendo algo, não necessito retornar a uma autoridade instituída. É isto que acontece com o iluminismo: eu desmonto o objeto, busco sua lógica, e o faço, essa desmontagem, individualmente. A autoridade, além disso, deve prescindir, nem que seja parcialmente, da lógica. Se explico e racionalizo uma ordem, a autoridade se desfaz. Ou seja, a autoridade pura deve conter uma dose de absurdo.

Outra forma ou variante do sujeito afastado do discurso é o humor, tema importante na literatura utópica. Basta lembrar algumas reflexões de Neill e Duveau. Neil dedica diversas páginas ao humor. Mas cito uma idéia sua sobre o prazer que pode ser transferida para o humor: em *Minha luta pela liberdade no ensino* (São Paulo, Ibrasa, 1975, p. 245), afirma que um grande inimigo do prazer é a religião, o misticismo, e particularmente o puritanismo. Cita uma frase de Macaulay, que afirma que os puritanos odeiam açular cães contra ursos, não pela dor do urso, e sim porque a Igreja reprova o prazer dos espectadores. E Duveau levanta a idéia de que Marx — e aqui poderíamos generalizar mais, concordando com Duveau, incluindo aí os românticos — é inimigo da luz (Georges Duveau, *Sociologie de l'utopie et autres essais*, Paris, PUF, 1961, p. 47). Como a princesa Psyquê, que passava a noite nas delícias que lhe proporcionava o deus do amor, mas tinha horror quando surgia o sol para dar início a um novo dia. Em outras palavras, More, Locke, Hume, Kant, com o iluminismo, seriam uma geração de pessoas de bom humor, enquanto Marx, Schopenhauer estariam no grupo dos mal-humorados. Evidentemente, seria muito fácil apontar inúmeras exceções. O perigo maior seria chamar os socialistas de mal-humorados e os liberais de bem-humorados, talvez porque achem graça num bom jantar enquanto a humanidade lá fora passa fome.

A escola como lugar gerador de contestação

Em geral, a pedagogia não sintoniza com o sangue. Para o sangue, mesmo a transmissão dos valores dos mais velhos, dos costumes etc. seria feita de preferência não da forma pedagógica, mas pela observação, no caso, dos valores e dos costumes, pela participação nas cerimônias, em ritos de iniciação. A primeira escola seria antes um cerimonial da palavra, de transmissão e culto da palavra. Outro modelo são as escolas tradicionais, com forte pressão ideológica, vigilância policial, culto de brasões (no sentido de símbolos mais ou menos inócuos, que mais valem pelo brilho do que pela força da proposta), etiqueta, ritos, gestos que se repetem de geração a geração. Assim, mais que um espaço aberto e de discussão, a escola se tornaria o *locus* onde a sociedade se repete, onde toda vez que surgissem a independência, o questionamento, a criatividade, esses males receberiam imediatamente os antídotos. Ou seja, para o sangue seria preferível que as gerações mais jovens se educassem participando nas diversas instâncias da vida em sociedade, e se oporia à pedagogia como tal, à criação de um espaço instituído, à parte, com especificidade e alguma independência, onde as coisas são apresentadas e discutidas. Para não se articularem, não tomarem corpo, e com a pretensão de que assim jamais chegassem, nesse projeto, a constituir uma ameaça à ordem instituída.

A cultura

O utópico foge da batalha direta, mas está sempre ligado na mudança, nos fatos. Não seria correto afirmar que o utópico busca a escola como em outros tempos se buscava o convento, para fugir[22]. O utópico não busca esses lugares reclusos com a intenção de atuar dali sobre o mundo; mais exato é afirmar que ele pretende atuar sobre o mundo levando-o todo para lá, para habitar lá também,

---

22. Evidentemente, não estamos afirmando que todos os que em qualquer época buscassem um convento o faziam unicamente para fugir.

junto com ele. É interessante notar que essa mudança pode ser notada no desenvolvimento da vida monástica durante a Idade Média. Primeiro, o convento era um lugar para privilegiados. Dali se pretendia atuar sobre o mundo, santificando-o. Mas, aos poucos, se desenvolve uma nova ética: a proposição da vida monástica como ideal universal. E o mesmo se deu com o desenvolvimento do socialismo. Primeiro, é uma ilha, uma utopia que aparece para o mundo como um encantamento, um exercício intelectual. Depois aparece como um ideal de movimento de pessoas de elevada capacidade analítica e crítica, em oposição ao populacho, ao senso comum, que deveria receber suas vantagens mesmo sem compreender, mesmo sem querer de forma alguma, às vezes. E finalmente, durante o século XIX, como o ideal necessário e universal, ciência.

As luzes

Os motivos que levam o utópico a buscar se instalar na cultura, longe da matéria, são complexos. Vimos que um deles é a fuga. Outro é o fato de que o meio cultural é mais manipulável; se o utópico busca a independência, ele o faz fugindo exatamente da necessidade, do meio material, onde ele sempre de alguma forma vai ser dependente, se não das pessoas e da sociedade, dependente das leis da física, da sociologia, da matemática. No meio cultural também somos dependentes, mas menos, e de outra forma; dependemos na escola de professores e livros, da cultura em geral, e é por isso que buscamos a escola, mas esse é um meio que se oferece plástico à ação, ele sempre pode ser trabalhado, tudo aqui é difícil, mas trabalhável. O meio cultural permite a atividade obsessiva constante, de manhã, à tarde e à noite, durante todas as estações, e mesmo na velhice mais avançada. E, de forma progressiva, da infância para a velhice. O meio cultural, como conseqüência disso, permite a complexidade progressiva, aparentemente inesgotável; as tarefas nunca terminam totalmente. Já salientamos esse aspecto por sua praticidade, como um ideal, como uma forma de se manter em atividade constante etc., mas aqui estamos ressaltando outro lado: tudo o que o utópico deseja são as luzes. Nada se mantém firme muito tempo, tudo se discute, o corpo humano é exigido em cada uma de suas fibras. O utópico não só foge da estagnação e da dependência, mas busca um lugar onde as relações com as outras pessoas, com os objetos e as idéias se dão como experiências pedagógicas, ricas e progressivas.

Para terminar essa lista, dois detalhes das luzes e da aversão pela necessidade da matéria. Primeiro, a sofisticação, a delicadeza ou a cortesia, que são características do meio cultural; que podem ser postas como essencialmente negativas, ou seja, ausência de grosserias, particularmente as físicas. E, segundo, o cosmopolitismo, em oposição ao provincianismo. A vida social e mental provincianas levam algumas pessoas a desejar ardentemente a vida cosmopolita. Embora o contrário também seja válido: a vida em universidades, cidades, viagens, congressos leva algumas pessoas a desejar a província: a vida caseira, as caminhadas, as amizades e os relacionamentos que duram décadas. Ali, na província, as pessoas têm valor não pelo que fazem ou deixam de fazer, e sim porque carregam o nome de sua família, porque foram vistas crescendo desde criancinhas etc.

Mas esse conjunto nos permite caracterizar melhor a opção da utopia pela luz e pela cultura. Começa por fazer a distinção entre estas duas concepções de luz, a da utopia e a do iluminismo. O papel do raciocínio na utopia é muito menor que no iluminismo. A vida idealizada, se de um lado admite o sangue, o provincianismo, a família, o moralismo fechado etc., por outro é o acesso às pessoas, o trânsito pelas artes, religião, ciência, poesia, natureza, e também o raciocínio. A utopia nega o século XIX pelo mesmo motivo. Ou seja, a ciência tem para a utopia, assim como o raciocínio, um papel menor, dentro dessa variedade. Luzes para a utopia não são nem raciocínio, crítica, nem ciência sozinhos, mas a variedade característica da vida urbana, cosmopolita, universitária. Embora, ainda com relação à vida urbana, cosmopolita e universitária, tenham um significado um pouco diferente, pois sua variedade não abre mão de tradição, família, campo, tranqüilidade, religião e até da moral.

Esta é a idéia de que Berman se aproxima na página 311 do livro *Tudo que é sólido desmancha no ar: a aventura da modernidade* (São Paulo, Companhia das Letras, 1986). Ele se encontra com uma pessoa que tinha passado como ele a infância no Bronx. E então ele, Berman, comenta que a estrada de Moses que cortou o bairro "viera explodir qualquer traço de união de nossas infâncias. Ótimo, disse ele, quanto mais rápido melhor; eu não compreendera que a destruição do Bronx preencheria o imperativo formal fundamental do próprio Bronx? Que imperativo moral? — perguntei. Ele riu, enquanto berrava em meu rosto: "Você quer saber a moral do Bronx? 'Saia daqui, idiota, arranque-se'". (...) "Mas isso significava que nosso projeto estava atravessado pelo paradoxo desde o princípio. Trabalhávamos para auxiliar outras pessoas e outros povos — negros, hispânicos, brancos pobres, vietnamitas — a lutar por seus lares, ao mesmo tempo em que fugíamos dos nossos". Agora, vendo por um ângulo muito pouco diferente: ninguém que viva a aventura da participação, das luzes, da modernidade, deseja voltar atrás; alguns, paradoxalmente, desejam a exclusão para os outros, a cultura popular, a vida provinciana, mas não para si mesmos. Uma coisa é desejar salvar a cultura popular, e outra é desejar salvar as pessoas, e permitir que elas, tendo condições, façam a opção por si mesmas.

Uma crítica superficial, nesse aspecto, tomaria a utopia como um ajuntamento de opostos e sem sentido, mas, evidentemente, a utopia tem seu eixo na pedagogia que, organizando o indivíduo desde as raízes, elege todo o universo para, através do acesso, servir como meio de relação universal. Acesso entre os recursos sociais, que incluem, sem qualquer receio, os recursos do passado. Ou mesmo, só eliminando aquilo que for realmente pernicioso, e não sem antes se perguntar se mesmo dentro disso que deve ser eliminado não haveria nada, um lado, um uso, que pudesse ter alguma utilidade. Quer dizer, não cabe aí, na exclusão de qualquer coisa, nenhum prazer, muito pelo contrário, utopia e pedagogia apóiam um grande esforço para evitar a eliminação de qualquer traço cultural.

E deve-se observar, como já vimos, que a variedade e a abertura não incluem machismo, violência, nazismo etc.

O envolvimento da escola com o sangue

A idéia seguinte relaciona estes dois temas, o atual, da cultura, e o da interioridade. Geralmente se sugere esta relação: sangue-participação, cultura-distância. Ou seja, o discurso típico da cultura, o discurso universitário, seria um *discurso cínico*, em que o falante observa seu próprio discurso como se não fosse seu. E com relação não só ao discurso, mas também às vivências psíquicas e orgânicas: o homem culto manteria com relação a seu corpo, a seu cérebro, a seus sentimentos uma distância e uma indiferença, que, embora tenham suas vantagens, só podemos encarar com muitas reservas. A melhor saída dessa dificuldade acredito estar na direção apontada por Carl Rogers: o intelectual, embora seja um outro em relação a seu discurso e suas experiências, utilizaria essa distância para estabelecer com eles uma relação da mais profunda empatia. Ou seja, a universidade não é fria, nem distante do mundo, mas são as luzes, no sentido da participação. Não da vivência obcecada, redundante, neurótica das cozinhas, das famílias e da tradição, e sim as luzes cheias da emoção de estar se posicionando ideologicamente. O indivíduo que diante da vida procura se definir ideologicamente busca a universidade; e ali as idéias, os recursos, os conhecimentos, as discussões são apaixonantes. A vivência natural da vida, fora da universidade, é uma acepção de participação; outra acepção, muito diferente, mas que não é menos participação, é a do fórum universitário. Evidentemente, aí se pode passar da vivência à erudição, ao discurso pelo discurso, às praxes metodológicas, mas não necessariamente; a universidade pode ser a socialização de uma busca sincera da verdade processada na interioridade. Eu busco a verdade em minha vida, desde criança, adolescente, e pela seriedade sou levado a equacionar essa busca segundo os instrumentos mais desenvolvidos, os métodos mais maliciosos etc., somente possíveis na universidade e no diálogo: com os outros. O desafio é manter a sinceridade, pois na universidade há o perigo do desvio para uma instrumentação que se desgarra e se impõe sobre os motivos (*Ich habe mein Gründe vergessen*, de Nietzsche, citado por Mannheim[23]).

A universidade como exigência física

É necessário lembrar um caso particular, mas que põe o problema com mais crueza: o *da mulher*. A vida provinciana e doméstica oprime com muito mais força a mulher. Não só sobre a vida material: pratos, roupa, higiene dos bebês, esforço continuado. Mas sobre a alma: mesquinhez, humilhação, disputa com parentes ou vizinhos, dependência de um macho para escapar da escravidão do lar paterno etc. E, pedagogicamente, uma vida pobre de diálogo, de livros, idéias, religião, de experiências e de contato com o patrimônio ideológico e cultural da humanidade. Falta de liberdade e de instrumentos materiais e ideológicos para concretizar a liberdade. A alma, naturalmente, definha nesse meio. E se refugia na maldade, na perversidade, no egoísmo e assim por diante. Essas mulheres, no entanto, muitas vezes têm o sonho e a experiência da modernidade. Às vezes precários: emprego, independência, sexo, variedade etc. Não importa tanto fazer uma crítica a essa experiência da modernidade, pois o emprego da mulher pode ser uma exploração, a cidade que conhece depois do campo pode ser poluída, a televisão que assiste pode ser lixo cultural, a professora de sua escola de alfabetização pode estar em um nível cultural muito abaixo das conversas à beira do fogo no sí-

23. Karl Mannheim, *Ideologia e utopia*, Rio de Janeiro, Zahar, 1982, p. 47. Sendo que há um detalhe importante na tradução. Tanto pode significar "Eu me esqueci porque comecei" como "Eu me esqueci das minhas raízes e dos meus motivos". O que significa que a parte de cima se desgarrou da parte de baixo, o presente do passado.

tio, por exemplo. O que importa mais é que ela tenha a experiência de estar deixando para trás a província e o império da natureza (necessidade), e de estar caminhando no rumo da modernidade. Para essa mulher, certas coisas insignificantes, como ter dinheiro para comprar uma TV usada, ou poder pagar seu próprio aluguel, são questões de vida ou morte. Permanecer e ir adiante é a vida, retroceder é a morte. Ou seja, utopia e pedagogia não são ideais, nesse sentido de algo apenas na cabeça, idéias; fruto de devaneios e da sensação de insatisfação que às vezes acomete burgueses entediados nas tardes longas e nos fins de noite. Sem educação não sobrevivemos ideologicamente, politicamente, psicologicamente, e nem mesmo fisicamente.

A idealização, no mau sentido, da ideologia utópica e federacionista na educação pode levar à tese de que as relações materiais, sobretudo o sexo e a sobrevivência econômica, são meios ou relações de segunda classe. Poderíamos considerar essa hipótese como um desvio ou má compreensão do que estamos propondo. A universidade que estamos propondo, pelo contrário, está voltada para o real, se nutre e se testa em sua capacidade de incorporá-lo. As relações platônicas, quer dizer, puramente culturais, abstratas, no mundo das idéias, são admissíveis, mas não devem constituir a massa da universidade.

Como a escola pretende se impor sobre o sangue

A solução pedagógica não nega o sangue. Mas, garantida a sobrevivência, ela se volta para os problemas da cultura, e faz todo esforço para que os problemas da sobrevivência, daí em diante, sejam postos também como problemas da cultura. O que exige praticamente sua subversão. Por exemplo, a sobrevivência, a ideologia da sobrevivência, ama a estabilidade e odeia todo tipo de mudança, mas a ideologia da educação, pelo contrário, revira tudo, submete tudo a um processo, constrói. Às vezes desmonta para reconstruir melhor. Além disso, a cultura, aplicada sobre o sangue, é seletiva, elege por exemplo a alegria e rejeita o ciúme. Elege o diálogo e rejeita as disputas e a preocupação com a vida alheia. Principalmente a maledicência, embora dê pouca importância ao que dizem os maledicentes. Ideologicamente, a cultura reduz os fortes a palhaços, monstros, bobos. No máximo, figuras curiosas da literatura. Evidentemente, hoje a cultura é menos direta nessas distinções. O antropocentrismo é criticado, e nós acadêmicos não nos consideramos melhores que os índios. Mas, ainda assim, nós os admiramos, mas não quando eles sacrificam as crianças defeituosas ou as mulheres mais velhas. E o mais importante: as pessoas que vivem na escola têm uma relação difícil com as manifestações que vêm de baixo de seu corpo, com a infância, e talvez ainda mais especialmente com o que, vindo do corpo, da infância, dos sentimentos, do sexo, é racionalizado, ideologizado. Sem jamais pretender esmagar qualquer um desses elementos, a educação nunca os admite como são. Eles devem ser transformados, e devem se negar. Ser o oposto do que são originariamente. E na sociedade a cultura considera que a burocracia morosa, as injustiças sociais, o atraso do sistema judiciário, a divisão de classes são a manifestação mais estúpida da barbárie. Ou seja, se a educação nega as heranças internas de nosso corpo, nega também as heranças sociais. E pretende instalar sobre a terra o império da escola, onde sentimentos, sexo, inveja, ciúme, egoísmo, racismo, machismo etc. etc. cedem lugar a amizade, diálogo, igualdade, federação. Enfim, um mundo futurista, higienizado de seu passado, pois não se pode considerar como passado um produto sintético em que não tem lugar qualquer coisa que seja perversa. Feio ou bonito, não interessa, não há lugar para certas coisas do passado. Tortura, por exemplo. Guerras. Diferenças entre raças e entre o homem e a mulher. E estamos cansados, muito, da diferença de classes, que vem dos tempos pré-históricos. Bom, podemos chamar esse modelo de *higienização*.

E o modelo seguinte de *demonstração*.

A escola, em relação ao mundo material, da sociedade, com sua economia, suas lutas políticas, tem uma proposta própria. Contraposta às que provêm do jogo das forças naturais, inclusive sociais.

Propostas, no plural, porque, embora muitas delas possam ser classificadas como capitalistas, há outras, como o comunismo de Estado, o comunismo democrático, a comunidade etc. De qualquer forma, as propostas da escola dizem respeito à mesma vida social, aos mesmos problemas, à mesma sociedade. Então, mesmo que a escola vença a disputa com todos eles, ela deve, num dado momento, empreender uma demonstração de que seus princípios funcionam melhor. Mesmo agora, a escola utopiza, toma a sociedade e desde já ensaia, na teoria ou na prática, formas melhores, mais racionais, menos violentas, do que as que temos sob os olhos. E o resultado geralmente tende para a vida comunitária: as pessoas vivendo juntas, e dispondo de um imenso conjunto de recursos técnicos, incluindo técnicas sociais e filosóficas, para as relações entre elas, e para as relações da sociedade com a natureza. Evidentemente, hoje não se pensa mais, como nos séculos XVII e XVIII, que se deve com uma das mãos limpar tudo o que foi herdado e com a outra mão ir colocando os produtos da escola nos devidos lugares. Mas também não se pensa, como no século XIX, que a escola pretenda apenas compreender e sutilmente talvez direcionar as poderosas forças da natureza e da história. Nosso século, técnico, pretende sim produzir um imenso projeto e instalá-lo. Não, contudo, sobre uma mesa limpa. E sim um projeto que saiba compreender todos os elementos herdados, e com eles, aliados a uma grande sensibilidade, como se fossem tijolos e cimento, projetar e depois construir uma nova sociedade. Nova, higienizada, mas que tem sua força na capacidade de manipular os processos, e de compreender as potencialidades herdadas. Se bem que também de anular cirurgicamente o que não for pertinente.

Ou seja, o modelo da demonstração se completa em um outro, que podemos chamar de *construção*. A demonstração consiste, primeiro, em fazer que as idéias da universidade expulsem, de dentro da sociedade, as idéias herdadas do sangue, das famílias, de outras épocas, do senso comum. De forma que a ideologia que perpassa a vida social passe a ser a mesma que corre na universidade. Mas, como isso acontece não de repente, mas no tempo, o quadro se modifica para ser o seguinte. Toma-se o mundo como ele é, e daí se começa a construir o mundo do futuro. Quer dizer, não é correta, embora faça sentido, a acusação de Marx aos utópicos, de que pretendam zerar a história. Primeiro, é preciso selecionar. Algumas coisas passam a ser mais importantes, outras menos. Depois, há a higienização, algumas coisas são eliminadas. E então o que sobra é reestruturado para se transformar nos tijolos com que se construirá o mundo do futuro. Martin Buber identifica aí a característica mais importante do pensamento utópico: a sensibilidade para detectar no real os tijolos, por menores, embrionários e mais frágeis que sejam. Ao que devemos acrescentar a essência da pedagogia: tijolo sobre tijolo, pacientemente.

E completaríamos, sabendo que afirmar isto é mais perigoso: a firmeza para detectar no real o que deve ser combatido e eliminado. Se for inevitável. Mas ter a coragem de enfrentar a tarefa de combater e eliminar o que precisa ser eliminado.

capítulo 4

A relação pedagógica

SUBMISSÃO AO OBJETO

Conceito

Generalidades

Essa expressão, *submissão ao objeto*, cunhada pelo padre L. J. Lebret[1], me parece a melhor para nomear a relação pedagógico/utópica. Desde que acompanhada de muitas observações. Principalmente a palavra "submissão" pode provocar confusão; ou seja, devemos de início retirar qualquer conotação que nos levasse a um elogio do indivíduo submisso ou passivo.

Para compreendê-la é necessário visualizar uma linha que tem três pontos, um no início, outro no meio e outro no fim. Uma das nomeações possíveis para essa linha é *sujeito* para o ponto do início, *meio* ou relação para o pon-

1. Louis Joseph Lebret, *Action: marche vers dieu*, Paris, Ouvrières, 1949, na página de abertura.

to do meio e *objeto* para o ponto que fica no final. Nessa nomeação se entende que o sujeito age sobre o objeto, e que para isso se utiliza de um instrumento e/ou técnica, que é o meio. De um lado temos, portanto, o eu, sujeito, que age, de onde se vê. Do outro, na outra ponta, temos o objeto, o outro, com o qual estabeleço a relação. E no meio o meio, relação, técnica, caminho, o "como", método. A história em que um caminhante vai desde o ponto inicial até o objeto introduz uma novidade, porque aí o sujeito se desloca do ponto inicial ao objeto e portanto é diferente do ponto inicial; quer dizer, sujeito e ponto inicial nesse caso não são a mesma coisa, não coincidem. E, em vez de três figuras (elementos) principais, passamos a ter quatro: ponto inicial, sujeito ou caminhante, meio ou caminho, e o ponto final ou objeto. Essa complicação deve ser evitada sempre que possível, ou seja, o caminhante só deve ser introduzido se necessário. Evitaremos ainda outras figuras fundamentais, como, por exemplo, memória, projeto e obstáculo.

A submissão ao objeto, em grandes linhas, significa que o sujeito se organiza ou se prepara para estar voltado para fora, para o que vem de fora, que seja aberto e sensível, e para que internamente o sujeito seja capaz de representar bem o que vem de fora, do mundo. E significa, também, atuar sobre os meios, as técnicas etc., sobre o mundo mesmo, para que ele sirva de caminho, meio, para o sujeito chegar até, possibilitar o acesso e acessar, atingir os objetos. Enfim, significa que sujeito e meio estejam ambos organizados interna e externamente, voltados para o objeto, para aquilo que surge. Ou seja, a submissão ao objeto é como uma seta que aponta do sujeito, passa pelo meio e chega ao objeto. Apenas para informação, o que estamos fazendo se chama topologia.

A partir do esquema que montamos, evidentemente, seria possível ser submisso ao sujeito, ao meio ou ao objeto. Para depois termos mais claro o que é submissão ao objeto, vamos expor genericamente o que seria a submissão ao sujeito e ao meio. A *submissão ao sujeito* seria considerar que todos os objetos do mundo só têm valor quando refletidos no eu. De forma mais ou menos semelhante ao esquema de Fichte, seria ver todas as atividades do mundo como a manifestação de eus incorporando tudo o que esteja à sua volta. Mesmo valorizando a sensibilidade (aqui entendida como um meio voltado para um objeto), considerar-se-iam o objeto e a técnica antes como argumentos, pretextos, exercícios, para que o eu se tornasse mais sensível. A *submissão ao meio*, por outro lado, seria considerar todos os objetos do mundo como meio, passagem, para outros. E que valeriam apenas enquanto passagens eficientes. Seria considerar que a única coisa que vale é o meio e que sujeito e objeto passam e se apagam. Ou, ainda, que o século XX coroa todo o desenvolvimento da humanidade, pois aqui o homem descobre a tecnologia, ou, pelo menos, começa a descobrir. Etc.

Os diversos simplismos

O mais importante, na exposição acima, é separar em cada uma das três formas de submissão sua forma simplista ou caricata. Por exemplo, a submissão ao meio poderia se transformar em um tecnologismo: tudo é a técnica, a relação, nem sujeito nem objeto passam de pontas que estabelecem o meio. E a submissão ao sujeito se transformaria em subjetivismo: tudo é vontade, legalidade (no sentido em que as regras protegem as partes), ação, poder, psicologismo etc.

Aliás, não se deve confundir a submissão ao objeto com o objetivismo puro e simples. Que seria um desprezo pelo processo, pelas dificuldades: tudo é fácil, basta saber, basta fazer isto ou aquilo. Ou que negasse a importância do sujeito, da vontade, da conversão, do currículo, das heranças psicológicas ou do poder da sociedade em formar nossa ideologia.

A submissão ao objeto difere também do que Marx chama de metafísica: para compreender um objeto, eu o separo do mundo, procuro captar sua essência. Isso seria uma acepção, também, da submissão ao objeto pura e simples. Ou simplista.

A complexidade

O que é o objeto? Tudo aquilo para que eu me volto. Tudo com que me relaciono. Se o objeto é a meta, então o sujeito e o meio passam a ser etapas para chegar ao objeto. Vejamos — nos três parágrafos seguintes — como pode haver submissão ao meio e ao sujeito vinculada ao objeto, não simplista ou pura e simples, mas vinculada e superada, incorporada ou absorvida[2] pelo objeto. Ou, por outro ângulo, vimos como é possível se deter e ficar fechado dentro do sujeito e dentro do meio; veremos agora com mais clareza o contrário, como é possível habitar, se deter no objeto, e depois no meio, mas sem se deter, e sim permanecendo tensos, apontados para o objeto.

---

2. O que corresponde ao conceito de *aufheben*, de Hegel. Assim, o objeto supera mas, ao mesmo tempo, incorpora as submissões ao sujeito e ao meio.

A submissão ao *objeto* é voltar-se para a natureza, para a matéria, para o que nos é dado e que está além de nossas formas de sensibilidade. É estar aberto para fora, para as coisas pequenas e fugidias, estar atento etc.

A submissão ao objeto/*meio*, quer dizer, ao caminho, técnica, significa a abertura para as possibilidades do meio cultural em que se produz a técnica, para o universo das relações, habitar (não para sempre, mas deter-se) a antesala do real etc. Também, compreender e implementar um projeto para da melhor forma absorver a tecnologia que a humanidade acumulou durante milênios. Como atitude, seria compreender as dificuldades que se espalham entre o eu e o objeto.

E submissão ao objeto/*sujeito* significa interioridade e subjetividade: eu sou o instrumento e o objeto principais. É pelo eu que começam todos os caminhos. Ascese: fazer um projeto do eu e depois executá-lo, ou seja, enfrentar todas as dificuldades teóricas e práticas de transformar a mim mesmo em outro eu, idealizado. Mas, nesse caso, um eu cuja característica principal seja perceber o que está do lado de fora, o objeto, qualidade que pode ser chamada genericamente de sensibilidade.

E, mais que tudo, a submissão ao objeto é avessa ao golpe de sorte. Como já vimos, sobre moral, para os utópicos, técnicos aqui, o objeto não pode ser atacado em uma *blitz*, deve-se evitar a batalha campal decisiva. Os utópicos têm preferência pelas situações fluidas, fugidias, pelos pântanos, pelo adiamento irritante. Isso porque a abordagem não é direta, mas busca as margens, a multiplicidade, um espaço múltiplo em que, em vez de se decidir tudo de uma vez, há altos e baixos, vitórias e derrotas duvidosas, outras situações que não são nem derrotas nem vitórias, e assim por diante.

Síntese

Em síntese, a submissão ao objeto é o interesse, efetivo, pelos objetos do mundo, o que nos leva a preparar, para esse fim, todos os meios ou técnicas possíveis. E a me preparar, me organizar e me construir para estar mais sensível e mais capaz de perceber e de melhor acessar os objetos. Interesse que pode ser pelos objetos propriamente ditos, natureza, pessoas (o outro), como pela técnica, pela cultura, ou ainda por mim mesmo, pelos sentimentos, por meu passado e minhas especificidades.

Marxismo, populismo e utopia

As diferentes aplicações do conceito de submissão ao objeto podem conduzir a resultados opostos. Vamos ficar com o exemplo que nos interessa mais de perto. Os utópicos perpetuam uma linha ideológica conhecida genericamente como elitismo, que consiste basicamente no seguinte[3]. O utópico pretende conscientizar, doutrinar, ensinar, como alguém que sabe para alguém que não sabe. Como alguém que está dentro do movimento e dali chama outros que estão de fora: catequese. Isso produz um certo desprezo pela sabedoria do povo, adquirida no trabalho, na resis-

3. Essa é uma das acepções de elitismo. Outra, mais essencial que essa, é de uma educação voltada para os melhores, mais capazes, mais inteligentes, melhores moralmente.

tência, no sofrimento. Situação um pouco complicada, porque a utopia também rejeita tudo o que tenha as marcas do capitalismo. Marx, pela boca de Paulo Freire, que é perfeitamente marxista nesse ponto, procura tomar a cultura e a sabedoria do povo e levá-las, apenas com uma forma nova, quer dizer, respeitando seu conteúdo, a um novo nível de consistência, inclusive com maior capacidade de enfrentar a cultura dominante. A questão é delicada e teoricamente intricada. A proposta utópica, já apresentamos, está em destruir a cultura do povo, para depois recuperála, já dentro da universidade. Nada disso significa que a utopia não admita assumir uma linguagem mais popular, mais compreensível e simpática etc. A cultura popular, para a utopia, está recheada de violência, racismo, inclusive na vertente nazista, consumismo, barbárie, machismo, preguiça e outros males.

Embora essa seja a visão mais evidente da questão, não podemos esquecer outra, em alguns aspectos oposta: é que a submissão ao objeto dá no não-diretivismo quando o objeto é o aluno, e dá na teoria de Paulo Freire quando o objeto é o povo. Ou seja, não-diretivismo e Paulo Freire estariam muito próximos, por se utilizarem da mesma submissão ao objeto.

Mas, voltando à linha de raciocínio que estamos aceitando como a mais evidente, a relação utópica com a cultura do povo se repete com relação ao aluno. Ou seja, a educação utópica não apóia as atitudes e idéias mais típicas de crianças, adolescentes e adultos excluídos da cultura e da escola. Sua proposta de uma relação amável, de compreensão, não significa, de forma alguma, a aceitação do que pensam, de suas atitudes, seus sentimentos ou comportamentos. Falta de higiene, violência, preguiça etc. são rejeitados.

Tudo bem, nesse aspecto são duas posições bastante delimitadas e opostas. O problema é: como a utopia pode se dizer adepta da submissão ao objeto quando, na relação com o povo, pretende destruir sua forma de pensar? A ponto de que não seria totalmente descabido chamar a utopia de antipopulismo. Tentemos uma solução.

Um princípio da federação poderia ser formulado da seguinte maneira: cada ideologia que cuide de si mesma. Se um pesquisador pretende ajudar alguma outra ideologia, seria no sentido de expor-lhe as entranhas, mostrar aquilo de que talvez ela mesma não tenha consciência. Para que a federação funcione, as ideologias participantes ou disponíveis devem ser mais bem expostas, esclarecidas. Isso é fundamental para possibilitar a opção. Como as pessoas, na federação, poderão escolher entre uma ideologia e outra, se elas forem embaralhadas, superpostas, cheias de áreas obscuras, variáveis conforme o ângulo? Ou seja, esse tipo de pesquisa não constitui nem pretende ser exatamente uma ajuda, mas se trata de uma necessidade da federação. Assim, a utopia cuida de si mesma, e procura ser uma ideologia clara, sofisticada, fundamentada etc. E busca outras pessoas que se interessem em ver o mundo dessa forma e percorrer os caminhos exigidos. Aliás, organiza-se para uma utopia em que todas as pessoas são chamadas para percorrer toda a extensão da escola, ler muitos romances, ter a capacidade de expor seu pensamento e sua personalidade em interlocução com a forma de pensamento mais recente (crista da onda). É isso que a utopia deseja para as pessoas, que elas sejam fortes, independentes etc. Agora, se há outras formas de pensamento, mais próximas ou mais distantes dessa, elas também são chamadas para a federação. A utopia não pretende a uniformidade ideológica. Apenas utópicos muito equivocados, desatualizados e parciais pensam dessa forma. A submissão ao objeto consiste em aceitar todas as formas outras de pensar como tijolos na construção da federação. Mas também consiste em compreender que apenas a utopia pode ser uma ideologia solidamente construída sobre o princípio da submissão ao objeto. Outras ideologias, por mais aceitas que sejam, têm outras bases. Além disso, embora globalmente as idéias, ideologias, propostas populares sejam inaceitáveis, pontualmente são ricas de elementos indispensáveis, que a utopia deve retomar, incorporar. A cultura utópica tem sua raiz na sabedoria tranqüila do interior, na observação aguda, na compreensão profunda da natureza humana. A alta cultura, que é a cultura aceita pela utopia, rejeita a cultura popular globalmente, e rejeita especialmente certos elementos, como racismo, violência, defesa da honra, patriotismo, fechamento etc., mas está recheada de pedaços da cultura popular. Além disso, principalmente, é socialista, está voltada para o povo, está interessada no povo.

E voltamos ao problema do bloco anterior. Como utopia e pedagogia conciliam duas atitudes tão diferentes, a submissão ao objeto, a aceitação do outro etc., e sua intransigência com tudo o que não é aceito pelo humanismo (higienização cultural)? O ambiente da escola é de aceitação. Nem mesmo a proposta dos jesuítas pode ser considerada utópica, exatamente porque lhe falta suavidade. A preocupação com o clima de suavidade e aceitação deve ser preponderante, e ela não é preponderante na proposta jesuítica. Utópicos pedagogos aceitam o passado do aluno e do povo, mas procuram identificar nele os elementos legítimos e os que são fruto de distorção, do capitalismo etc. Tudo é aceito, em princípio. Parece ser um equívoco supor que por trás dessa atitude está uma crença na bondade do ser humano. É muito duvidoso supor que utópicos acreditem que o ser humano seja globalmente ou essencialmente ou radicalmente bom. Mas acreditam que dentro do ser humano há muita coisa boa. E é para essas coisas que a educação se volta, e procura valorizá-las, explorá-las, aumentá-las, dar-lhes consistência. Se por trás da vontade de matar há uma revolta contra a falta de carinho, aproveita-se o desejo de carinho. O desejo de matar não tem lugar dentro da utopia. O aluno e o ser humano são valorizados, mas apenas sua parte compatível com o modelo de ser humano elaborada pelo humanismo. Aliás, a crítica da utopia ao capitalismo acrescenta algumas condenações às já clássicas. Por exemplo, o desejo de casar, de poder, de propriedade, de sobrepujar os concorrentes, de prazer consumista. Se o povo gosta, por exemplo, de um tipo de música ou programa de televisão considerados lixo cultural pela alta cultura, isso pode até não ser reprimido, mas se espera que o aprendizado do piano e do violão, o estímulo à música e a programas mais elaborados, a convivência no clima universitário levem progressivamente à transformação desses gostos herdados da exploração.

Submissão ao objeto/aluno

Embora a conseqüência mais conhecida dessa atitude na educação seja o não-diretivismo, não é a única. Outras propostas, como as de Rousseau, Froebel, Pestalozzi e, agora, Piaget estão na mesma linha. A Escola Nova e o construtivismo também.

O aluno é o objeto, e o centro. O aluno se desenvolve por conta própria. Os demais recursos pedagógicos se submetem a ele, se põem a seu serviço. Embora precise ter acesso no tempo certo a determinados alimentos e, sobretudo, não ser atrapalhado, abafado, interrompido, desviado. Ou seja, o aluno é um processo, natural, que deve ser cuidado. Todas as forças pedagógicas da sociedade devem ser conformadas a esse ideal de submissão, a esse objeto, o aluno. Objeto dinâmico, no tempo: principalmente o aluno que ainda está em formação, apenas configurado dentro do aluno presente. Ou, o que é diferente: nós nos submetemos a algo ainda inexistente plenamente mas prefigurado dentro do aluno, para que venha à luz e se complete.

Mais que isso, propõe-se assim um grande esforço do conhecimento no sentido de detectar subterfúgios que, sob o pretexto de favorecer o crescimento do aluno, na verdade são Cavalos de Tróia, que se utilizam de suavidade apenas para penetrar sorrateiramente, para evitar a reação de defesa do aluno. Uma sugestão seria refletir se a Escola Nova não praticaria a submissão ao objeto/aluno, de fato, mas se utilizaria de métodos suaves apenas como engodo, para levar o aluno a engolir o remédio amargo achando bom (dourar a pílula).

Um problema é que, ao favorecer o crescimento do aluno, nós, críticos, utópicos, modernos, suaves etc. podemos estar apenas favorecendo o crescimento de outras características que foram inoculadas no aluno antes que chegássemos: machismo, violência, consumismo, preguiça etc. É muito difundida a idéia de que o apoio generalizado acabe por fazer que as coisas boas dos alunos abafem ou tornem insignificantes as coisas más. A presença (constância) dessa idéia é maior entre utópicos mais próximos do anarquismo. Mas não cabe discutir aqui esta questão.

O OLHAR DO PROFESSOR, OU A COMPLEXIDADE

Introdução: a abordagem utópica

Em geral, como temos visto, o oposto da posição utópica, e também da pedagogia nessa versão utópica, consiste em abordar ou considerar a sociedade como sendo essencialmente sobrevivência. O que chamamos de contigüidade consiste em fazer da economia e da política desdobramentos da cultura e, dentro da cultura, em considerar a prática como um desdobramento da teoria, e ainda a teoria menos abstrata como um desdobramento da teoria mais abstrata. Ou seja, para a teoria o mundo se organiza no sentido das idéias para a matéria. O olhar científico dos utópicos procura, na sociedade e na história, identificar como as pessoas pensam e, a partir daí, como o fazem na prática, no cotidiano. Dois livros podem ser citados como exemplos de uma abordagem utópica das ciências humanas. Um é *Para a reconstrução do materialismo histórico*, de Habermas[4]. Esse livro coloca a educação no centro de uma visão da sociedade de duas formas. *Uma* é quando Habermas explora certas pesquisas do neo-evolucionismo alemão (Eder, Luhmann) segundo as quais a evolução da humanidade teria semelhanças (isomorfismos) com a evolução do pensamento da criança, tal como aparece em Piaget, sobretudo. *Outra* é quando Habermas sugere que a tecnologia e a educação fazem parte, e parte essencial, do modo de produção. Essas posições levam a valorizar, em sociologia e história, uma história da técnica, dos processos de aprendizagem social e das instituições. E também a

4. Jürgen Habermas, *Para a reconstrução do materialismo histórico*, São Paulo, Brasiliense, 1976.

uma análise fundada em conceitos matemáticos, tal como acontece também com Piaget, ou seja, a uma análise que pretende identificar na evolução tanto da humanidade como da criança estruturas matemáticas do tipo eu-tu, eu-técnica etc. Outro livro é *As palavras e as coisas*, de Foucault[5]. Foucault sugere, no desenvolvimento mais recente da humanidade, quatro períodos, cada qual apoiado em uma estrutura matemática. Ora, se a sociedade e a história se explicam pelas estruturas matemáticas de que as pessoas se utilizam para pensar, é por aí, pela educação, mudando ou socializando as formas mais sofisticadas de organização do pensamento, que a sociedade pode ser modificada. Embora não seja exatamente isso o mais importante, e sim que o olhar do utópico pedagogo se dirige para como pessoas pensam e para como modificam seus pensamentos.

5. Michel Foucault, *As palavras e as coisas: uma arqueologia das ciências humanas*, São Paulo, Martins Fontes, 1985. Muito resumidamente, seriam estes os quatro períodos, e, em seguida, as estruturas matemáticas. Um período vai "até o fim do século XVI", outro, que ele chama de clássico, vai daí ao início do século XIX, outro corresponde mais ou menos ao século XIX e início do XX, e por fim o pensamento do século XX. Cada um repousaria sobre uma estrutura que Foucault procura explicitar. O primeiro organizaria o mundo segundo simpatias, por exemplo, pois as coisas estariam juntas um dia, mas uma vez separadas conservariam mesmo à distância aspectos das relações iniciais. O segundo período, clássico, procuraria classificar o mundo desmontando cada objeto de forma que pudesse ser distribuído sobre um quadriculado do tipo "tem ou não tem determinada característica". O terceiro período, do século XIX, estaria animado pela idéia de que cada ser seria uma resposta ao desafio da sobrevivência, uma resposta coerente e articulada (e não peças separadas, como se pensava no período anterior). E por fim Foucault apenas acenaria com o nascimento de uma nova *epistéme* no século XX.

Mas não só isso. Paulo Freire apresenta uma abordagem da educação em que fica evidenciada a relação entre pedagogia e política, ou, mais especificamente, em que fica claro que as relações educacionais são relações de classe[6]. Isso pode ser lido da forma marxista mais ortodoxa, ou seja, de que a educação deve ser reduzida à economia, à política e à sociologia, pois ela é *apenas* um ponto de tensão entre as classes, tal como deve ser denunciado pela teoria. Mas também pode ser lido utopicamente. Que apenas o olhar do professor é capaz de perceber a tensão social entre as classes, por estar posicionado exatamente onde essa tensão melhor se explicita, na escola.

Enfim, a utopia vê os problemas sociais como problemas de formação: da inteligência, da personalidade, da ideologia.

Convencimento

A educação se opõe ao "sermão" (no significado da expressão "passar um sermão") e ao convencimento[7]. Ou,

---

6. Michael W. Apple e António Nóvoa, *Paulo Freire: política e pedagogia*, Porto, Porto Editora, 1998. Particularmente os artigos de Michael Apple e Carlos Alberto Torres.

7. Estamos chamando de convencimento um conjunto de proposições que poderia ser — mal — resumido na suposição de que uma pessoa pode enxergar um assunto de forma errada, normalmente gerando um comportamento errado. Ela pode, por exemplo, fumar, beber, votar na direita, dizer ofensas inconvenientes, desperdiçar o salário com bobagens. Aí chega outra pessoa e a chama à razão, a faz ver outro ângulo da mesma questão. E ela então recebe uma luz que nunca a tinha atingido antes. E muda. Etc. Ou seja, é a solução simplista e pontual, em oposição à pedagogia, que é a instituição, o deter-se etc., o submeter-se às regras do processo.

um, submetemos o outro ao processo educativo, ou, dois, dizemos o necessário para demarcar uma posição, fixando os limites de sua liberdade, ou o respeitamos. Não há lugar para sermões. Demarcar uma posição não pretende mudar a opinião de ninguém. Por exemplo, um sermão, uma propaganda, uma palestra, um diálogo isolado no fim da aula ou no meio de uma festa. Todas são ações que fincam estacas, defendendo a não-violência, o feminino, o vegetarianismo, a sofisticação etc., mas não pretendem mudar ninguém. Podem eventualmente fazer parte do processo de captura de novos elementos para o movimento. Mas, ainda assim, jamais podem ter a infantil pretensão de mudar alguém. O pedagogo, embora nem sempre o utópico, sabe das dificuldades.

Temos, *de um lado*, o aluno. O que significa isto, o aluno? Uma pessoa. Por mais jovem que seja, sempre já carrega alguma personalidade, cultura e passado. Esse conjunto é de difícil compreensão e acesso. Mas não é tão importante compreender qual é o aluno. E sim compreender qual deve ser a melhor forma de relação com ele (Carl Rogers). Isso vai sendo esclarecido no processo. E temos *do outro lado* um conjunto de conteúdos culturais, bastante subdividido em capítulos, fórmulas, textos, aparelhos etc. Pois bem, essa relação entre o aluno ou alunos e os conteúdos se dá na escola. Mas não diretamente, e sim como conteúdos de relações humanas. São pessoas em relação. E como as relações humanas não se dão diretamente, mas por meio de conteúdos, aqui, na escola, os conteúdos são os da cultura humana (há ainda, fora da escola, as relações familiares, de carinho, políticas e econômicas). O processo é difícil, os resultados improváveis. Nenhuma fórmula simplificadora — como método Lancaster, supletivo, cursos intensivos, cursinhos, leitura dinâmica, máquinas de ensinar — é admissível para a pedagogia[8]. A não ser em situações de emergência, evidentemente.

A pedagogia é o caminho mais longo, o mais incerto, mas também o único que recusa toda magia. É aqui, na escola, que estão os problemas. É na pedagogia que estão os problemas e as soluções. Um mundo melhor tem de ter na base pessoas melhores, inclusive eu mesmo. É uma questão de opção; outros preferem outros caminhos. A crença básica de utópicos e burgueses é de que uma filosofia e uma atitude assim, voltada para uma ação continuada sobre o problema real, acabe sendo a melhor política.

Parece um jogo de palavras, mas não é. Em geral se pensa que enfrentar o problema é resolver tudo o que é sério, como a fome, a economia etc. Esses são os problemas. Engano. É exatamente olhando em sentido oposto que vamos encontrar "o problema", onde ele está mais diluído, mais distante de uma solução, mais fluido e cambiante etc., ou seja, na pedagogia. A pedagogia é o antídoto e o antípoda da magia. É o chão. Aqui compreendemos melhor, também, por que a pedagogia é a margem, mas é também, para a perspectiva utópica, o centro: é que aqui se trabalha duramente, humildemente, sem magia, sem heroísmos, sem queimar etapas. Mas ainda não é esse o ponto que nos interessa agora, e sim o seguinte: a pedagogia é o método operário, humilde, meticuloso, cartesiano, capilar, cada coisa de cada vez etc. Espalhado na prática, mas com o olhar firme no centro do problema de minha vida e do mundo, na educação.

---

8. Não colocaria o método Paulo Freire nessa lista. Porque ele não é simplificante.

A utopia, em geral, não acredita em soluções simplistas. Isto está dando errado por este motivo, corrigimos a causa, e o efeito some. Raramente o utópico acredita nessa formulação. Mas, quando nos ambientamos nos problemas e soluções da educação, essa idéia fica mais clara e mais dominante.

Suponhamos que haja uma "diferença" em um casal. Ou que os pais tenham um problema com os filhos. Ou, para ser mais específicos, suponhamos que uma pessoa apresente uma idéia ou comportamento racista, machista, violento etc. Alguém sugere: chegue até ela e converse, longamente, explique etc. Ora, para a utopia, o problema pode ser posto da seguinte maneira. Uma pessoa é violenta, machista etc., afinal apresenta um "problema" (o que pode ser discutido, evidentemente). Não faz sentido nem afirmar isso nem propor uma solução. O problema é global e é o problema da pedagogia. Essa pessoa, como todos nós, precisa ser educada. Continuadamente. Se alguém é machista, não adianta combater o machismo, nem mesmo de uma forma mais complexa, pois o problema da educação é sempre um todo. O problema do machismo se combate, na pedagogia, às vezes com o Sânscrito, às vezes com a leitura de Tolstoi.

Simplismo, utopia e pedagogia

Talvez cause estranheza dizer que é uma característica da utopia o processo (Hegel), e não o simplismo. Na literatura antiutópica, particularmente, é consenso que os utópicos são simplistas. São conhecidas certas imagens: Saint-Simon convencendo os banqueiros de seus projetos,

Owen formando New Harmony com vagabundos, Fourier esperando eternamente o financiador, que nunca vem, para seus falanstérios.

De fato, na utopia é sempre problemática a relação entre a imagem do paraíso e o caminho, ou, por outro ângulo, as delícias do paraíso e os sofrimentos de agora e da caminhada. Como vimos, a utopia está sempre iluminada por uma solução, uma descoberta. O que é complicado pelo fato de que os utópicos não descobrem um novo bronzeador para a pele, nem um novo sistema de ignição para os automóveis, mas a chave para toda a vida social, para a totalidade da vida das pessoas, cuja comprovação é a felicidade.

Mas a essência da utopia não é esse sonho. Os utópicos não são sonhadores. No sonho não há utopia. O sonho só se faz utopia quando acompanhado de um projeto, de um plano ou programa efetivo, constituído internamente e que externamente busca mudar a realidade.

De qualquer forma, esse simplismo é muito menos presente entre os utópicos pedagogos. É comum, por exemplo, que na formação do movimento o utópico seja obrigado a enfrentar a tarefa pedagógica, e chegue a pensar que para formar um movimento é muito simples, basta, talvez, anunciar sua descoberta, ou, no máximo, perder algum tempo para convencer os de coração mais duro ou de raciocínio mais lento, e aí quase todos, já prontos e como que à espera, vão aderir imediatamente. Mas o utópico que comete esse equívoco, bastante compreensível, pode estar no espaço pedagógico, mas não é pedagogo. Pois é essencial e básico, ou melhor, óbvio, para o pedagogo que nada é simples. Por outro lado, na pedagogia também se trabalha em vista de um futuro de certa forma ainda distante. Não-palpável, o que exige que mergulhemos numa situação em que a recompensa — ou o resultado — só pode ser esperada a partir de uma reflexão, de um sonho, sempre duvidável. Mas aqui, na pedagogia, ao contrário de na utopia, a situação praticamente nos obriga a afundar na complexidade.

O físico é a simplicidade, a cultura é a complexidade

Como vimos, mesmo que prevaleça, quantitativamente, na educação uma relação desigual, que é a professor/aluno, o modelo, para o qual aliás tende toda relação pedagógica, é igual. Digamos, é uma desigualdade que força, na medida do processo, ao nivelamento, a um diálogo entre iguais. Eu, professor, introduzo você como um cicerone por espaços culturais que já visitei antes. Mas, como mostra o trecho de Ennius citado no início do livro, essa desigualdade é puramente instrumental. Preciso de você não só para voltar a esses lugares, também por isso, mas porque quando antes estive por aqui algo me escapou. O principal, que só posso apreender em você e na relação. Eu lhe mostro *Miguilim* e *Estória de Lélio e Lina*, de Guimarães Rosa, e depois folheamos *Senhor presidente*, de Asturias, procuro fazer você compreender não só as canções de Schumman, mas a diferença entre as interpretações de Thomas Hampson e Dieskau. Mas, na verdade, é como se eu pedisse que você me conduzisse por entre tantas dúvidas. O que eu lhe levo é a língua, no sentido da capacidade de penetrar e compreender aqueles universos. Eu introduzo você ali. Mas não para ensinar, exatamente, e sim porque, estando você ali dentro, também posso me deter e fazer desses lugares uma morada. Uma utopia. A relação entre professor e aluno é uma sedução para uma fuga para a utopia. Utopias sofisticadas e fugidias. O professor conduz e seduz, ele é que voltou de lá, mas nunca pôde ficar. Visitar, sim, mas somente com um outro é que ele pode realmente morar naqueles lugares. Se uma pessoa tivesse apenas algumas migalhas de pão, poderia apelar para a multiplicação dos pães, porque, havendo muito pão para todos, sobraria também para ela, e mais do que as migalhas iniciais. O professor é alguém que folheou algumas páginas de poesia, história, filosofia, em casa, mas na sala, diante dos alunos, ele distribui essas migalhas, porque na verdade elas são instrumentos para a relação humana. Pretensão vã, talvez, porque talvez na escola professor e alunos tenham relações basicamente insatisfatórias. Os alunos relutam. O que é compreensível no processo da sedução. Enfim, somos duas pessoas. Um professor, solitário, desejoso do outro, e um aluno, que se oferece, que é tentado. Mas, acima disso, seduzo você para a igualdade, para vencer sua condição de criança e aluno.

Mas, então, a escola funciona como a religião em *Thaïs*, de Anatole France[9], um pretexto e um engodo para seduções materiais, para que o professor por exemplo possa falar, ter ouvintes, ver e ter contatos físicos com pessoas de

---

9. Essa idéia não deve ser creditada a Anatole France, contudo, e sim a Charles Fourier. Ele é que apresenta com mais consistência a idéia de que talvez todas as atividades humanas tenham motivações sexuais. Fourier (em Simone Debout, *L'utopie de Charles Fourier*, Paris, Payot, 1982, p. 41, por exemplo) afirma que a prova de que por trás das relações culturais estão motivações sexuais é o fenômeno da lubricidade: o casal dialoga inocentemente e depois percebe que seus órgãos sexuais estão lubrificados.

carne e osso. Aqui eu, professor, busco o aluno movido pelo desejo físico (o sexo é apenas um exagero, para caracterizar melhor). Mas, uma vez dentro da cultura, percebo que não tenho espaço para a explicitação dessa intenção, que só pode aparecer travestida de conquista espiritual, ideológica, sedução para a sofisticação etc. Outra versão, com semelhanças, dessa interpretação do magistério como engodo ou armadilha é a seguinte. O professor experimentaria a cultura, a sofisticação, músicas, filosofia, romances, e acharia tudo muito solitário e horrível. Mas, uma vez aí dentro, não teria como sair. E seria tentado, por uma característica da própria cultura, a comunicá-la a outros. Ou melhor: o magistério seria uma saída bastante natural. Animado é verdade por uma vaga esperança de vencer a solidão. E assim, chegando aos alunos, lhes falaria das maravilhas da cultura, das idéias, dos autores, dos casos. Das luzes. Mas esconderia deles a solidão. Uma vez atraído algum aluno, passariam a ser agora dois, dois professores. Que sairiam em busca de uma nova vítima. Nestas duas parábolas, de Thaís e do magistério como armadilha, o motivo é a solidão, física no caso de Thaís, e cultural no caso da armadilha. Mas tanto faz se a educação aponta para as zonas etéreas do mundo das idéias ou se para as partes mais baixas do corpo. Quem hoje se preocuparia com isso? Quem se envergonharia de ser um professor por causa de uma deficiência psicológica em conseguir contatos físicos por vias mais legítimas? A suposição platônica de que efetivamente eu, professor, e você, aluno, pudéssemos em espírito habitar a demonstração de um teorema, um conto de Guimarães Rosa etc. não deve ser levada ao pé da letra: a educação não aponta para a possibilidade de que eu e você, espíritos desencarnados, possamos um dia conviver com as idéias desencarnadas, na pureza e na perfeição da *noésis*. Isto seria uma fuga e teria como objetivo a enganosa simplicidade das idéias. Mesmo por trás da busca de uma companhia ideal, platônica, as motivações são físicas. Por baixo da solidão cultural está sempre um corpo. O que importa é a forma, que o professor, em vez de se pavonear como um guerreiro com sua armadura e os movimentos precisos de sua espada, ao contrário do burguês com a ostentação de sua riqueza material, ao contrário da donzela que mostra o corpo para se vender a um marido, se movimenta no meio da cultura, busca pessoas de carne e osso respeitando as regras da academia. O físico não só é o simples, mas também é a estrutura da dependência, enquanto na cultura a estrutura é a da federação. Nas operetas, nos romances etc. há inocentes. Mas há aí uma desigualdade que está sob os olhos da cultura, e portanto de fora dela. A grande diferença entre essas duas formas de abordagem do ser humano, a física e a cultural, é que a primeira está fundada na simplicidade e a segunda, na complexidade. A forma cultural não abole nem foge do físico, do poder, da riqueza, do sexo, mas recusa qualquer traço de simplismo. O que devemos arrematar assim: essa é uma definição da escola.

Hegel

O oposto de simplismo é Hegel. Embora nem todo o simplismo seja Hegel, pois é preciso lhe acrescentar um pouco de Buber, um pouco de Foucault... A utopia que opta pela pedagogia renuncia ao cartesianismo. Ou seja, renuncia à idéia, ou princípio, de que se possa cumprir uma tarefa etapa por etapa, linearmente, de forma que ao cumprirmos uma etapa deixamos para trás a anterior, totalmente vencida e superada. Bom, na verdade, o simplismo se mantém no cartesianismo, mas o cartesianismo não deixa de ser uma forma de enfrentar a complexidade.

Quando o utópico, optando pela pedagogia, penetra no mundo da educação, quer dizer, nesse processo em que a cultura transforma as pessoas, ele sabe que é para sempre. Não se trata de uma etapa, de uma prova, de um período ao fim do qual ele chegará a uma outra coisa, que está do lado de fora. Pelo contrário, acredita que na medida em que for caminhando, sozinho ou com pessoas, estará construindo a história, neste sentido: da teoria para a prática, do signo para o significado, da cultura para o sangue.

Quer dizer, embora aqui tudo seja pressionado para cima, para a frente, essa pressão e essa direção não são cartesianas. Em vez de afunilar para um ponto de cada vez, como se faz no método cartesiano, pedagogia e utopia se espalham para as relações, em conjunto, o que significa: para as estruturas.

A complexidade vista pelo professor: otimismo e pessimismo

O olhar do professor difere do pedagógico, evidentemente. Na relação pedagógica nem sempre um dos elementos é o professor e o outro o aluno. E a relação não é do tipo em que um dos elementos leva o outro por um caminho que ele, mais ou menos passivamente, aceita. Nem sempre há essa diferença.

O olhar do professor se define quando, depois de ter olhado ou se lembrado do rosto ou do corpo do aluno, falando, em movimento, ele abre um trabalho seu e percorre aquilo que o aluno produziu. Ele tem acesso à alma, digamos, do aluno, e o percebe nesse quadro em que o aluno tem atrás de si o que ele já conseguiu, e adiante o que ainda não conseguiu. Por exemplo, um aluno de pós-graduação é alfabetizado, então isso está atrás, como algo conseguido. Mas, se ele não consegue compreender muito bem a obra de Joyce, isso não está necessariamente adiante. Mesmo que ele seja um aluno de literatura, seu projeto de vida pode não incluir qualquer aprofundamento em Joyce.

O olhar pedagógico, então, não supõe essa diferença de nível entre professor e aluno. O olhar pedagógico, que é um conceito mais largo, que também contém o conceito do olhar do professor, tem em sua base o conceito do processo. Que inclui uma difícil avaliação, também ela um processo. Ou seja, para o olhar pedagógico nada é vantagem, e nada é problema, antecipadamente. Tudo depende de uma difícil avaliação, o que é menos importante. O importante mesmo é que os envolvidos sejam mergulhados no processo pedagógico. Ali, tudo é interligado. E tudo parte do início, das raízes. Então o olhar pedagógico é amplo, vai no início ou no fundo, e propõe soluções que envolvem muitos elementos, sobretudo muito tempo. Aliás, as próprias soluções, os próprios objetivos são aí bastante diluídos, ou seja, não se sabe exatamente aonde se quer chegar. Muitas vezes, é muito mais certo, geralmente, que o processo pedagógico deve ser empreendido, e muito menos claro o que se pretende com ele.

Todo pessimismo exagerado deve ser olhado com desconfiança. Seu autor pode sofrer do fígado, como o personagem de Dostoiévski. O que não nos impede de examinar a idéia de que as pessoas não mudam. Evidentemente, essa teoria é contraditória. Pois, se as pessoas não mudam, elas nasceriam todas do mesmo jeito que morrerão. Não é bem assim, as pessoas não mudam conscientemente. Mas, no inconsciente, geralmente elas mudam, e essa mudança só vai emergir muito tempo adiante. Tomemos um exemplo. O indivíduo A entra para um convento e ouve durante cinco anos a mensagem forte do Evangelho. E não muda. Sai exatamente como entrou. Mas quem o conhece percebe uma série de mudanças, que não são as que o sistema pedagógico ou o cristianismo pretendiam. Uma série de hábitos, em sua maioria maus hábitos, mas certamente alguns bons, na forma de organizar o pensamento, hábitos de higiene, mudanças profundas e de difícil identificação na concepção do mundo etc. Além disso, a infância deixa essas marcas profundas e de difícil identificação na personalidade. Apesar de ter consciência disso, e talvez contraditoriamente, o olhar pedagógico, aqui também utópico, reconhece as mudanças mais sutis. Mas também não se ilude com as mudanças mais espetaculares.

A ciência e a escola/o mirante do professor

O século XIX tendia a relacionar a escola com a ciência. Dentro das ideologias utópica e pedagógica o objetivo da escola não é produzir nem ciência nem pesquisa (proposição que podemos vincular ao liberalismo, e também ao pensamento do século XIX). Ou seja, para a utopia — política — que tem em seu centro a pedagogia, a relação entre a escola e a produção se dá pelo conceito já apresentado de contigüidade. Pois o objetivo da escola, incluindo a universidade, é produzir educação, e não pesquisa.

E retornamos a um grupo de conceitos já apresentados, que têm no centro a pergunta: "o que é a escola?".

Primeiro, não se pode sair da escola e depois, lá de fora, olhar para ela e perguntar, como se se tratasse de um objeto externo: "o que é a escola?". Porque só a própria escola sabe perguntar, e só ela pode se propor responder com competência a essa pergunta. Segundo, porque o mirante do professor, quer dizer, aquele lugar diante dos alunos ocupado pelo professor, é o melhor mirante para enxergar a realidade social. Chegamos a uma cidade ou a um país. Vemos as pessoas pela rua. Pessoas bem ou mal vestidas. Pessoas que conversam, dançam, lutam etc. Pessoas que às vezes têm a aparência de miséria ou exuberância. E nos perguntamos: qual é a realidade social? Uma forma de responder é tomar a caneta e fazer uma pesquisa, utilizando também as pesquisas empreendidas por outros. E assim poderemos nos responder um pouco melhor àquela indagação. Mas a melhor forma é se sentar na mesa do professor, empreender não uma aula, mas um curso, por levar para casa um maço de anotações dos alunos. Aí sim a realidade social começará, não sem dificuldades, a se desdobrar diante de nossos olhos. E a escola faz parte da sociedade. Mas a sociedade não são exatamente as cidades, no significado mais fotográfico, ou estatístico. A sociedade, para ser vista, deve ser provocada. Ela só pode ser apreendida no momento, no pulo, no relance, em flagrante. No crime, na guerra, nos terremotos, no carnaval, nas cenas de ciúme, nas penitenciárias. E na escola, acima de tudo, naquele momento em que o aluno e o professor, diante do conhecimento, são provocados para se manifestarem, para se mostrarem de uma forma específica, como músicos, sociólogos, na análise de um trecho do Evangelho etc. Outras apreensões, com outras técnicas, e em outras situações, padecem de simplismo.

EU GOSTO DE VOCÊ

A posição romântica (conhecimento)

Seres humanos, não só os românticos, gostam uns dos outros. E por quê? Ou seja, quais razões fazem que uma pessoa goste de outra?

Há *um* conjunto de motivos que podemos chamar de fisiológicos. É por esse motivo que gostamos de nossa casa, de nossos filhos, de nossos gatos, ou mesmo de um gato em particular, ou de uma pessoa bonita ou simpática. Há *outro* conjunto de motivos que poderíamos chamar de ideológicos. Gostamos das pessoas que têm a mesma ideologia ou aproximadamente a mesma ideologia que temos. E há um *terceiro* grupo de motivos que são os pedagógicos. Gostamos de uma pessoa que merece nosso respeito, que cresce, que se esforça. Esses três grupos às vezes se opõem. Por exemplo, o terceiro grupo, pedagógico, pode se opor ao fisiológico, no caso de gostarmos de uma pessoa que consideramos profundamente antipática mas em quem reconhecemos o esforço para vencer qualidades naturais e tidas por nós como negativas. Ou, pelo contrário, quando gostamos de uma pessoa com quem estamos acostumados mas em quem não vemos o menor mérito.

Pois bem, a pedagogia pode se casar com ideologia e sangue, e assim seria possível até mesmo uma convergência perfeita, e gostaríamos de uma pessoa simpática ou com quem convivemos, uma pessoa que tem as mesmas idéias que temos, e, ainda, uma pessoa em quem reconhecemos o mérito e o esforço de se construir etc. Mas é preciso isolar a pedagogia para a compreendermos melhor. E na pedagogia, isolada, o que vale é o mérito, não o mérito do herói, dos grandes esforços ou do sucesso, e sim o mérito continuado, cotidiano, provado através de longos espaços de tempo. E, aí, valem pouco o talento, as qualidades naturais, tudo o que é herança. Evidentemente, a educação revela, traz à tona, desenvolve algo dado anteriormente, mas as cores que fazem uma pessoa ser pintor, por exemplo, e outra pianista, pelo menos algumas vezes, não são motivo para que alguém goste de alguém no ambiente pedagógico estrito. O núcleo herdado é desconsiderado, embora não totalmente desconhecido, pela pedagogia.

Uma pequena observação a respeito do mérito. É uma longa discussão, desde a Igreja católica e Lutero, ou antes, com a graça de santo Agostinho. O mérito da pedagogia não é, como acabamos de afirmar, o mérito do heroísmo, nem mesmo o da realização. Mas, antes, é o esforço. Não um esforço que se confirma exatamente por não realizar, e sim porque não realiza fora, mas no desenvolvimento do próprio sujeito. Às vezes fica mais claro que uma pessoa que tem méritos pedagógicos nada consegue fora de seu corpo, mas, em oposição a isso, se transforma. E que assim não depende de pessoas e objetos, mas se realiza apenas pelo que retém, pelo que é, como se dizia mais antigamente do que hoje. O esforço difere do mérito, evidentemente. A pessoa que se justifica, ou seja, que considera de valor o que faz, não é exatamente alguém que se esforça, mas uma pessoa que se orgulha do resultado do que faz. Na educação as pessoas se orgulham do que conseguiram realizar no correr dos anos, mas isso não as faz exatamente orgulhosas, pois esse esforço ou resultado sempre está contraposto ao que falta pela frente, ao que deixaram de fazer, ao tempo que perderam. Aliás, na pedagogia mais pura, o lado negativo, aquilo que falta, supera o que foi feito. O que foi feito só gera orgulho entre os que ainda se encontram no nível mais baixo e inocente.

Rigorosamente, só há um motivo para gostar de alguém: conversão e crisma. Fora disso é possível gostar também, inclusive de crianças, de um gato, de um aparelho de som, de um livro que possuímos há muitos anos. Há pessoas que não se converteram. Elas têm diante de si a vida e não tomaram uma atitude muito séria, uma resolução e um juramento etc. de encarar a vida. Algumas se converteram, mas sua conversão lhes deu outros rumos, são maometanos, homens de negócio, fazendeiros, mães. Essas pessoas também não interessam. A conversão que interessa ao utópico — ao pedagogo, veremos a seguir — tem algumas características: a disposição para trabalhar o cotidiano, a personalidade, as estruturas do pensamento, de incorporar (a crista da onda) as conquistas do pensamento humano, de incorporar também não o mínimo e sim o máximo de moralidade. Digamos, trata-se de uma conversão acompanhada de radicalismo vivencial e, embora isto seja muito secundário, de sofisticação intelectual. E é possível gostar de alguém que não seja socialista? De alguém que pode viver tranqüilamente diante das misérias do mundo? Parece que não. O problema é que gostar de alguém por isso, ao contrário das exigências anteriores, parece ser uma intromissão, uma exigência que põe a mão sobre algo radical e intrínseco do outro. Fora disso não há por que gostar de uma pessoa. A não ser em outra categoria de gostar. Quanto ao pedagogo, o gostar é menos respeitoso: o pedagogo gosta de qualquer traço de possibilidade, da mínima esperança com o mínimo de justificativa. Ou seja, o gostar do utópico parece ser o único que exige do outro a dignidade, a humanidade. Aliás, gostar de alguém sem exigir o que dissemos acima, como fazem os liberais e os franciscanos, por motivos diferentes, parece ser um tipo de desrespeito: aceitar que o outro seja menos. E até mesmo não gostar de você porque você não é o que poderia ser ainda é um tipo de desrespeito. Pior é afirmar: gosto de você, e sou indiferente a que você resolva determinado problema ou não. Aqui neste ponto se encontram em síntese perfeita a utopia e a pedagogia. E, vendo a questão de seu ponto de vista, você exigiria ser mais, não admitiria ser aceito por menos.

Devemos aqui acrescentar uma sutileza. Há uma letra de música, cantada por Ary Toledo, em que um nordestino lamenta o fato de que "aqui sou só Zé com fome, vou voltar pro meu Ceará, porque ali tenho nome". Esse conceito é ligeiramente diferente do que expomos, porque ter um nome não é propriamente um mérito. Digamos que uma pessoa que vive fora da escola, ou da universidade, seja ela de valor ou não, rica ou pobre, de sucesso ou fracassada, de repente — talvez perdida — se veja dentro da escola ou da universidade. O que ela vai sentir é que ali é outro mundo, porque tudo o que ela é, negativo ou positivo, ali não existe, não é visto. As pessoas conversam com ela como se ela fosse um outro, como se sua verdadeira identidade, ou a identidade que ela acredita a verdadeira, trazida de fora, fosse transparente. Como se ela como era tivesse se tornado um homem invisível. O que aparece ali dentro da escola é o que ela construiu e/ou produziu intelectualmente, sua identidade pedagógica. Ela deve ali se apresentar como uma formulação — e reorganização — muito específica da massa de conhecimentos, ideologias e sentimentos produzidos pelos homens até hoje.

Mas seria uma simplificação grosseira afirmar que no discurso que faz o elogio da pedagogia sempre uma pessoa só vale pelo que ela sabe, ou, embora isto seja menos grosseiro, pelo que ela construiu na escola. Pode-se perfeitamente sustentar, aí, que todo o esforço educacional está dirigido para fora, para construir fora, no mundo, uma pessoa que tenha valor. Valor moral, basicamente. Mesmo uma pessoa que se construiu dentro da escola, após décadas de esforço, vale menos pelo saber e mais pelo esforço, digamos: pelo esforço construído. Aliás, algumas pessoas absolutamente não-escolares têm grande valor. A Igreja católica, por exemplo, tal como é transmitida de pais para filhos, consegue construir pessoas não só de valor, mas interessantes, ricas. Estruturadas na forma e ricas no conteúdo. Sempre temos algum receio, pois de repente pode aparecer ali alguma mancha: violência religiosa, moralismo neurótico, medo da novidade etc. E então poderíamos sustentar que apenas a educação pode construir sem mancha. Ou, o que é mais sério: a educação não é o único meio, mas é o único meio trabalhável para conseguir pessoas com valor moral. Trabalhável, sim, mas, como temos insistido, muito pouco eficiente. A educação é essencialmente ineficiente. Mas a Igreja católica também é, e outras ideologias e crenças também são. E então ficamos com o seguinte: a educação é um dos meios possíveis. Tem suas vantagens e desvantagens. Mas tem uma vantagem decisiva, para o gosto federacionista: apenas a educação constrói as bases para uma fundamentação posterior, que agora ainda não está definida. Apenas a educação efetivamente respeita o direito à autonomia na construção de uma pessoa de quem se possa gostar.

E, se eu gosto de você, o que lhe desejo? Uma coisa é certa, eu não lhe desejo a felicidade. Num primeiro nível, não. Segundo o mesmo esquema, já apresentado, que faz a distinção entre a utopia do "não" e a do "sim", a primeira planejada e desejada, a segunda apenas sonhada. Mas, aqui, o esquema aparece por sua face negativa: eu não lhe desejo a felicidade. Principalmente se a felicidade exige de você alguma idiotice. O que eu desejo para você, então, é que você seja capaz de se pôr o problema que é posto para a humanidade no conjunto de sua história. Ou seja, a humanidade, em conjunto, foi posta aqui sobre a terra (trata-se apenas de uma imagem) e foi reunindo, século após século, um conjunto de problemas e instrumentos. De uma perspectiva metafísica, a situação talvez não seja muito boa. Mas a grande maioria das pessoas, de fora da escola, e dos níveis mais sofisticados da escola, não compreende o que está acontecendo. Utilizando a expressão de Hegel e Marx: está alienada. Pode até ser que seja feliz. Mas geralmente não: são pessoas soterradas por problemas de sobrevivência, psicológicos. Ou são apenas pessoas do interior, cuidando de suas galinhas, lembrando-se de suas antigas namoradas, invejando ou exibindo alguma coisa etc. Não é isso que eu desejo para você. Você, que está na universidade, pode abandonar a vida universitária e daqui a alguns anos estar deteriorado, gordo, envolvido pelos filhos e pelo cotidiano etc. Seria muito melhor estar morto como terrorista. Sem que vá aqui qualquer elogio, ou crítica, ao terrorismo. Eu preferiria ver você infeliz, mas absorvido por algum ideal, estar atrás de alguma coisa que não fosse pagar a prestação do automóvel ou essas milhares de preocupações que todos nós conhecemos e vivemos muito bem. Não é também que o deseje estrela, sobre o palco, vendendo milhões de discos, admirado ou votado e eleito para presidente de um grande país.

De acordo com o método metafísico (que impera pleno no pensamento medieval, e hoje deixa apenas traços), as pessoas são às vezes horríveis e às vezes maravilhosas. A metafísica procura compreender como as coisas e pessoas são, o real (no sentido de: o que de fato e objetivamente, em si, é), o dado. Dentro do método utópico/pedagógico, podemos nos perguntar: por que fulano é tão desprezível ou tão maravilhoso? Por que certos sentimentos de amor ou ódio? Ótimo, porque todo ser humano é criatura de Deus, um poço de possibilidades. Mas de que adianta uma confiança que desconhece os detalhes, as dificuldades? Ou seja, utopia e pedagogia não se propõem considerar todas as pessoas em princípios boas e assim, por meio de explicações, "compreender" todos os erros e assim desculpar a todos. Pelo contrário, utopia e pedagogia são muito exigentes com todos. Além disso, um socialista que pretende uma ação efetiva não deveria desconhecer o "estado" (no sentido em que essa palavra é utilizada para automóveis, aparelhos de som, eletrodomésticos) de cada ser humano. Não é científico, técnico, não traz vantagem alguma desconhecer dificuldades nem possibilidades. E só quem pode fazer isto, não cair nem em um erro nem em outro, é a pedagogia. No entanto, se o olhar não é metafísico, genérico, mas desce aos detalhes, como exigem utopia e pedagogia, ainda assim as pessoas podem ser maravilhosas, só que de um maravilhoso totalmente diferente. Não como as damas dos romances medievais, das quais se dizia apenas: "mais formosa como não pode haver nenhuma". Não de um maravilhoso como os dos heróis gregos, que eram capazes de vencer todas as dificuldades. E sim de um maravilhoso específico. Dono de uma forma de dizer o mundo que não é a forma estereotipada dos caipiras, dos trabalhadores das minas de carvão, dos empregados de escritório, mas única, sua. Nesse sentido de que há no mundo muitos Raskolnikov, muitos Julien, mas um único Miguilim. Miguilim, o personagem, é maravilhoso, por ser único, e maravilhoso de uma forma que não está ao alcance nem interessa a mais ninguém. Não o maravilhoso da perfeição, e sim o do específico, maravilhosamente vermelho porque vermelho, maravilhosamente fraco em sua forma específica de ser fraco. O futebol dá um exemplo parecido com o dos romancistas. Haveria um escritor — ou jogador — tão maravilhoso que suas qualidades tornariam as especificidades de Guimarães Rosa, Dostoiévski, Tolstoi e Balzac imperfeições? Haveria um escritor perfeito? Utopia e pedagogia não propõem um modelo único, como fazia a Antiguidade, a ser atingido por todos os estudantes.

A construção da bondade (moral)[10]

Uma decorrência da crítica utópica à tendência romântica de achar qualquer pessoa maravilhosa é outra crítica, à tendência romântica de considerar boa qualquer pessoa. Você conhece alguém. Essa pessoa sorri. Você conversa com ela e ela emite opiniões amáveis. Pede desculpas. Protesta suavemente contra alguns absurdos, às vezes até

---

10. Esses dois primeiros blocos de "Eu gosto de você" apresentam duas faces da complexidade, a epistemológica (conhecimento) e a moral. Ou seja, mostram que a análise utópica do indivíduo aborda o indivíduo globalmente: tanto como uma pessoa que se organiza para a expressão, em sua capacidade de organizar o mundo, fazer dele uma leitura e depois apresentá-lo, enquanto se apresenta a si mesma etc. (conhecimento), quanto como uma pessoa que se apresenta como uma intenção, como uma proposta, que pretende justificar seus atos por uma ideologia (moral).

contra a violência. É trabalhadora. Às vezes mãe. Nada disso, nem isoladamente nem em conjunto, nos autoriza a considerar boa essa pessoa. Embora faça sentido, em outra acepção, considerar pessoas boas maridos que espancam as mulheres, mães que espancam os filhos, pessoas que fazem, autorizam ou colaboram com o aborto, pessoas que simplesmente acalentam ódios diversos e mesquinhos, carnívoros, desonestos compulsivos etc. Todas essas pessoas, assim como Hitler, Átila, os presidentes norte-americanos que promovem guerras em nome da liberdade empresarial, todos são boas pessoas. Eu sou uma boa pessoa. Você. Utopia e pedagogia são levadas a distinguir as duas acepções de bondade. A segunda é muito menos importante, sem dúvida, pois significa apenas que as pessoas, sem exceção, têm seus motivos, são levadas à perversidade pelo medo, ou pela educação. Tudo depende de nosso olhar profundo e compreensivo. Isso, então, não significa muita coisa, já que não permite distinguir ninguém de pessoa alguma. E a primeira exige de nós uma esperança crítica, de um lado, e de outro determinação e técnica no propósito de construir a bondade. A nossa bondade, visto ser bastante duvidoso se preocupar com a bondade ou maldade dos outros. Como se eu devesse repetir sempre para mim mesmo: "Eu não sou uma pessoa boa" e acrescentar: "ainda". Ou, resumindo, todas as outras pessoas não interessam, não são nem boas nem más, mas eu não sou uma pessoa boa, ainda; isto é o que interessa.

A pedagogia, particularmente, toma todas as pessoas como más. O que justifica deixar de lado a atitude condescendente e aprofundar o olhar pedagógico sobre os focos de possíveis atos de maldade, futuros. Ou seja, a educação atua sobre os educandos em uma busca sistemática de possíveis causas de futuros atos de maldade. E essa ação negativa, asséptica, cria condições para que no educando se desenvolva o aspecto positivo, a bondade propriamente dita. Construção difícil, cuidadosa, longa no tempo, frágil. Organizada e impulsionada pela ideologia.

Pois podemos dividir a bondade, bem como a maldade, em fisiológica e ideológica. E em primeiro lugar vem a ideológica, da qual a fisiológica é decorrente. Por trás do eleitor que vota no político de direita ou racista, inocentemente, estão idéias de ódio. Idéias quase sempre enrustidas e envergonhadas. Que seu proprietário não reconhece em público e, quase sempre, tampouco para si mesmo, claramente, em seu íntimo. A educação leva o educando a construir sua ideologia, a articular suas idéias, a buscar a coerência (das idéias entre si e das idéias com a expressão e a prática), a capacidade de expressão, a expressão efetiva. E, no caso da pedagogia assumida como ideologia, a construir uma ideologia que seja base e andaime para a bondade.

Platão, Hegel e a federação

Para a ideologia utópico/pedagógica eu gosto de você por motivos culturais, ideológicos sobretudo, e porque eu e você podemos construir ou de fato construímos nossa relação, o que, embora esteja assentado na convivência material, como comer junto, trabalhar etc., só se confirma na medida em que nós dois construímos um espaço ideológico comum, para nele viver. Ou seja, nesse último caso, a matéria está dirigida para essa confirmação, para a construção de uma utopia cultural, não material. Assim, está implícito no gostar utópico/pedagógico alguma rejeição de motivações físicas, como eu gostar de você porque você é atraente sexualmente, pela beleza física, ou mesmo pela simpatia de seu sorriso, de seus trejeitos com as mãos etc. Curiosamente, a formulação mais consistente desse gostar físico é apresentada por Platão, o mesmo formulador da proposta mais idealista da relação humana. Refiro-me ao Platão tal como é apresentado por Marrou no famoso capítulo *Da pederastia como educação*[11]. O amante, descido para aqui vindo do mundo das idéias, tenderia àquilo que lhe falta, no caso à beleza, ou seja, ao Belo. Por meio da educação ele procuraria formar no outro aquilo para que sua alma tende, o Belo. Evidentemente, também porque o outro contém em si as pistas da verdadeira e imortal beleza.

Idéia muito parecida com a de Cultura, *Bildung*, de Hegel. Que, apresentada também de forma ligeira, é o seguinte. O senhor se separaria do escravo porque o senhor enfrenta a morte, e o escravo prefere se submeter e continuar vivo. No entanto, na medida em que trabalha, outro medo assalta o escravo. Ele teme perder sua humanidade e se transformar em natureza ou coisa. A saída consiste em projetar sua humanidade sobre os objetos que ele transforma com seu trabalho. Para dar-lhes uma forma, *Bildung*, que contenha a humanidade projetada do escravo. Assim, digamos, o escravo se vinga, dá a volta por cima, sobre o senhor. Porque o senhor se isola em seu gozo, enquanto o padecimento do escravo lhe permite, pela via do trabalho, uma relação dialética com o mundo.

---

11. Henri-Irinée Marrou, *História da educação na Antiguidade*, São Paulo, Herder/Edusp, 1966, p. 51.

Então, temos aí em Platão e Hegel duas razões para que eu goste de você, ambas físicas. Uma, porque você contém o Belo, ou traços do Belo. Ou, ainda, porque você me permite uma relação, pedagógica, de formação em você do Belo pelo qual anseia minha alma. A razão de Hegel é que você me permite uma relação em que resgato minha humanidade no jogo dialético: eu lhe dou a forma, ou cultura, onde me vejo refletido em minha humanidade.

Para utopia e pedagogia eu gosto de você para fugir da solidão (dentro de mim está a falta do outro). Solidão principalmente física, mas também pela solidão específica da pedagogia, o desejo ou necessidade de viver a cultura como diálogo. Aliás, essa é uma formulação humana da solidão. Eu não só me sinto só e desejo a proximidade física de outras pessoas, mas me sinto só fisicamente e culturalmente, e meu desejo me empurra para um tipo de convivência que tem de ser física e também cultural, dominada pela cultura e embasada no físico. Esse mundo em contínua construção aponta para a utopia da federação e do diálogo, onde eu e você somos adultos, inteiros, em pé etc., e capazes de ter e expor nossas personalidades etc. Eu quero construir em você o outro do diálogo. A amizade puramente física não me satisfaz, ela não se constrói com segurança, principalmente a safadeza humana lhe dá instabilidade, não é de complexidade cumulativa. Somente o ideal lhe pode dar a firmeza necessária. Assim como a utopia de quem tem fome não é comer, mas um lugar onde abundam o leite e o mel, eu não posso sonhar apenas com sua amizade, mas sonho com a amizade firme, com um lugar onde eu não sofra mais a solidão. Com garantias. Garantias para mim e para você.

Eu me quero e quero você adultos

Possivelmente, todas as sociedades exerceram e exercem algum tipo de vigilância sobre as pessoas. Umas mais, outras menos.

Até algumas décadas atrás, no Ocidente em geral, essa pressão era muito maior. Havia uma rede de informações. Todas as pessoas se sentiam obrigadas a dizer para as outras qualquer movimento suspeito. Essa vigilância dizia respeito a sexo, principalmente, mas atingia outras manifestações da liberdade.

De acordo com o princípio da federação, essa vigilância não deve acabar, mas ser reformulada. Os campos onde se exerce devem ser bem delimitados, ela deve aí dentro ser reforçada, e fora deve ser anulada. Os princípios, em geral, dessa reformulação reforçam a vigilância sobre: violência, drogas, intromissão no espaço dos outros. E anulam a vigilância sobre o comportamento sexual.

Mas, em geral, uma educação baseada no ideal da independência também se baseia no ideal da confiança. Não há federação se cada pessoa não é, em princípio, confiável em seu espaço. Muita vigilância torna a federação impraticável.

Podemos extrair dessa idéia um novo conceito de maturidade, diante da sociedade.

As crianças e os adolescentes não têm autonomia. Para fazer o que não é permitido, eles devem se esconder, assumir atitudes suspeitas etc. A pessoa madura não admite ter de assumir esse tipo de comportamento. Se eu, por exemplo, assumo com uma namorada o compromisso de que não vou ter relações sexuais com mais nenhuma outra pessoa, tudo bem. Mas então vou passar uma noite fora. Meu comportamento maduro, de uma pessoa que exige confiança, é não dar explicações do tipo "eu garanto que estou cumprindo minha palavra". E muito menos devo admitir qualquer tipo de vigilância. Se pretendo ter uma amiga e ficar com ela longas horas, fora dos olhares da minha namorada e da sociedade, da mesma forma não posso assumir um comportamento admissível em crianças e adolescentes, pessoas que ainda não têm maturidade moral diante da sociedade.

A formulação dessa idéia, intimamente, comigo mesmo, é a seguinte. Eu, primeiro, sou adulto. Exijo confiança. Não aceito ter de assumir um comportamento só aceitável em uma criança ou adolescente. Segundo, agora ainda mais comigo mesmo, eu faço o que acho certo. Tenho um ideal e ajo de acordo com esse ideal. O que acho errado eu não faço. Por isso parto de mim para os outros: os outros têm de aceitar meu comportamento, porque ele é certo.

Essa idéia não implica nenhum tipo de exibicionismo, no entanto. Eu não ajo assim para que os outros vejam, mas não admito ter minha vida comprometida por causa da vigilância de uma moral com que não concordo. Suponhamos que tenha uma amiga ou um amigo homossexual. Eu e essa pessoa gostaríamos de conversar. Mas corremos o risco de que as outras pessoas vejam sinais de um envolvimento sexual. Eu não admito, na medida em que me aceito como adulto, que essa amizade não aconteça porque aceitei a vigilância dos outros. Se isto acontece, faço questão de deixar claro para essa pessoa que ela é quem aceita. Eu vou aonde quero e não assumo compromissos que comprometam essa liberdade.

Aí, às vezes, pode ser uma sutileza distinguir entre a submissão a um comportamento de criança ou adolescente, como pular janelas, marcar encontros em lugares desagradáveis, e a discrição. Talvez o ideal seja ser discreto, mas evitando riscos e situações constrangedoras. Na medida em que me tenho como adulto, eu admito ser discreto, mas não admito me submeter a constrangimentos para fazer o que considero certo.

A relação pedagógica abre mão da vigilância. Eu gosto de você e confio o suficiente para não me propor a pôr um detetive ou abrir uma sindicância para verificar se você age corretamente. Não, exatamente, que eu acredite que você não faça aquilo de que desconfio, e sim que renuncio a uma relação baseada na desconfiança. Isto também é uma atitude de adulto. É para esse ideal que tende a relação pedagógica, e que é o modelo das relações pedagógicas concretas.

Convivência universitária/contigüidade

As pessoas que vivem fora da escola convivem, e muitas vezes são amigos, irmãos, no sentido de uma convivência baseada na sobrevivência e na vida familiar, de esposos etc. E acreditam que isso é a vida, e isso é a relação fundamental entre os seres humanos.

Não é assim que pensam os utópicos nem o que sugere a pedagogia. Para eles, a única convivência "humana" se dá na escola e na teoria. As relações sexuais, as brincadeiras entre os amigos, a alimentação em comum, as dificuldades comuns com a sobrevivência, tudo isso são desdobramentos de uma ideologia, ou de ideologias, são a teoria feita matéria, aplicada, concretizada, exemplificada. Mas teoria.

Enquanto a convivência fora da escola pode ser cíclica ou progressiva, mas nunca essencialmente progressiva, a convivência na escola tem o ritmo das disciplinas, dos estudos, é de uma progressiva complexidade. Na escola, quando me relaciono com você, antes de tudo estou relacionando comigo mesmo, no meu processo de progressivo aumento de complexidade e de conhecimento. Nós nos relacionamos mergulhados sempre num caldo de cultura, nós crescemos dela e nela.

Isso não impede que na escola tudo seja vivido, inclusive o sangue, a irmandade, o sexo, as emoções todas da sobrevivência etc. E vivido melhor, porque tudo é mais vivo na representação, como no cinema, nos livros, nas discussões que acontecem nos corredores ou nas salas de cursos de pós-graduação. Nem sempre, evidentemente, o utópico, o universitário e o pedagogo são coerentes, eles perdem a noção de que estão representando e se empolgam e se confundem com os personagens de suas histórias.

Esse princípio utópico é exatamente o oposto, simétrico, da idéia desenvolvida por Marx em seus escritos de juventude, feuerbachianos, de que o homem é necessidade.

Quando um pedagogo/utópico se interessa por uma pessoa, ele se interessa por suas possibilidades acadêmicas. Ele não se interessa — ou gosta, ou odeia — por pessoas como as que vivem fora da escola. Mas mantém com elas relações de cortesia. Uma pessoa tem valor por sua capacidade de construir uma história, um processo, de construir um envolvimento fundado em idéias, mais: de construir uma relação que é o exemplo concreto de uma determinada idéia abstrata.

Eu gosto de você significa, aqui, que gosto da relação com você e de poder ter essa e ter relações, complexas. Porque você é capaz. Você é capaz de pensar e sentir por si, e depois de dizer e se expressar concretamente de habitar comigo as mesmas regiões do pensamento e da cultura humana, do diálogo, e de construir relações concretas, familiares, econômicas, políticas, estruturadas e garantidas sobre a base da cultura humana. Embora fosse sem dúvida uma inversão e um exagero afirmar que eu não gosto exatamente de você, e sim da escola, e de você apenas porque você é um instrumento para instituir concretamente a vida de escola.

O ideal e o humano

De acordo com essa postura, principalmente pedagógica, mas também utópica, o elemento determinante para humanizar o indivíduo não é a natureza, e sim o ideal. Mas, evidentemente, isso não é tão simples. Se eu gosto de você apenas pelo catolicismo, ou pelo socialismo, ou pelo zen-budismo que há dentro de você, melhor seria se eu me dirigisse a um livro, a um templo. E então temos a tarefa de explicar como a ideologia, agindo sobre sua natureza, torna você alguém que justifica meu carinho. Fiquemos com a fórmula: eu gosto de você pela ideologia, não só por você ter a ideologia que tem, e sim porque ela nos aproxima, porque ela de alguma forma também está em mim, mas eu gosto do fato de que essa ideologia permitiu que você se tornasse não outra coisa, e sim essa pessoa concreta de quem eu gosto. Gosto da ideologia que está em você e também de você, sem que esse "também" separe uma coisa da outra.

Ou seja, não existe isto de uma pessoa sem a cultura, como em Rousseau. E uma pessoa só se torna ela mesma através, dentro, de um conjunto de recursos culturais, inclusive ideológicos. Assim, se alguém é zen-budista, o resultado é um, mas se ele se torna comunista o resultado é outro. E eu vou gostar, ou não, é do resultado.

Por outro lado, a ideologia que está em você ganha cores diferentes, que você lhe dá. A forma pela qual você me apresenta o cristianismo, com certas pitadas de socialismo e zen-budismo, e a forma especial com que você exprime a idéia do Sermão da Montanha com influências da Teologia da Libertação têm personalidade. E lhe dão personalidade, mas recebem personalidade de você. Assim, você retribui à ideologia que o fez assim: você faz a ideologia melhor. E eu gosto da ideologia que está em você por causa de você, também.

Sobretudo, eu gosto dessa sua capacidade de ser fiel a um ideal. E nossa relação se dá nesse meio, universitário, onde a natureza é a matéria. Ou seja, onde a natureza é a matéria, mas nossa relação não se dá nesse ambiente da natureza. Se nossa relação, no meio da universidade, não tivesse esse elemento, a ideologia, que lhe dá personalidade, seria fútil. Nem teria sentido. O ideal, tal como se apresenta em você, seria vazio se não apontasse para sua natureza. Ou seja, é somente o ideal, em você, que permite cumprir essa exigência da universidade: que seja dirigida para o real. Que dentro da universidade eu goste de você matéria.

De um lado temos: os românticos gostam dos outros sem motivos consistentes. Ou seja: inócuos. E gostam de pessoas inócuas também: por seu belo sorriso, por seu jeito de criança e coisas desse tipo. Mas, por outro lado, se não gostamos das pessoas por razões desse tipo, gostaríamos delas por quê? Alguma pessoa tem alguma razão para se gostar dela, a não ser que seja nosso filho, parente, colega de classe, que não são motivos intrínsecos, e sim motivos que valem para qualquer um? Suponhamos assim uma utopia do outro. Você se voltaria contra o modelo de um indivíduo preguiçoso, mau, egoísta etc. E reagiria, evidentemente, a partir de, apoiado em, uma ideologia. E assim, com o tempo, você construiria uma personalidade diferente embora desenvolvida sobre sua personalidade natural. Isso permitira confiar em você e em nossa relação. Acredito que essa utopia, de você e da nossa relação, seria uma boa razão, um motivo consistente, para gostar de você. Aliás, não parece haver outro.

É esclarecedor comparar essa postura idealista com o conceito de "próximo" do Evangelho. De um lado, amar o próximo parece uma dissimulação do egoísmo. Por que o próximo e não as pessoas que sofrem na China? Além disso, o amor ao próximo pode nos aproximar das proposições liberais; amamos nossos próximos, extensões da família, e o país e o mundo não sofrem nenhum questionamento mais radical. Até mesmo o amor ao próximo, como sugere Mannheim com seu conceito de ideologia, aparece como um complemento necessário à manutenção das coisas tais como estão. Mas, por outro lado, utopia e pedagogia, apesar de seu idealismo, têm uma forte vocação material: os planos utópicos devem ser aplicados na terra, no tempo histórico, e a cultura deve transformar pessoas de carne e osso. Toda utopia é assim. Ou seja, há na utopia e na pedagogia anticorpos bastante desenvolvidos contra o idealismo estéril. Como na religião cristã, utopia e pedagogia afirmam que é nesse mundo material que estão postos os olhos dos deuses, é aqui que eles aliás vêm morrer. Qual a solução? Estaria no campo de uma interlocução irresolvível, quer dizer, de uma tensão — que não deve caminhar para a síntese definitiva — dialética, entre o ideal e a matéria. Como o amor cristão, a cultura deve ser concebida como mediação da amizade. Instrumento pelo qual você vem à tona, se manifesta e se multiplica. Sem ideal você se anula, mas só o ideal sem você — concebido como síntese material, biológica, histórica — é pobre, internamente, e externamente estéril, perverso, irritado, elitista, intransigente.

Eu me preocupo com você: socialismo

O cuidado, a caridade, o amor, a preocupação com outra pessoa se manifestam em três níveis: *sobrevivência*, *conforto* e *cultura*. Sobrevivência são os problemas mais graves, de saúde, alimentação, moradia, psicológicos graves. Não qualquer problema de saúde, alimentação etc., mas apenas os mais graves. Os problemas de cultura se referem a escola, cursos, ter livros e tempo para a leitura, filmes, religião, orientação etc.

Utopia e pedagogia consideram válidos o primeiro e o terceiro, ou seja, um cuidado com os outros que se ocupa com as duas pontas, a mais baixa e a mais alta, com a sobrevivência e com a cultura. Uma mãe liberal, que considera a filha casadoira como um porco, ou seja, um ser que tem apenas necessidades fisiológicas, é quase o contrário do utópico/pedagógico, pois seus (dela) cuidados se dão nos níveis da sobrevivência e sobretudo do conforto, e desprezam a cultura. Ou seja, não se preocupa com a cultura, a realização religiosa ou ideológica de sua filha. Digamos que uma mãe utópico/pedagógica saiba que sua filha passa por uma desilusão amorosa. Primeiro deve saber, evidentemente, se esse fato ameaça sua saúde mental. Mas, fora esses aspectos mais graves, não há por que se preocupar, pois as desilusões amorosas fazem parte da vida. Evidentemente, participar faz parte da amizade, mas não que isso justifique uma preocupação de fato. Mas, se a filha não tem como pagar um curso de balé, que ela deseja realmente fazer, isto sim é muito grave e justifica cuidados. Uma vez educados, nossos amigos, filhos, namoradas e namorados se tornam fortes, capazes até de sofrimento.

Aqui é um dos lugares onde se encaixa uma idéia bastante importante, na constelação da utopia. O ser humano não nasceu exatamente para ser feliz. Os porcos, talvez. O ser humano nasceu para a escola, para aprender, para ser independente, para desenvolver até o máximo suas potencialidades, para sofrer, também, e, de alguma forma, tomar posse de seu destino. Para ser adulto. O socialismo utópico não pretende, por exemplo, tomar uma pessoa que sofre e lhe dar alimento, uma religião, alfabetizá-la, livrá-la dos desequilíbrios, das incertezas, do medo. Tudo isso está muito bem. Ou é secundário. O importante é que o ser humano não seja acuado, humilhado, diminuído, mas grande e forte, gerador de soluções, capaz de equacionar a vida como ela lhe é apresentada. Evidentemente, jamais qualquer ser humano foi isto, ou talvez um dia alguém venha a ser. Somos fracos, indecisos, ignorantes, e moralmente deficientes. Ora, a utopia não deseja a perfeição, não aponta para o herói do tipo grego, mas exatamente para que, assim pequeno como é, nesse meio maior, o homem pedagogicamente esteja apontado para uma difícil e progressiva tomada de posição e de imposição sobre seu destino.

Não posso negar, sem estar mentindo, que meu coração contém certos anseios, de felicidade, reconhecimento, carinho, realização, amizade, num significado um pouco egoísta de felicidade, e anseia até mesmo por prazer, do mais cultural e caridoso aos mais egoístas. Mas eu não desejo isso só para mim. E não me satisfaz que as migalhas do meu sonho, caindo da mesa, me tranqüilizem a consciência. Além do mais, nada disso me interessa se está assentado na mentira, na fantasia. Ou seja, eu desejo ser feliz, desejo me realizar etc., mas em conjunto com as outras pessoas, e como parte do processo da política e da história. Eu e, acredito, muitas pessoas somos capazes de renunciar aos sonhos mais caros para pegar em armas (caneta, vida comunitária, leituras etc.) para defender os oprimidos. Até por essa razão um pouco egoísta, de que ou todo mundo cabe dentro do meu sonho ou o meu sonho serve muito pouco, mesmo para mim. Em outras palavras, minhas preocupações com os outros perturbam minha felicidade em meu apartamento burguês ou no retiro de uma utopia bucólica.

A safadeza humana[12]

O pessimismo utópico se reflete nesse tema, o humano, e resulta na safadeza humana. O ser humano é safado, dissimulado, egoísta, inconstante, mole, entre coisas muito mais horríveis quando experimentadas. A pedagogia constata isso e põe como remédio não o desânimo, mas, como a Fênix, um esforço que renasce a cada fracasso. Mesmo que sendo um propósito puramente operacional, sem fundamento em qualquer valor real do ser humano: o ser humano tem remédio. Esse é o rumo, por pior que seja a safadeza constatada.

---

12. Não há uma safadeza humana, mas diversas e de diversos matizes. O professor e o militante sabem disso.

Mas a utopia ainda combate a safadeza humana com outra atitude, também genuinamente utópica: o que interessa não é a safadeza dos outros, mas a minha. No meio capitalista, é muito difícil desenvolver a amizade, por causa da safadeza humana, mas eu reajo buscando fazer de mim uma pessoa capaz de amizade, não-safada. Os outros não interessam. E aí eu me aproximo do conceito de ideal. Vou buscar a amizade em mim mesmo, fazendo-me instrumento adequado de amizade. E essa pedagogia sobre mim se desdobra em uma pedagogia sobre os outros. Vou buscar pessoas que se tornem confiáveis, embora isso seja muito secundário. A pedagogia utópica parte de mim para os outros e não depende dos outros, da resposta dos outros.

Diversos dos conceitos já apresentados, reunidos, resultam no seguinte. Primeiro, a safadeza humana. Segundo: somente as ilusões, a boa vontade em dourar as pessoas podem nos levar a crer que seja bom conviver com essas pessoas que nos são dadas pela natureza e pelo capitalismo. Então, a conclusão seria que tudo é muito desagradável, que a vida é ruim etc. Mas a utopia e a pedagogia apontam para a frente. Não exatamente para a frente, e sim para um período que vai começar bem mais adiante. Antes disso vai ser mesmo ruim. Revendo: entre a atual situação e um ponto no futuro teremos um período intermediário bastante desagradável. Mas, mesmo assim, utopia e pedagogia nos impedem de desanimar.

Vamos aproximar essa idéia de outra que aparentemente não parece ter com ela qualquer relação. Em geral os utópicos são considerados ingênuos, suspeitos de acreditar que o sucesso é possível quando ele é muito improvável. Mas os utópicos que estão mais próximos da pedagogia sabem que tudo é muito difícil. Não basta uma sociedade em que as riquezas jorrem com abundância, entre castelos, vergéis, natureza preservada, todas as pessoas com nível universitário, estradas, estofados, casas, azulejos e piscinas etc. Tudo isso é muito bom, mas as pessoas carregam problemas que jogam a utopia da relação humana para uma etapa muito adiante da humanidade, muito mais para o futuro do que riqueza, harmonia política e administrativa etc.

Um pouco do desânimo pode ser questionado e evitado a partir do seguinte raciocínio. Apresentamos logo atrás o conceito do "olhar do professor" e do "olhar pedagógico". Ou seja, o professor tem um olhar diferente das pessoas comuns. O jovem é alto, magro, esperto, sorridente, diz frases de espírito etc. Ela é uma boa mãe, uma chefe eficiente. Etc. Tudo bem, mas o professor os põe sentados e os faz produzir um texto escrito, e mostrar até onde são capazes de conduzir uma pesquisa mais longa, e de pôr em público um conjunto complexo e articulado de idéias pessoais etc. Então, esse olhar, de certa forma mais profundo e realista, percebe muitas falhas invisíveis na superfície. Por trás das pessoas saudáveis, bem vestidas, corteses etc., há uma tarefa imensa, para a perspectiva pedagógica. Mas, por outro lado, é por aí que são vistas também potencialidades invisíveis a olho nu. Nas classes mais pobres, na mocinha tímida, incapaz de se levantar para dizer uma única frase completa, no menino indisciplinado, de repente surgem promessas de todos os tipos. Os erros de português não escondem a capacidade de reflexão e observação. Outros têm uma persistência antes imperceptível. Essas qualidades positivas são encontradas, algumas muito raras ou importantes. Embora sejam sempre sementes, possibilidades que só fazem sentido no processo e no trabalho da educação.

É preciso fazer notar, de passagem, quanto a pedagogia nesse ponto supera a utopia. É como um balde de água fria no ímpeto às vezes juvenil dos utópicos. Ser professor e pedagogo significa sempre compreender a lentidão e as dificuldades. Mas a pedagogia não é só pessimismo. E também nesse ponto ela vem temperar o proverbial pessimismo, até a depressão, dos utópicos. É que o professor vê as dificuldades, mas não pode deixar de ver, aqui e ali, as possibilidades. Assim, feito o balanço, a felicidade é possível. Ou, pelo menos, utopia e pedagogia se convencem de que devem acreditar que a felicidade é possível. Não a felicidade assentada na falta de crítica, dos que se contentam com qualquer coisa, consumidores de segunda categoria (felizes por causa do carro, do aumento de salário, da vitória do time de futebol). Segundo o liberalismo, o homem se assemelha ao porco, é feliz pelo que come, pela qualidade e pela quantidade de relações sexuais, e por algumas coisas mais sofisticadas, como poder contemplar uma gorda conta bancária, estacionar o automóvel na garagem. Mas a felicidade que afirmamos ser possível ainda não é uma felicidade acima dessas caricaturas. Como seria o caso de viver junto da família, poder criar um filho, crescer intelectualmente, conquistar equilíbrio psicológico e assim por diante. É fundamental distinguir isso: afirmar que a felicidade é possível não significa abrir mão do senso crítico. Mesmo que não seja tão fácil responder: se isto não é ser feliz, então o que é? Provavelmente a felicidade tem alguma chance, mesmo para os que se conservarem críticos. Mas não só isso. Mais para a pedagogia que para a utopia, nesse caso, não aceitaremos a felicidade repentina e fugidia. E imerecida. A felicidade utópica deve ser construída tijolo a tijolo. Mas sobre o terreno onde atua a pedagogia. Quer dizer, não nos iludiremos com o jorrar dos mananciais da riqueza humana, nem com a paz prolongada, nem com os altos salários da burguesia operária; sabemos que tudo é frágil fora da pedagogia, superficial, e não resiste à crítica. Dentro da pedagogia, se nada deve nos iludir, pelo menos estamos atuando nos fundamentos, enfrentando o problema de frente. E talvez ali, nas relações de amizade, é que esteja o lugar em que a felicidade, como sonho, tenha alguma consistência: entre "eu" e você, eu e você na medida de cada passo dado na educação, eu e você constituídos e em diálogo[13]. A ponto de acrescentar: a felicidade, nesse ambiente pedagógico, já não aparece tímida como as primeiras luzes da aurora, prenúncio do sol pleno, mas toda inteira desde o primeiro momento, na primeira infância, mesmo que a pedagogia apareça rodeada da lama da natureza humana. Em outras palavras, se mantemos nosso olhar dirigido para o problema verdadeiro, pela pedagogia, então a felicidade está tanto nos primeiros como nos últimos momentos da transformação humana, e podemos ser felizes tanto nos relacionando com um bandido como com um santo, tanto com uma criança como com um sábio.

13. E sua alteridade não é constituída por sua safadeza. Ou seja, você não é um outro e com possibilidade de dialogar comigo, e eu com você, por causa da safadeza.

Fecho

OS UTÓPICOS E OS PEDAGOGOS PODEM ESTAR EQUIVOCADOS

Seria desonesto terminar este livro sem este fecho. Realmente, como afirma Jerzy Szachi, o utópico é aquele que, entre tomar de assalto o fogo dos deuses ou esconder a realidade com faixas de elogio à ordem estabelecida, escolhe o primeiro[1]. Mas não porque seja o mais certo. Talvez não seja. Acreditar na utopia e na pedagogia, acreditar na santidade de pelo menos uma pessoa, que é preciso agir ininterruptamente como se houvesse adiante algo que valha a pena etc., constitui uma opção sem fundamento (fundamento no significado de David Hume[2]). Há, mesmo, uma desconfiança de que quem tem mesmo razão são os liberais. Ou seja, apesar de os utópicos preferirem ser prome-

---

1. Imagem de Jerzy Szachi na página xxxvii da Introdução brasileira do *Utopias, ou A felicidade imaginada*, Rio de Janeiro, Paz e Terra, 1972.

2. David Hume, *Investigações sobre o entendimento humano*, São Paulo, Abril, 1973.

teus, desconfiamos sempre que estão errados, já que a vida é só isto mesmo, que a única coisa que se salva é um passeio domingo à tarde com a família, um olhar da namorada no baile aos 18 anos... E que lutar pelo impossível só traz infelicidade, para nós e para as pessoas mais próximas. O envolvimento com a educação é um caminho sem volta. Lutamos sempre por algo árido, e sempre mais, e sempre adiante. Um caminho sem volta para mim e para toda a humanidade. E ai dos que não tomam esse caminho, os maus e os (ou) inocentes.

Mas o liberalismo não é, convém acrescentar, a única opção, nesse campo, à junção utopia e pedagogia. Há uma terceira opção, que todo utópico/pedagogo deve reconhecer como séria. Trata-se de uma variante do idealismo que independe das outras pessoas, do outro. Por exemplo: orar, ler romances, cuidar de um jardim, suar caminhando durante horas como os escoteiros, a certeza de ter na consciência a fidelidade ao ideal, a santidade nessa variante de uma coerência consigo mesmo etc. Deve-se observar, à margem, que o idealismo independente, que independe de outras pessoas, se desdobra em duas coisas muito diferentes, o idealismo propriamente dito e o *hobby*; portanto, não confundir um frade que vive em orações ou fazendo caridade com um jardineiro ou um jogador de xadrez. Utopia e pedagogia, além de serem idealistas, supõem que se deva apontar para um ser feliz junto com você, e fazer de você alguém maduro, consistente, raposa e santo, alguém que possa construir comigo uma comunidade, alguém capaz de diálogo, ou de amizade. Há, no ambiente do catolicismo, a versão do eremitismo contra a versão do Evangelho. Na segunda, o cristão somente é cristão na amizade e no outro. Embora isso se construa dentro de seu íntimo a partir de uma fidelidade ao ideal. Na primeira, o outro é secundário, uma prova, às vezes nada mais que um exercício, e a essência de onde tudo se desdobra é minha fidelidade à Verdade, minha íntima relação com o Ideal personificado em Deus ou em Cristo.

Uma opção que pode ser considerada intermediária é a seguinte. Por qualquer tipo de razões, aqui secundárias, chego à conclusão de que o que importa mesmo é a interioridade, eu e Deus, a natureza etc. De passagem se deve acrescentar que nessa conclusão é perigoso pensar que todas as pessoas são safadas, decepcionantes, porque o utópico e o pedagogo partem sempre de que eles mesmos são o problema, e não os outros. O motivo principal de chegar à interioridade e a Deus é que, como vimos, aí estamos em um arranjo onde as coisas dependem de mim. Não adianta pôr a culpa nos outros se não posso agir por eles. Aliás, interioridade, Deus, leituras, auto-educação têm aqui um pouco do aspecto de um *hobby*. Tanto que estudar xadrez, jardinagem e certas especialidades universitárias cumprem a mesma função. Na verdade, não é necessário achar essas atividades realmente importantes, pois podem ser consideradas apenas uma forma de passar o tempo que temos aqui na terra. Mas tudo aí me leva para o outro. Por uma exigência, mas também como um exercício. Eu, assentado em um arranjo do universo onde nada me importa, mas unicamente o que faço, lanço-me aos outros. Também como um desenvolvimento do primeiro *hobby*. Nada espero deles, de verdade. Tudo o que consigo, em mim ou no outro, me encanta, por mínimo que seja, porque nem mesmo isso eu esperava.

É fundamental que um livro sobre utopia e pedagogia termine reconhecendo a possibilidade de que essas duas opções que se contrapõem à utopia/pedagogia são sérias, e talvez as verdadeiras ou melhores. Ou seja, que mesmo que por razões diversas, que talvez nem sejam boas razões (poderia ser apenas teimosia, aridez), o utópico opte por um idealismo a todo custo e pela amizade, ele nunca deve perder a sensibilidade para reconhecer que talvez tenha jogado a vida no lixo, perdendo a oportunidade de enxergar de seu lado o que realmente importava. Até porque essa sensibilidade para as coisas fugidias, que está presente no liberalismo e no idealismo intimista, também faz parte da constelação da utopia e da pedagogia.

O utópico/pedagogo opta, mesmo sem que haja um fundamento muito definitivo para essa opção, por ser independente, sim, mas de uma independência especial, porque se lança para o desejo de encontrar ou construir um outro confiável e capaz de diálogo. Para serem, assim, como na federação, os dois primeiros de um grupo de pessoas independentes que sem abrir mão da independência estão construídas e interessadas na amizade.

Bom, mas parece praticamente impossível um dia ter certeza de que os liberais estão certos e os utópicos errados. O contrário talvez seja igualmente impossível. Assim, mais por gosto que por um motivo fundamentado, os utópicos continuam (ou continuamos, sempre o velho problema) preferindo sonhar e tentar a construção — pedagogia — de algumas pessoas, muitas pessoas, mas começando por uma única, confiável, complexa, dotada de raízes e instrumentos etc.; enfim, uma pessoa com a qual seja possível ter essa relação que é o eixo de toda utopia e com que se deveria terminar todo livro utópico: a amizade.

Bibliografia

ALAIN-FOURNIER. *O bosque das ilusões perdidas*. São Paulo, Abril, 1985.

APPLE, Michael W., e NÓVOA, António. *Paulo Freire: política e pedagogia*. Porto, Porto Editora, 1998.

ASTURIAS, Miguel Ángel. *Senhor presidente*. Rio de Janeiro, Opera Mundi, 1973.

AUTRAN, Charles. *"Utopie" ou: du rationnel à l'humain*. Paris, Les Éditions D'Art et D'Histoire, 1983.

BAKHTIN, Mikhail. *Esthéthique de la création verbale*. Paris, Gallimard, 1984.

BARTHES, Roland. *Novos ensaios críticos, o grau zero da escritura*. São Paulo, Cultrix, 1974.

BERMAN, Marshall. *Tudo que é sólido desmancha no ar: a aventura da modernidade*. São Paulo, Companhia das Letras, 1986.

BRÉHIER, Émile. *La philosophie du Moyen Âge*. Paris, Éditions Albin Michel, 1937.

BUBER, Martin. *Eu e tu*. São Paulo, Moraes, s/d (data do or. alemão: 1974).

————. *O socialismo utópico*. São Paulo, Perspectiva, 1971.

BURKE, Edmund. *Reflexões sobre a revolução em França*. Brasília, Editora da UnB, 1982.

COMENIUS, João Amós. *Didática magna*. Rio de Janeiro, Organização Simões, 1954.

CORÇÃO, Gustavo. *Lições de abismo*. Rio de Janeiro, Agir, 1958.

DEBOUT, Simone. *L'utopie de Charles Fourier*. Paris, Payot, 1982.

DUVEAU, Georges. *Sociologie de l'utopie et autres essais*. Paris, PUF, 1961.

FOUCAULT, Michel. *História da sexualidade: o cuidado de si*. Rio de Janeiro, Graal, 1985.

————. *As palavras e as coisas: uma arqueologia das ciências humanas*. São Paulo, Martins Fontes, 1985.

FREIRE, Paulo. *Pedagogia da autonomia*. São Paulo, Paz e Terra, 1997.

FRIEDMAN, *Yona*. *Utopies réalisables*. Paris, Union Générale d'Éditions: 10/18, 1975.

FURTER, Pierre. *Dialética da esperança*. Rio de Janeiro, Paz e Terra, 1974.

GLOCK, Hans-Johan. *Dicionário Wittgenstein*. Rio de Janeiro, Jorge Zahar Editores, 1998.

HABERMAS, Jürgen. *Para a reconstrução do materialismo histórico*. São Paulo, Brasiliense, 1976.

HEGEL, G. W. F. *Fenomenologia do espírito*, Petrópolis, Vozes, 1992.

HOLQUIST, Michael. *Dialogism, Baktin and his world*. Londres, Routledge, 1991.

HUIZINGA, Johan. *O declínio da Idade Média*. São Paulo, Edusp/Verbo, 1978.

HUME, David. *Investigações sobre o entendimento humano*. São Paulo, Abril, 1973.

KAFKA Franz. *A colônia penal*. São Paulo, Livraria Exposição do Livro, 1965.

KEMPIS, Tomás de. *A imitação de Cristo*. São Paulo, Edições Loyola, ^{3}1999.

LAPOUGE, Gilles. *Utopies et civilisation*. Paris, Flamarion, 1978.

LEBRET, Louis Joseph. *Action: marche vers dieu*. Paris, Ouvrières, 1949.

LOWY, Michael. *As aventuras de Karl Marx contra o Barão de Münchhausen: Marxismo e positivismo na Sociologia do Conhecimento*. São Paulo, Busca Vida, 1988.

MANNHEIM, Karl. *Ideologia e utopia*. Rio de Janeiro, Zahar, 1982.

MANUEL Frank, E. (org.). *Utopías y pensamiento utópico*. Madrid, Espasa-Calpe, 1982.

MARCUSE, Herbert. *O fim da utopia*. Rio de Janeiro, Paz e Terra, 1969.

————. *Materialismo histórico e existência*. Rio de Janeiro, Zahar, 1968.

MARROU, Henri-Irinée. *História da educação na antiguidade*. São Paulo, Herder/Edusp, 1966.

MARX, Karl e ENGELS, Friedrich. *Les utopistes*. Paris, Maspero, 1976.

MORSE, Richard. *O espelho de Próspero: cultura e idéias nas Américas*. São Paulo, 1988.

MURARO, Rose Marie e CINTRA, Raimundo (Frei). *As mais belas orações de nosso tempo*. Rio de Janeiro, José Olimpio, 1976.

NEILL, Alexander Sutherland. *Liberdade sem medo: Summerhill (radical transformação na teoria e na prática da educação)*. São Paulo, Ibrasa, [4]1966.

————. *Minha luta pela liberdade no ensino*. São Paulo, Ibrasa, 1975.

PESSOA, Fernando. "Liberdade", em *Poesia*, org. por Adolfo Casais Monteiro, Rio de Janeiro, Agir, [7]1977.

PLATÃO. *A República*. Rio de Janeiro, Ediouro, s/d.

POLAK, Fred L., *Cambio y tarea persistente de la utopía* (originalmente in *The image of the future*), in *Utopía*, org. por Arnhelm Neusüss, Barcelona, Barral, 1971.

ROGERS, Carl. *Liberdade para aprender*. Belo Horizonte, Interlivros, 1973.

ROSA, João Guimarães, "Manuelzão e Miguilim" *(Corpo de baile)*. Rio de Janeiro, José Olympio, [8]1977.

————. "No Urubuquaquá, no Pinhém": *(Corpo de baile)*. Rio de Janeiro, José Olimpio, [5]1976.

RUSSELL, Bertrand. *História da filosofia ocidental*. São Paulo, Companhia Editora Nacional, 1969.

RUYER, Raymond. *L'Utopie et les utopies*. Paris, PUF, 1950.

SAVIANI, Dermeval. *Escola e democracia: teorias da educação: curvatura da vara: onze teses sobre educação e política*. Campinas, Autores Associados; São Paulo, Cortez, 1995.

SCIACCA, Michele Federico. *História da filosofia*, vol. III. São Paulo, Mestre Jou, 1968.

SNYDERS, Georges. *A alegria na escola*. São Paulo, Manole, 1988.

SZACHI, Jerzy. *Utopias, ou A felicidade imaginada*. Rio de Janeiro, Paz e Terra, 1972.

TEIXEIRA, Luiz Gonzaga. *Utopia, manual do militante*. São Paulo, Ibrasa, 1983.

TOCQUEVILLE, Charles A. C. de. *Egalité sociale et liberté politique*. Paris, Aubier Montaigne, 1977.

VANIER, Jean. *Comunidade, lugar do perdão e da festa*. São Paulo, Paulinas, 1982.

WEBER, Max. *A ética protestante e o espírito do capitalismo*. São Paulo, Pioneira, [12]1997.

Edições Loyola

Editoração, Impressão e Acabamento
Rua 1822, n. 347 • Ipiranga
04216-000 SÃO PAULO, SP
Tel.: (0**11) 6914-1922